KB074272

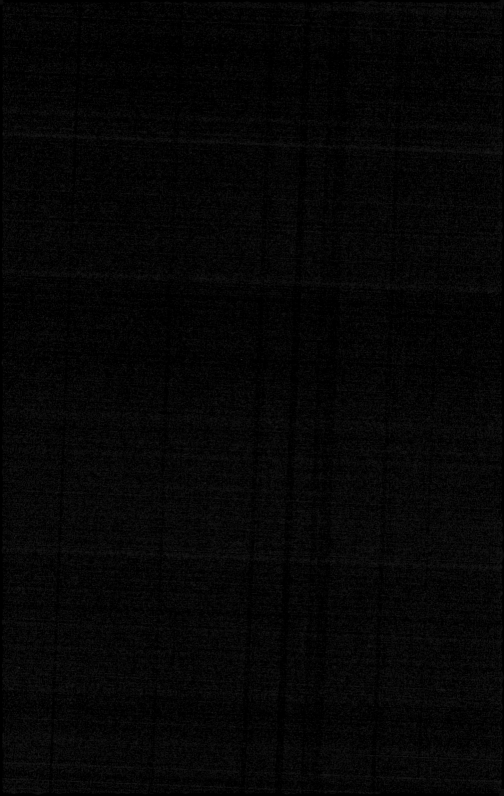

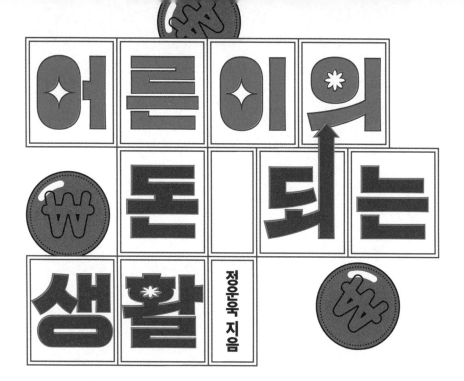

어른이의 돈 되는 생활

정운욱 지음

못 벌어도 잘 불립니다

멜
카르북스

생각지도 못한,
그러나 반드시 생각해야 할 문제들

100억 부자, 가능할까요?

따라만 하면 누구나 부자가 될 수 있다고 주장하는 책들이 많습니다. 그 책에 나온 방법을 그대로 따라 하기만 하면 100억 부자가 될 수 있을까요? 100억 부자는 운동선수가 올림픽에서 금메달을 따거나 수험생이 서울대에 합격하는 것만큼 어렵습니다. 따라만 하면 누구나 금메달을 딸 수 있고 누구나 서울대에 갈 수 있다는 말, 믿을 수 있겠습니까? 성공한 사람들의 훈련 방법이나 학습 과정을 따라 한다고 같은 성과를 낼 수 있을까요?

부자가 될 수 있다는 책을 여러 권 보아도 기분 좋은 상상과 희망으로만 끝나는 경우가 다반사입니다. 책 몇 권을 읽는 것보다는 내 생활을 바꾸는 것이 훨씬 중요합니다. 저는 여러분들의 동기부여를 위해 돈이 왜 필요하며 부를 이루려면 어떤 길을 가야 하는지를 설명할 계획입니다.

달성 가능한 목표는 정했나요?

100억 원을 벌려면 10억 원을 먼저 벌어야 합니다. 지금까지의 삶을 되돌아봅시다. 열심히 살았지만 남들보다 크게 이룬 것이 있나요? 재테크나 투자는 왜 다를 것이라고 생각하나요? 1억 원의 통장 잔고가 다음 날 바로 100억 원이 될 수는 없습니다. 아무리 100억 원을 순식간에 벌어들인 사람이라도 10억 원 정도를 번 이후에 속도가 붙는 경우가 많습니다. 10억 원을 벌려면 당연히 1억 원을 먼저 모아야 합니다. 일단 1억 원, 그다음에 10억 원부터 달성해 봅시다. 10억 원을 번 이후에도 성에 안 차고 힘이 남는다면 그때 100억 원을 목표로 해도 됩니다.

목표로 가는 방법은 정했나요?

돈을 모으기로 결심한 후 사람들이 하는 행동은 모두 제각각입니다. 재테크 카페에 가입하고 어디부터 시작해야 하나 고민한다면 그래도 다행인데, 바로 주식거래 계좌부터 만들거나 무작정 동네 부동산에 가서 투자 물건부터 알아보시는 분들이 꽤 많습니다.

　　　먼저 투자가 돈을 모을 수 있는 유일한 방법인지 고민해 봐야 합니다. 우리의 목적은 여유로운 삶입니다. 절약과 저축, 평생직업 찾기, 귀농, 검소한 생활에 만족하기 등 우리가 선택할 수 있는 방법은 매우 많습니다. 이 중에서 자신에게 가장 잘 맞는 방법이 무엇인지부터 생각해야 합니다. 투자만이 유일한 해답이 아닙니다.

재산을 늘리는 데는 돈 벌기, 돈 모으기, 돈 불리기의 세 가지 과정이 있습니다. 이 세 가지 중 한 가지만 잘해도 목표를 달성할 수 있습니다. 이 중에서 모으기와 불리기가 재테크 영역입니다. 특히, 투자는 불리기의 영역으로 불확실성이 가장 높고 위험이 따르는 과정입니다. 가장 확실한 것은 모으기입니다. 모으기의 전문가가 되는 것이 가장 확실한 길이라는 것은 쉽게 알 수 있습니다. 올바른 재테크는 투자로만 승부를 보려는 생각을 버리는 것에서부터 시작됩니다.

가장 확실한 방법은 이미 가지고 있는 것을 발전시키는 것입니다. 소득을 갉아먹지 않고 모으기의 달인이 되는 것이 가장 쉽게 성공할 수 있는 방법입니다. 여기에 올바른 생활방식과 습관을 익힌다면 금상첨화입니다. 가장 성공 확률이 높은 방법은 본업에 충실하며 재테크를 병행하는 것입니다. 한편 투자에서 가능성이 보인다고 전업 투자자로 나서는 것은 가장 위험한 길이 될 수 있습니다.

특별하지 않은 사람이 성공할 수 있는 방법에는 무엇이 있을까요?

개그맨 박명수 씨는 특별한 재주가 없는데도 경쟁이 심한 연예계에서 성공하였습니다. 코미디언인데도 말재주가 부족해 데뷔 30년이 코앞이지만 스튜디오보다 야외 예능을 많이 하고 있지요. 데뷔 시절 그가 할 줄 아는 것은 유명 가수 한 명을 흉내 내는 것이 전부였습니다. 그랬던 그가 방송국에 20년을 쉬지 않고 출근하더니 결국 연예대상을 거머쥐었습니다. 사람들은 그 상을 개근상이라고 불렀습니다.

특별한 재주가 없어도 그만두지 않고 꾸준히 하다 보면 특출하지 않은 사람이라도 한두 번 정도는 성공의 기회를 잡을 수 있습니다. 본업과 투자를 병행하는 사람은 한두 번의 성공만으로도 여유 있는 노후를 준비할 수 있습니다. 투자에 특별한 재능이 없어도 올바른 투자 철학을 익히고 장기간 소규모 투자를 꾸준히 지속하다 보면 성공기회를 잡게 될 확률이 크게 높아집니다.

성공 기회를 놓치지 않기 위해서는 시장에서 도태되지 않는 것이 가장 중요합니다. 시장에서 도태되지 않으려면 대단한 성과를 내는 것보다 큰 손실을 내지 않는 것이 훨씬 중요합니다.

부를 이루려면 일상생활과 투자에 대한 올바른 철학과 습관, 투자 경험, 일정 규모 이상의 투자금이 모두 필요합니다. 이 책을 통해 세 가지를 어떻게 마련하고 채워 갈 것인지 하나씩 살펴봅시다. 《어른이의 돈 되는 생활》이 여러분들의 경제생활에 보탬이 되기를 진심으로 기원합니다.

|목차|

1장

돈 되는 생활의 시작은 생각에서부터

1 티끌 모아 티끌일까?

+++ 절약 사례 +++

티끌 모으기 성과 체험

작심삼일을 반복하는 이유 중 하나는 단기간에 성과를 체감하기 어렵기 때문입니다. 하지만 절약은 노력에 대한 성과를 1년 만에도 체감할 수 있습니다.

나열심은 30대 초반 직장인입니다. 대기업에 근무하고 있고 매달 월급 통장에 들어오는 실수령액은 300만 원입니다. 직장에서 30분 거리에 있는 오피스텔에 살며 월세 50만 원, 관리비 10만 원을 납부합니다. 점심과 저녁 식사로 각각 8천 원가량 쓰고 유명 커피점에서 음료를 마십니다. 매월 35만 원씩 자동차 할부금을 갚고 주말마다 여자친구와 서울을 벗어나 데이트를 합니다. 일주일에 두 번 정도 직장동료나 친구들과 술 한잔하는 것이 일상의 행복입니다. 서울 근교에 사시는 부모님과 남동생에게 종종 용돈을 주고 1년에 한 번은 해외여행을 갑니다.

최근에 열심은 기분이 좋지 않습니다. 얼마 전 통장을 보니 1년 동안 500만 원이 넘는 빚이 쌓였기 때문입니다. 특별히 과소비한 것도 없는데 마이너스 인생이라니 도저히 이해할 수가 없습니다. 지난 1년간 지출 내역을 정리해 보니 다음과 같았습니다.

연간 지출 내역, 절약 전   (단위: 만 원)

월간 지출 항목	금액	세부항목
주거비	60	직장 근처 오피스텔(월세 50, 관리비 10)
식비	61	주중, (아침 0.3 + 점심 0.8 + 저녁 0.8) × 22회
		주말, 점심(1 × 8회)
		음료, 간식(0.5 × 22회)
교통비	61	대중교통(0.13 × 60회)
		자동차할부(35)
		주유비(0.15원 / 리터 × 60리터)
		택시비(0.8 × 12회)
통신비	14	핸드폰(10), IPTV(2), 인터넷(1.5)

돈 되는 생활의 시작은 생각에서부터

유흥비	82	저녁모임(3 × 8회), 쇼핑(10), 데이트(6 × 8회)
기타	8	운동비(5), 미용(3)
월간 지출 합계(A)	286	연 환산 3,428
비정기 지출 항목	금액	세부항목
자기계발	75	도서(1.5 × 10권), 취미(60)
의료 / 건강	25	병원 / 약국
의복	100	의류
경조사	50	경조사
감사비	260	여자친구(100), 부모님(120), 동생(40)
휴가비	200	해외여행
비정기 연간 합계(B)	710	
연간 지출 총계(12A + B)	4,138	결산 -538 (3,600 - 4,138)

열심은 새해를 계기로 지출을 줄이기로 마음먹었습니다. 점심은 구내식당 이용 횟수를 늘리고 외식을 할 때도 가성비 좋은 음식을 주문하기로 했습니다. 커피는 저렴한 카페를 이용할 생각입니다. 가급적 대중교통을 이용하고 택시 타는 횟수도 줄였습니다. IPTV도 해지하려 합니다. 저녁 모임도 줄이고 여자친구를 만날 때도 규모 있게 돈을 쓰기로 했습니다. 미용실도 싼 곳으로 옮기고 비싼 옷도 자제할 계획입니다. 해외여행도 비용을 좀 더 신중히 고려하기로 했습니다. 그리고 미안하지만 여자친구와 가족들 선물에도 지출을 줄이기로 결심했습

니다. 모든 결심을 실행해 옮기고 1년 뒤 500만 원이 넘던 빚
을 400만 원대로 줄일 수 있었습니다.

연간 지출 내역, 절약 1단계 (단위: 만 원)

월간 지출 항목	금액	세부항목
주거비	60	직장 근처 오피스텔(월세 50, 관리비 10)
식비	44	주중, (아침 0.2 + 점심 0.6 + 저녁 0.7) × 22회
		주말, 점심(0.5 × 8회)
		음료, 간식(0.3 × 22회)
교통비	55	대중교통(0.13 × 60회)
		자동차 할부(35)
		주유비(0.15원 / 리터 × 40리터)
		택시비(0.8 × 8회)
통신비	12	핸드폰(10), 인터넷(1.5)
유흥비	68	저녁 모임(3 × 6회), 쇼핑(10), 데이트(5 × 8회)
기타	7	운동비(5), 미용(2)
월간 지출 합계(A)	245	연환산 2,944
비정기 지출 항목	금액	세부항목
자기계발	75	도서(1.5 × 10권), 취미(60)
의료 / 건강	25	병원 / 약국
의복	70	의류
경조사	50	경조사

돈 되는 생활의 사작은 생각에서부터

감사비	175	여자친구(60), 부모님(80), 동생(35)
휴가비	135	해외여행
비정기 연간합계(B)	530	
연간 지출 총계(12A + B)	3,474	결산 -412 (-538 + 3,600 - 3,474)

지난 1년을 돌아보니 이전보다는 규모 있게 생활했다는 생각이 들었습니다. 하지만 1년 동안 모은 돈은 100만 원을 조금 넘는 수준에 불과했습니다. 원인을 찾아보던 열심은 매달 고정 비용만 아직도 245만 원이나 된다는 것을 깨닫고 충격을 받았습니다. 2년 후엔 결혼도 염두에 두고 있는데, 지금처럼 돈을 모아서는 결혼은커녕 마이너스 통장 상환도 쉽지 않겠다는 생각이 들었습니다. 열심은 제대로 절약을 하기로 하고 가족들과 여자친구에게 협조를 구했습니다.

먼저 오피스텔을 정리하고 부모님 댁에서 생활하기로 했습니다. 출퇴근 거리는 멀어졌지만 아낄 수 있는 비용은 매우 커졌습니다. 식비 지출이 아예 없어졌고 관리비도 낼 필요가 없습니다. 대신 부모님께 생활비로 매달 20만 원을 드리고 용돈도 올려 드리기로 했습니다. 다이어트도 할 겸 음료와 간식비도 크게 줄였습니다. 여자친구를 만날 때도 시내 데이트를 늘리고 만나는 시간을 앞당겨 주유비와 택시비를 절약했습니다. 약정이 끝나면 바꾸던 핸드폰도 기기는 그대로 이용하고 통신사만 알뜰폰으로 바꿨습니다. 데이터 무제한 서비스를 이용해도 매월 핸드폰비가 4만 원이 안 됩니다.

연간 지출 내역, 절약 2단계 (단위: 만 원)

월간 지출 항목	금액	세부항목
주거비	20	합가비
식비	15	주중, (아침 0 + 점심 0.6 + 저녁 0) × 22회
		음료, 간식(0.1 × 22회)
교통비	51	대중교통(0.13 × 60회)
		자동차할부(35)
		주유비(0.15원 / 리터 × 30리터)
		택시비(0.8 × 4회)
통신비	4	핸드폰(알뜰폰 무제한)
유흥비	52	저녁모임(3 × 5회), 쇼핑(5), 데이트(4 × 8회)
건강	6	운동비(5), 미용(1)
월간 지출 합계(A)	148	연환산 1,775
비정기 지출 항목	금액	세부항목
자기계발	75	도서(1.5 × 10권), 취미(60)
의료 / 건강	25	병원 / 약국
의복	60	의류
경조사	50	경조사
감사비	205	여자친구(50), 부모님(120), 동생(35)

돈 되는 생활의 시작은 생각에서부터

휴가비	95	해외여행
목표달성 포상	60	가족만찬(20), 연말 데이트(30), 선물(10)
비정기 연간 합계(B)	570	
연간 지출 총계(12A + B)	2,345	결산 + 843 (- 412 + 3,600 - 2,345)

연말에 통장을 보니 800만 원이 넘는 돈이 모여 있었습니다. 짠돌이 생활에 협조해 준 고마운 사람들이 생각났습니다. 올해가 가기 전에 가족들에게 식사 대접을 하고 여자친구와는 성탄절에 분위기 좋은 곳에서 식사도 하고 괜찮은 선물도 할 계획입니다. 적응하기 힘든 한 해였지만 앞으로 노력한다면 결혼 자금 준비는 문제없겠다는 생각이 듭니다.

나열심은 월급을 생활비로 다 쓰고 비정기 지출만큼 빚이 늘어나는 취약한 구조에서 시작했습니다. 하지만 2년 후 월급의 35%를 저축하는 구조로 바꾸는 데 성공했습니다. 주목할 점은 일상의 지출을 줄이는 것이 중요하다는 것입니다. 전자제품 구매를 미루거나 해외여행을 안 가는 것보다 택시 타는 습관을 고치는 것이 더 중요합니다. 언뜻 보면 전제자품이나 해외여행의 지출이 훨씬 클 것 같지만 이런 것들은 일회성 비용에 불과합니다. 반면에 금액이 적어도 정기적으로 발생하는 지출을 무시하면 안 됩니다. 1년을 기준으로 매일 쓰는 돈은 365배가 되고 매달 쓰는 돈은 12배가 된다는 것을 알아야 합니다. 열심히 일한 사람이 떳떳하게 휴가를 떠날 수 있듯이, 평소에 절약한 사람이 필요할 때 기쁘게 쓸 수 있습니다.

절약,
왜 해야 할까?

절약만 완전히 정복할 수 있다면 목표의 절반 이상을 달성한 것입니다. 제가 생각하는 절약의 정의는 '현재의 소비를 미래로 미루는 것'입니다.

어차피 쓸 돈을 왜 미래에 양보해야 할까요? 첫 번째 이유는 소득이 없거나 부족할 때를 대비하기 위해서입니다. 퇴직이나 이직으로 소득이 불안정해질 수도 있고 은퇴 후에는 소득이 사라질 수도 있습니다. 특히 노후에 일하고 싶지 않은 분이라면 어떻게든 일하는 동안 돈을 남겨야 합니다. 은퇴 후 수입에 대한 계획도 없는데 여유자금도 없다면 지금 당장이라도 돈을 모으든지 노년에 수입을 확보할 길을 찾아야 합니다.

두 번째 이유는 젊음이 사라지기 때문입니다. 젊은 시절에는 인생을 새롭게 채워 갈 시간과 가능성이 넉넉히 남아 있고 육체적으로도 에너지가 충만합니다. 이 시기에는 라면만 먹고 노숙을 해도 행복할 수 있습니다. 그러나 나이가 들고 노쇠하면 인생을 바꿀 기회도

돈 되는 생활의 시작은 생각에서부터

희박해지고 건강도 악화됩니다. 노년에 돈마저 없다면 건강을 유지하기도 힘이 듭니다. 슈퍼히어로는 위기에 처한 사람들을 돕고 어마어마한 문제를 해결합니다. 슈퍼맨, 배트맨, 아이언맨을 생각해 보십시오. 훌륭한 외모는 물론이거니와 심지어 배트맨과 아이언맨은 재벌입니다. 그에 반해 스파이더맨은 어떤가요? 학생, 사진 기자 아르바이트와 지구 지키기를 병행하며 바쁘게 살아갑니다. 그럼에도 영화를 즐겁게 볼 수 있는 이유는 다른 히어로보다 스파이더맨이 어리기 때문입니다. 만약 중년의 나이에 식당이나 공사장에서 일하면서 짬을 내어 지구까지 지키는 가난한 영웅이 있다고 가정해 봅시다. 그가 나오는 영화는 히어로물이 아니라 사회 고발 다큐멘터리처럼 보일 것입니다.

세 번째 이유는 바로 기본 중의 기본이기 때문입니다. 절약하지 않고 부를 이루려면, 큰 성공으로 본업에서 거액을 벌어들여야 합니다. 이따금 투자의 귀재가 큰돈을 벌었다는 이야기가 들리기도 합니다. 하지만 그런 경우에도 평범함 사람이 해내기 고된 과정과 여러 번의 실패를 이겨 낸 성취일 가능성이 높습니다. 일반적인 경우라면 절약해서 종잣돈을 모으고 시행착오를 겪어 가며 재산을 불리는 방법밖에 없습니다. 절약해야 저축을 하고, 저축해야 투자금을 모을 수 있기 때문입니다. 절약하지 않고 재산을 늘려 보겠다는 것은 씻지 않고 깨끗해지길 바라는 것과 같습니다.

제가 재정 목표를 달성하고 있는 것도 절약 덕분입니다. 결혼 이후 7년 동안 가계의 자본(자산 - 부채)이 3배 증가하였는데, 이 중 60%가 절약으로 이룬 성과였습니다. 저희 부부는 결혼 이후 매년 가계소득의 60~70%를 저축하고 있습니다. 맞벌이에 둘 다 소득이 높은 점을 감안하더라도 소득의 70%가량을 저축하는 것은 결코 쉽지 않습니다. 투자에서 항상 이득을 볼 수는 없습니다. 그럼에도 목표를 달성할 수 있었던 것은 저축액이 손실을 메우고도 남아서 매년 재산이 꾸준히 불어났기 때문입니다.

　　'티끌 모아 티끌'이라고 말하는 사람들이 있습니다. 일리 있는 말처럼 느껴질 때도 있지만 현실은 절대로 그렇지 않습니다. 가는 체로 티끌부터 모으는 습관을 들여야 돌이나 바위도 놓치지 않습니다. 굵은 체를 써 버리면 흘려보내는 데 익숙해지고 근력이 떨어져서 큰 돌이 걸려도 무게를 감당하지 못하고 체를 놓치게 됩니다. 천 원 아끼는 것은 쉽지만 만 원을 아끼는 것은 어렵습니다. 마음만 먹으면 티끌은 부담 없이 모을 수 있지만, 티끌 모아 티끌이라고 생각하는 사람은 티끌조차 모으지 못합니다. 절약을 체득한 사람은 주변에서 고가 자동차 구매나 호화로운 해외여행 이야기를 들어도 흔들리지 않습니다. 절약이 생활화되었기 때문에 불필요한 곳에 지출하는 것이 오히려 불편해집니다. 그러나 티끌을 흘려보낸 사람은 절약의 경험이 부족하기 때문에 사소한 것에도 흔들리기 쉽습니다. 거대한 댐의 붕괴도 아주 작은 구멍부터 시작됩니다. 댐의 붕괴를 막는다는 심정으로 티끌을 모아야 합니다.

커피 한 잔의 배신
- 소소하고 확실한 낭비 대신 누릴 수 있는 것들

MONEY CLASS

나열심 과장은 같은 팀 금현명 차장과 회사 인근 순두붓집에서 점심 식사를 마치고 나오는 길입니다.

나열심: 차장님, 커피 한잔하시죠. 스타벅스 괜찮으시죠?

금현명: 요새 스타벅스 참 많아. 점심 시간엔 대기도 길고 말이야. 직장인들이 한 달에 스타벅스에 얼마나 쓰려나?

나열심: 글쎄요. 한 잔에 5천 원이라 치면 많이 쓰는 사람들은 한 달에 20만~30만 원 쓰는 사람도 있을 것 같아요.

금현명: 혹시 카페라테 효과라고 들어 봤어? 오랫동안 커피값을 아끼면 노후에 큰 보탬이 될 수 있다는 건데, 잘 와닿지는 않지. 하지만 스타벅스에 쓰는 돈으로 무엇을 할 수 있을지 생각해 보면 카페라테 효과를 실감할 수 있어. 음료 한 잔에 5천 원이라고 하면, 이건 내 한 달 커피값이야.

나열심: 네? 무슨 말씀이세요?

금현명: 난 하루에 믹스커피를 2잔 정도 마셔. 근데 커피믹스 인터넷 판매 가격을 보니 개당 90원 정도 하더라고. 5천 원이면 커피믹스 56개고 나한테는 28일 치 커피값이지.

나열심: 하지만 원두커피랑 커피믹스를 비교하는 것 자체가 좀 이상해요. 스타벅스는 서비스와 분위기, 공간도 제공하잖아요.

금현명: 그래. 사람마다 기준이 다르니까. 그런데 요즘 한 달에 20만~30만 원이면 공유 오피스를 임대할 수 있어. 필요할 때면 언제든 커피랑 음료, 간식은 물론이고 개인 공간과 회의실도 쓸 수 있지. 나라면 그 돈으로 공유 오피스를 계약하겠어. 좀 더 긴 안목에서 10년 치를 생각해 볼까? 1년이면 240만~360만 원이니 10년이면 2400만~3600만 원이네. 나 과장은 그 돈이면 뭐할래?

나열심: 저 같으면 차를 살 것 같아요. 그런데요, 차장님 같은 분이야 이해하지 못하시겠지만 10년 후에나 산다고 하면 그냥 매일 스타벅스 마시겠다는 사람도 꽤 많을 것 같아요.

금현명: 실제로 10년 후에 차 사겠다고 커피값을 아끼는 사람은 거의 없지. 하지만 이렇게 생각해 봐. 나 과장이 서른에 첫 차를 구입하고 10년 후 마흔에 차를 바꾸려고 해. 그때 커피값 아낀 돈으로 계획보다 3600만 원을 더 쓸 수 있다면 무슨 차를 살래?

나열심: 오! 그랜저가 벤츠로 바뀌는 순간이네요. 차장님 저 마흔에는 벤츠 탈 수 있는 건가요? 앞으로 10년간 커피 끊습니다. 아, 이거 차장님한테 한 방 먹었네요.

가끔 스타벅스에 가는 건 소확행일 수 있습니다. 하지만 매일 들르는 스타벅스는 소확낭(소소하고 확실한 낭비)일지도 모릅니다. 처음엔 소확행으로 시작하지만 시간이 지나면 습관이 됩니다. 만족감이나 행복을 위해 소비하는 것이 아니라 담배처럼 끊지 못해서 소비하게 되는 것이죠.

절약만으로 큰 부를 이루기는 어렵습니다. 그렇다고 절약의 유용성이 사라지는 것은 아닙니다. 절약한 돈도 결국은 어딘가에 사용됩니다. 단지 쓸 시기와 사용처를 달리할 뿐이지요. 부자가 되고 싶다면 절약한 돈을 자산에 써야 합니다. 부자들은 내가 지금 쓰는 이 돈으로 건물을 샀다는 것을 깨달아야 합니다. 돈의 사용처를 현명하게 선택하면 행복도 더 크게 누릴 수 있고 부자가 될 수도 있습니다. 의미 없는 소비를 반복하면 행복감은 사라지고 소비 습관만 남습니다. 특별히 쓴 곳도 없는데 월급이 자꾸 사라진다면, 2~3일 뒤에는 기억도 못할 소확낭을 반복하고 있기 때문입니다.

나쁜 소비와
좋은 소비

이번에는 실제 생활에 절약을 적용할 차례입니다. 먼저 다음의 소비 등급 체계를 통해 각자의 소비생활을 객관적으로 평가해 봅시다.

⋯ 나의 소비 등급 알아보기

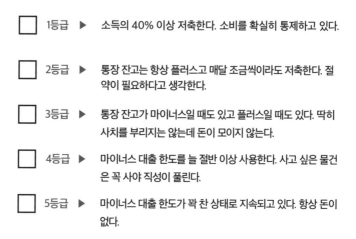

☐ 1등급 ▶ 소득의 40% 이상 저축한다. 소비를 확실히 통제하고 있다.

☐ 2등급 ▶ 통장 잔고는 항상 플러스고 매달 조금씩이라도 저축한다. 절약이 필요하다고 생각한다.

☐ 3등급 ▶ 통장 잔고가 마이너스일 때도 있고 플러스일 때도 있다. 딱히 사치를 부리지는 않는데 돈이 모이지 않는다.

☐ 4등급 ▶ 마이너스 대출 한도를 늘 절반 이상 사용한다. 사고 싶은 물건은 꼭 사야 직성이 풀린다.

☐ 5등급 ▶ 마이너스 대출 한도가 꽉 찬 상태로 지속되고 있다. 항상 돈이 없다.

경제적 여유를 누리고 싶다는 목표가 있는데 5등급이나 4등급에 해당된다면 사태의 심각성을 깨달아야 합니다. 당장 신용카드를 없애고 가족이나 배우자에게 돈 관리를 맡겨야 합니다. 돈 관리자에게 현금으로 생활비를 받아쓰고 대출 상환에 주력해야 합니다. 맡길 사람이 없다면 한 달 생활비를 현금으로 찾아 봉투에 넣고, 그 안에서 지출을 해결하는 것도 좋은 방법입니다. 소득 자체가 너무 적다면 소득을 늘릴 방안을 강구해야 합니다. 제가 보기에 4등급은 사실상 5등급과 다를 바 없습니다. 아마도 4등급과 5등급의 차이는 대부분 소득 수준에 따른 것입니다. 4등급 중에서 소득이 줄어든다면 언제든 5등급으로 떨어질 분들이 많을 겁니다. 재산 증식을 배우는 학교가 있다면 이분들은 보나마나 낙제생입니다.

돈 되는 생활의 시작은 생각에서부터

3등급은 소비 습관에 대한 전면 검토가 필요합니다. 사치를 하지는 않지만 쓸데없는 소비가 많은 분들입니다. 하지만 3등급이 출발선이라면 아직 희망이 있습니다.

2등급은 출발점으로는 더할 나위 없이 좋지만 등급 상향이 어렵다는 단점도 있습니다. 2등급에서 1등급으로 올라가는 것은 다른 차원의 문제입니다. 1등급이 되려면 목표 달성과 절약에 대한 절실함 그리고 강한 자기 절제력이 필요합니다.

1등급이라면 경제적 자유로 가는 여정에 이미 절반은 왔습니다. 소득 수준과 상관없이 스스로를 자랑스러워할 자격이 충분합니다. 1등급에 올라섰다면 본격적인 투자 공부를 시작해도 좋을 시기입니다.

여러분도 1등급으로 올라갈 수 있습니다. 나열심도 3등급에서 2년 만에 1등급으로 올라섰습니다. 1등급으로 올라가려면 나쁜 소비(불필요한 지출)를 피해야 합니다. 그렇다면 나쁜 소비란 무엇일까요?

… 나쁜 소비와 좋은 소비 구분하기

나쁜 소비는 꼭 필요하지 않은 것에 지출하는 행위입니다. 공기청정기, 정수기, 스마트폰, 태블릿 PC, 주말 외식, 김치냉장고, 건조기, TV…. 이 중에서 불필요한 것이 무엇일까요?

고급 영화관에 다녀온 적이 있습니다. 절약의 달인이라고 생각했던 저였지만 정작 맛을 보고 나니 다음에 한 번 더 갈까 망설였던 기억이 납니다. 커피나 음료가 1인당 두 잔이나 제공되고 좌석에는 팝콘이 이미 놓여 있었습니다. 함께 간 아들은 넓은 의자에서 뒹굴며 영화를 보았습니다. 제공받는 서비스를 생각해 보면 비싼 가격이 아니라는 생각이 들었습니다. 하지만 생각해 보니 상술에 속았다는 것을 깨달을 수 있었습니다. 음료와 팝콘, 넓고 편안한 의자, 고급스러운 서비스를 생각하면 합리적인 가격이었지만 그 모든 것이 제가 진정으로 원한 것은 아니었기 때문입니다.

고급 영화관에서 잠시나마 즐거웠던 것은 제 욕구가 충족되었기 때문이 아니라 판매자가 제 욕구를 확대시켰기 때문입니다. 고급 영화관 사장님은 모든 사람들이 일반 영화관 서비스로 만족하지 못하는 세상을 만들고 싶을 것입니다.

나쁜 소비와 좋은 소비를 구별하는 연습을 해 보겠습니다. 아래 지출 내역을 검토해 보면 좋은 소비와 나쁜 소비에 대한 기준이 조금 더 명확해질 것입니다.

1. 주말 치맥은 나의 소확행이다.
2. 쿠폰 유효기간이 끝나기 전에 냉동만두를 산다.
3. 비싼 명품가방 대신 덜 비싼 명품지갑을 구입한다.

돈 되는 생활의 시작은 생각에서부터

4. 집들이에 필요한 물품을 편의점에서 계획한 대로 산다.

5. 투자 관련 수강료로 월 50만 원씩 쓴다.

6. 부모님 용돈을 월 30만 원씩 드린다.

7. 평소에 절약한 돈으로 매년 여름 휴가를 간다.

똑같은 소비라도 어떤 상황에서 어떤 원칙에 따라 지출되었느냐가 중요합니다. 1번의 주말 치맥은 본인이 계획한 지출이라면 괜찮습니다. 하지만 주중에도 치맥을 먹었는데 주말에 또 먹고 있다면 그건 소확행이 아니라 거확낭(거창하고 확실한 낭비)입니다. 2번은 냉동만두를 사려고 보니 쿠폰이 있어 썼다면 다행이지만, 쿠폰이 만료되는 것이 아까워 냉동만두를 샀다면 불필요한 지출입니다. 3번은 큰 사치를 작은 사치로 대체한 것인데 은행을 터는 대신 편의점을 털었다고 해서 무죄라고 볼 수는 없습니다. 4번은 나쁘지 않다고 생각합니다. 대형마트 제품이 더 쌀 수 있지만 마트에 가면 주유비나 교통비는 물론 불필요한 것들까지 잔뜩 사게 될 수도 있기 때문입니다. 구매 계획대로 필요한 것만 샀다면 나쁘게 볼 필요는 없습니다. 5번은 월 저축액과 강의 내용이 중요합니다. 한 달에 300만 원 이상 저축하시는 분이라면 50만 원을 투자 공부를 위해 쓸 수 있습니다. 하지만 월 저축액이 100만 원인데 50만 원을 강의료로 써 버리거나 '알려 주마 급등주!', '부동산 고수 따라잡기! 1년 안에 5억 벌기!' 이런 강의는 가시면 안 됩니다. 6번은 칭찬받을 만한 지출이지만 30만 원이 본인의 경제적 자립에 지장을 줄 수 있는 금액이라면 부모님 용돈을 줄여야 합니다. 경제적으로 자립하는 것이 부모님께 더 큰 효도이기 때문입니다. 훗날 부모님이 연로해져서 정말로 필요할 때에 더 큰 도움을 드릴 수 있습니다. 7번에 와서야 반박하기 힘든 좋은 소비가 나오는군요. 평소에 절약한 돈으로 필요할 때 쓰는 것은 가장 칭찬할 만한 지출입니다.

좋은 소비란 지출 계획을 지키고 필요한 곳에 쓰는 것입니다. 지출 계획을 지키려면 지출 총액을 관리해야 하고 상술에 속지 않아야 합니다. 만 원짜리를 3천 원에 산 것은 7천 원을 번 것이 아니라 3천 원을 쓴 것입니다. 필요한 것이 무엇인지 알기 위해서는 자신의 기준이 명확해야 합니다. 그래야 상술에 속지 않습니다. 기업들은 필요 유무와 상관없이 고객이 좋아할 만한 신상품과 서비스를 계속 만들어 냅니다. 자신이 필요한 것에 대한 확고한 기준이 없다면 자신의 필요를 채우는 것이 아니라 판매자의 지갑을 채우게 됩니다.

2 네 자산을 알라

+++ **계획 사례** +++

저축 금액별 재테크 처방전

재산 증식의 출발점은 저축 금액 확인입니다. 현재 아무리 소득이 많더라도 소비하고 남는 것이 없다면 미래를 위한 준비는 불가능합니다. 따라서 재산 증식을 위해서는 얼마를 버는지보다 얼마나 저축하는지가 훨씬 중요합니다. 저축 금액별로 어떻게 계획을 세우고 실천해야 하는지 알아보겠습니다.

1) 월 저축액 50만 원 이하

1번 그룹의 최우선 목표는 저축 금액 100만 원을 달성하는 것입니다. 투자에 관심을 갖는 것보다는 먼저 저축을 늘려야 합니다. 저축액이 적을수록 손실이 날 경우 회복이 어렵기 때문에 투자에는 매우 신중해야 합니다. 투자로 몇백만 원만 손실을 보아도 그 피해를 메우는 데는 1년이 넘게 걸릴 수 있습니다. 당장은 투자에 대해 생각하지 않아도 좋습니다. 투자는 일단 공부로만 만족하고 실전보다는 모의투자를 추천합니다. 1번 그룹에게 가장 중요한 것은 잃지 않고 모으는 것입니다.

(1) 월 소득 150만 원 이하

월 소득이 150만 원 이하라면 저축을 50만 원 넘게 하는 것은 매우 어렵습니다. 저축과 소득 모두 늘리려는 노력이 필요합니다. 경력이 쌓임에 따라 소득이 올라갈 수 있는 상황이라면 일단 저축증대로 대응해도 괜찮습니다. 다만, 시간이 흘러도 소득이 늘어날 것 같지 않다면 소득을 늘릴 궁리를 해야 합니다. 소득이 늘어날 잠재력이 있는 곳이 보인다면 도전하는 자세가 필요합니다. 알바만 하는 것보다는 소득에 별 차이가 없어도 경력을 쌓을 수 있는 직장을 잡는 것이 낫습니다. 아니면 장래성 있는 업종의 사장님 밑에서 그 일을 배워도 좋습니다.

(2) 월 소득 250만 원 이하

월 저축 금액이 100만 원을 넘도록 구조를 바꿔야 합니다. 100만 원을 저축하더라도 150만 원의 돈이 있습니다. 부양가족이 있어 150만 원 미만으로는 도저히 살 여건이 되지 않는다면, 본업에서 큰 성공을 이룰 수 있도록 집중하거나 정년에 구애받지 않고 평생 일할 수 있는 능력을 갖추는 방향으로 전환해야 합니다.

(3) 월 소득 350만 원 이상

이 경우의 연 수입은 최소 4200만 원입니다. 하지만 소득의 86%가량을 써 일 년에 기껏해야 600만 원밖에 저축하지 못하고 있습니다. 유흥이나 취미 또는 주거비나 차량 유지비에 과도한 지출을 하고 있을 가능성이 높습니다. 꼭 기억하시기 바랍니다. 지금이 당신 인생에서 가장 풍요로운 시기입니다. 은퇴 후에도 현재와 같은 생활을 유지할 수 있을지 진지하게 고민해 보십시오.

2) 월 저축액 100만 원 이상

2그룹의 최우선 목표는 저축액 100만 원을 150만 원으로, 150만 원이라면 200만 원으로 늘리는 것입니다. 월 저축액이 100만 원 이상이라면 소액 투자를 시작해도 됩니다. 단, 월간 투자금이 20만 원을 초과해서는 안 됩니다. 10만 원에서 15만 원 정도가 바람직합니다. 1차 목표는 종잣돈 1억 원을 모으는 것입니다. 까마득해 보이지만 월 100만 원의 저축이 있다면 1억 원 모으기는 그리 어렵지 않습니다. 사회 초년생이 아니라면 이미 2천만~3천만 원 정도는 모았을 것입니다. 1년에 1200만 원씩 모을 수 있기 때문에 이르면 6~7년 후에 1억 원을 만져 볼 수 있습니다. 1억 원 모으기를 성공하려면 종잣돈 1억 원으로 어떤 자산을 살 수 있는지 부지런히 공부하며 힘을 내야 합니다(〈종잣돈과 친해지기〉 63쪽 참고).

종잣돈 1억 원을 모았다면 투자금을 늘려도 됩니다. 부동산 투자라면 종잣돈을 모으며 눈여겨보았던 물건에 투자를 해도 좋고, 금융자산 투자를 늘려도 됩니다. 다만, 금융투자의 경우 투자원금 총액이 2천만 원을 초과해서는 안 됩니다. 나머지 8천만 원은 전세금이나 내 집 마련 또는 좋은 투자 기회를 잡기 위한 자금으로 남겨 놓을 필요가 있습니다.

투자에서 성과가 나더라도 저축을 경시하지 않도록 주의해야 합니다. 무게중심이 저축에서 투자로 옮겨 가면, 저축액이 하찮아 보이고 투자만 몇 번 성공하면 은퇴 준비가 끝날 것이라고 생각하게 됩니다. 이런 생각에 빠지면 두려움 없이 투자금을 늘리게 되고 지금까지 모아 온 것을 물거품으로 만들 가능성이 높아집니다. 월 저축액이 100만 원 이상으로 올라온 것은 막 궤도에 오른 수준입니다. 지금의 노력을 앞으로도 계속해야 안락한 미래를 기대할 수 있습니다. 재산 증식의 무게중심은 늘 저축에 있다는 점 잊지 마십시오.

돈 되는 생활의 시작은 생각에서부터

3) 월 저축액 200만 원 이상

월 저축액이 200만 원 이상이라면 은퇴 준비의 8할은 마친 것이라 보아도 무방합니다. 사회 생활을 시작한 지 10년이 넘었다면 종잣돈이 꽤 모였을 것이고, 내 집 마련도 했다면 노후자금 준비에 집중할 수 있습니다. 현재 속도라면 1억 원을 모으는 데 4년이 걸립니다. 조금 더 노력해 월 저축을 250만 원으로 늘리고 운도 좀 따라 준다면 3년 만에 1억 원을 모을 수 있습니다. 직장인이라면 50만 원을 더 버는 것보다 50만 원을 아끼는 것이 더 쉽습니다. 소액 투자금은 월 기준 30만 원 정도면 적당하고 많아도 50만 원을 넘겨서는 안 됩니다.

매월 200만 원 이상을 저축하고 사회생활을 시작한 지 6~7년이 넘었는데, 모아 놓은 돈이 1억 원이 되지 않고 별다른 자산도 없다면 스스로를 되돌아봐야 합니다. 월 200만 원 이상을 저축하고 있다고 생각하지만 실제로는 그렇지 않을 가능성이 매우 높습니다. 아무리 200만 원을 적금에 붓는다 해도, 대출이 있다면 저축액은 200만 원이 아닙니다. 비싼 자동차나 명품, 수집품은 자산이 아니라 써 버린 돈입니다. 대출 이자를 내고 자동차 할부금을 내고 신용카드 대금까지 할부로 결제하고 있다면, 200만 원을 저축하는 것이 아니라 적자를 내고 있을 가능성이 더 큽니다. 200만 원 이상을 제대로 저축하고 있는 사람이라면 자신의 돈이 쌓이고 있는지 아닌지는 분명하게 알 수 있습니다. 통장의 마이너스(-) 잔고가 조금씩 늘고 통장에 들어온 월급이 스쳐 지나가는 것 같다면 수입과 지출 내역을 면밀히 살펴보시기 바랍니다. 스스로를 속이는 거짓말을 하고 있는지도 모릅니다.

4) 월 저축액 300만 원 이상

한 달에 300만 원 이상 저축하는 사람은 충분한 시간이 주어 진다면 몇십 억 원 자산은 충분히 일구어 낼 수 있습니다(《복리로 재산을 늘리려면?》 90쪽 참고). 3년이면 1억 원 넘게 모을 수 있으니 당신의 목표는 1억 원이 아니라 10억 원은 돼야 합니다. 투자에 자신이 없다면 위험부담을 지지 않고 안정적으로만 운영해도 됩니다. 은퇴 전까지 모을 수 있는 금액과 미래에 필요한 현실적인 수입을 비교해 보십시오. 미래를 책임져 주겠다는 호텔 분양이나 수익률 15%를 무조건 보장한다는 상가 분양 광고에 속지만 않는다면 당신의 미래는 꽤 높은 확률로 보장받을 수 있습니다.

(1) 보유자산 5억 원 이하

무주택자라면 내 집 마련이 최우선입니다. 은퇴 후 고정 수입이 발생하지 않는 상황에서 전세 문제로 2년마다 이사를 고민해야 한다거나 월세를 내는 것은 웬만큼 부를 이루지 않고서는 부담이 될 수밖에 없습니다. 집값이 떨어져도 크게 걱정

돈 되는 생활의 시작은 생각에서부터

할 필요는 없습니다. 모아 둔 자금이나 저축액이 충분하기 때문에 부동산 침체기가 오면 싸게 나온 좋은 자산을 매입할 생각을 해야 합니다(《예금과 대출로 10억 아파트 사기》 65쪽 참고).

(2) 보유자산 5억 원 이상

유주택자이고 가용 자금 3억 원이 있다면 자산(주택 제외) 5억 원 늘리기에 도전할 때입니다. 5억 자산이라면 월 150만 원(대출 이자 차감 전) 이상의 현금흐름을 기대할 수 있습니다. 투자 초보자라면 투자금 1억~2억 원가량 소요되는 투자를 먼저 해 보고 경험을 쌓을 필요가 있습니다. 초보자는 한 번의 투자에 가용 자금의 $\frac{1}{3}$ 이상을 투자하면 안 됩니다. 그리고 자산 매입의 시기도 분산해야 합니다. 3억 원을 1억 원씩 3곳에 동시에 투자하는 것은 진정한 의미의 분산이 아닙니다. 분산은 지역이나 종목의 분산뿐만 아니라 투자 시기의 분산까지 포함하는 개념으로 이해해야 합니다.

재산 증식의 첫 번째 고비는 1억 원을 모으는 것입니다. 그런데 그 첫 번째 고비가 가장 가파르고 넘기 힘들며 오래 걸립니다. 그 고비를 넘고 조금만 더 노력한다면 질적인 변화를 체험할 수 있습니다. 젊은 시절에는 체력과 시간이 충분합니다. 따라서 고비는 조금이라도 젊을 때 넘는 것이 좋습니다. 결혼하고 아이가 초등학교 고학년이 되면 지출이 늘어날 수밖에 없습니다. 지금도 빠듯하겠지만 그때가 되면 더 빠듯해지는 것이 현실입니다. 도전에는 고전이 따릅니다. 도전과 고전을 할 수 있다면 나이와 상관없이 젊은이입니다. 하루라도 빨리 시작해야 젊은이의 인생을 더 오래 누릴 수 있습니다.

장기 재정 계획 세우기

장기 재정 계획은 투자의 목표를 설정하기 위해서 세우는 것입니다. 막연히 열심히 모으고 투자하는 것보다는 구체적인 목표를 정하고 달성하기 위해 노력하는 것이 더욱 효과적입니다. 성공하는 많은 사람들은 장기적인 최종 목표에 도달하기 위해 중·단기 목표를 세우고 노력합니다. 예를 들어 50세에 대통령이 되고자 하는 이가 있다면, 45세에는 1대 정당의 당 대표를, 40세 이전에는 국회의원 당선을 목표로 할 수 있습니다. 목표가 있으면 노력의 방향이 명확해지고 중간 단계에 도달할 때마다 성취감도 느낄 수 있습니다. 이는 장기간 노력을 이어 갈 수 있는 원동력이 됩니다.

경제적 최종 목표를 설정해 보겠습니다. 은퇴 후 여유로운 삶을 최종 목표로 합니다. 계획을 구체화하려면 은퇴 시점과 은퇴 후 필요한 생활비가 어느 정도인지 파악해야 합니다. 은퇴 시점이 늦어질수록, 목표하는 소비 수준이 낮을수록 필요 자금은 줄어듭니다.

은퇴 시점을 파악하려면 본업의 장기 계획이 먼저 확정되어야 합니다. 본업의 장기 계획으로 생각할 수 있는 일반적인 경우는 다음과 같습니다.

첫 번째 유형, 달성하는 것만으로 경제적 문제가 해결되는 고위직(혹은 성공한 사업가)이 되겠다는 분.
⇒ 이런 훌륭한 계획이 있으신 분은 '대표님'이라고 부르겠습니다.

두 번째 유형, 노후에도 할 수 있는 평생 직업을 찾아 꾸준히 일하며 살겠다는 분.
⇒ 이런 계획을 준비하시는 분은 '일 사랑 씨'라고 하겠습니다.

세 번째 유형, 은퇴 후 별다른 계획 없고 유유자적하며 살고 싶다는 분.
⇒ 이런 경우는 '탱자 씨'입니다.

대표님과 일 사랑 씨는 재정 계획이나 투자보다는 본업의 목표를 달성하는 것이 훨씬 중요할 수 있습니다. 하지만 은퇴 후 노동할 생각이 없는 탱자 씨는 열심히 벌고, 모으고, 투자해야 합니다. 탱자 씨에게는 장기 재정 계획이 필수입니다.

대표님과 일 사랑 씨는 재정 계획이 필요 없을까요? 대표님도 일 사랑 씨도 고위직과 평생 직업이라는 목표를 달성해야만 노후 걱정을 해결할 수 있습니다. 목표에 도달하기 전까지는 안정적인 생활을 유지하기 위해 재정 계획을 세우고 잘 따라야 합니다. 급작스러운 퇴직이나 실패, 사고, 건강 악화 등으로 원치 않게 목표에서 멀어질 수 있기 때문에 재정 계획이 꼭 필요합니다. 주위를 둘러보면 대표님 생활을 오래 하셨으나 은퇴 후 걱정을 하시는 분들이 생각보다 많습니다. 이런 분들은 대게 높은 소득만 믿고 자녀교육이나 취미생활에 과도한 지출을 하거나 투자에 실패한 분들이 많습니다. 은퇴 후에 가서야 실제로는 탱자 씨와 다름없었다는 것을 깨닫게 되면 늦습니다.

본업의 목표를 세웠다면, 장기 재정 계획 수립으로 들어가겠습니다. 지금부터 은퇴까지의 초장기 계획을 세우고 지킨다면 가장 이상적일 것입니다. 하지만 5년, 10년, 15년의 5년씩 3단계 장기 계획을 추천합니다.

계획 단위가 너무 짧으면 도전적인 목표를 설정하기 어렵고, 너무 길면 계획의 현실성이 떨어질 수 있습니다. 이렇게 되면 계획은 계획으로만 남고 막연히 열심히 모으는 것과 별반 다르지 않게 됩니다. 15년 후 10억 원 모으기를 가정해 보겠습니다. 1년 단위로 생각하면 해마다 6600만 원을 모아야 합니다. 월급을 모두 저축해도 달성이 불가능하기 때문에 무리한 투자를 감행하거나 포기하게 됩니다. 하지만 5년 단위 3단계로 계획을 세우면, 첫 5년 동안 1억 원, 이후 5년 동안 3억 원, 마지막 5년 동안 6억~7억 원 정도를 목표로 잡

돈 되는 생활의 시작은 생각에서부터

을 수 있습니다. 15년에는 어렵겠지만 20년 후라면 10억 원이 가능해 보이지 않습니까? 시간이 갈수록 종잣돈이 모이며 직장인의 경우 소득도 점차 증가하기 때문에 15년 후 10억 원도 현실이 될 수 있습니다. 특히, 첫 5년 계획을 무리하지 않게 잡더라도 이상적인 최종 목표가 멀게 느껴지지 않는다는 장점이 있습니다.

계획 단위를 5년보다 더 길게 잡으면 목표를 수정하게 될 가능성이 높습니다. 결혼 자금 마련을 목표로 했지만 배우자를 만나지 못할 수도 있고, 자녀를 한 명 두려고 했는데 세 쌍둥이 부모가 될 수도 있습니다. 정년까지 다니려고 했던 회사를 그만두게 되는 경우도 있을 수 있지요. 계획 단위가 지나치게 길면 첫 단계부터 삐걱거릴 가능성이 높아집니다.

3단계 계획을 세우면 변수가 발생해도 지난 단계의 성과를 미래의 버팀목으로 삼을 수 있습니다. 또는 최종 목표 달성 기간을 조절하면서 돌발변수에 대응할 수도 있지요. 재정 계획상 6년 차에 진로 변경을 위해 퇴사할 경우 5년 동안 모아 놓은 1억 원이 큰 힘이 될 수 있습니다. 이 돈은 침착하게 다음 단계를 설계할 수 있도록 도와줄 것입니다. 아이 한 명을 둔 맞벌이 부부에게 예정에 없던 둘째가 태어날 수도 있습니다. 출산과 육아에 따른 휴직과 그에 따른 소득 감소, 양육비 증가가 예상됩니다. 하지만 목표 수준이나 은퇴 시점 조절로 대응이 가능할 것입니다. 통장 잔고는 이전보다 느리게 증가하겠지만 둘째의 재롱에 행복 잔고가 넘쳐나 주위에 행복을 나눠 주게 될지도 모릅니다.

막 재테크를 준비하시는 분들을 위한 장기 재정 계획을 만들어 보았습니다.

목표: 15년 후 OO동 내 집 마련하기

5년 후	결혼 자금과 전세 자금 마련(1.2억 원)
	6천만 원(5년간 매월 100만 원 저축) / 6천만 원(전세자금 대출)
10년 후	주거공간 개선 및 종잣돈 마련(3억 원)
	1.5억 원(이월금 0.3억 원 + 5년간 매월 200만 원 저축) / 주택(전세) 대출 1.5억 원
15년 후	○○○동에 내 집 마련(6억 원)
	3.6억 원(이월금 1.5억 원 + 5년간 매월 300만 원 저축 + 투자수익 0.3억 원) / 주택담보 대출 2.4억 원

저의 계획도 간략히 공개합니다.

목표: 은퇴 시점인 50대 중반에 자녀 양육비(교육비 포함) 및 생활비, 투자 지속할 현금흐름 창출하기

40대 초반	첫째 아이 양육비 및 마중물 현금흐름 완성
	부부 급여 외 임대수익 ○○○만 원 / 대출 ○○○만 원 ⇒ 달성
40대 중반	둘째 아이 양육비 현금흐름 초등학교 입학 전 완성하기
	부부 급여 외 임대수익 ○○○만 원 / 대출 ○○○만 원

50대 초반	은퇴 전 투자 지속할 현금흐름 창출하기
	부부 급여 외 임대소득 월 ○○○만 원, 금융소득 월 ○○○만 원 / 대출 ○○○만 원
50대 중반	은퇴 후 투자 지속할 현금흐름 창출하기
	임대 및 금융소득 ○○○만 원 / 대출 ○○○만 원

지속 가능한 작은 노력을 통해 목표를 달성하는 것이 중요합니다. 예시로 든 두 계획이 너무 단순하거나 성의 없다고 생각할 수도 있을 것 같습니다. 물론 세부적인 계획을 세워 하나하나 철저히 실천하는 것도 좋겠지만, 현실적으로 그렇게 할 수 있는 사람은 많지 않습니다. 부족하더라도 쉽게 세울 수 있고 기억하기 쉬운 계획이 더 낫습니다. 목표의 큰 기둥을 먼저 세우고 그 외 부분은 생활습관과 사고를 바꿈으로써 채워 나갈 수 있습니다.

연말정산? 연말결산!
- 부자 되기의 출발점

연초가 되면 연말정산 뉴스가 꼭 등장합니다. 직장인들은 13월의 월급이라는 연말정산을 챙기기 위해 분주합니다. 그런데 연말정산보다 훨씬 중요한 것은 바로 연말결산입니다. 연말결산은 한 해의 성과를 돌아보고 신년 계획을 준비하는 주요 행사라고 할 수 있지요. 1년 동안 해 온 노력의 결실이나 미진했던 부분을 파악하는 것은 기업이나 가계 모두 반드시 거쳐야 하는 일입니다.

연말결산의 기본은 대차대조표와 손익계산서입니다. 기업은 이 두 가지를 준비하는데 복잡한 절차가 필요하지만, 가계는 손쉽게 작성할 수 있습니다. 대차대조표는 가계의 현재 상황을 알려 주고, 손익계산서는 수익구조를 파악할 수 있게 해 줍니다. 1년에 한 번 약간의 시간과 노력을 들여 연말결산 결과를 남겨 두면 자연스레 다음 목표가 생기고 이를 달성하기 위한 방안도 궁리하게 됩니다.

··· 대차대조표 작성

대차대조표를 통해 우리 집의 자산과 부채, 그리고 자본을 파악할 수 있습니다. 자산과 자본에 대한 명확한 정의를 모르는 분도 작성하는 과정에서 각각이 무엇인지 쉽게 터득할 수 있습니다. 먼저 자산부터 시작합니다. 자산은 가계가 보유한 재산을 금융자산과 부동산으로 나누어 모두 기록하면 됩니다. 금융자산은 금융회사별, 종류별로 보유 계좌를 모두 나열하고 잔액이나 평가액을 기입합니다. 예적금은 잔액으로, 펀드나 기타 상품은 납입금이나 평가액 중에서 편한 것을 선택하여 해마다 일관성 있게 작성합니다. 단, 마이너스 통장의 경우 잔액이 마이너스라면 0으로 적습니다(마이너스 잔액은 나중에 대출에서 기입합니다).

펀드 상품을 관리하는 데 중요한 것은 어느 기준을 선택하느냐가 아니라 정한 기준을 유지하는 것입니다. 첫해에는 평가액으로 적었다가 다음 해에는 납입금으로 적는다면 일관성 있는 평가를 할

돈 되는 생활의 시작은 생각에서부터

수 없습니다. 금액 옆에 평가 기준을 적어 놓는 것을 추천합니다. 다만, 개별 주식처럼 변동성이 큰 자산은 납입원금이 중요하지 않으니 당연히 평가액으로 적어야 합니다.

부동산의 경우 아파트는 포털사이트 시세나 KB 시세로 적으면 되고, 시세 파악이 명확하지 않은 상가 등은 매입 가격으로 기록해도 무방합니다. 그리고 집주인에게 납부한 (전세) 보증금이 있다면 이 금액도 자산으로 기록합니다. 납부한 보증금도 계약 만기에는 돌려받을 돈이기 때문에 자산으로 분류하는 것이 맞습니다.

대차대조표 자산 (단위: 원)

자산					
분류	명의	구분	상품	금액	비고
은행 증권 보험	본인	A은행	급여 계좌	0	잔고 -2.5백만 원
	본인	A은행	정기 적금	1,200,000	월 25만 원
	본인	A은행	어서 커라 국내 주식형	500,000	월 10만 원
	본인	B은행	개인형 IRP	9,000,000	
	배우자	A은행	유동성계좌	1,500,000	
	배우자	A은행	정기 예금 1	3,000,000	
	배우자	A은행	정기 예금 2	2,000,000	
	배우자	A은행	쑥쑥 커라 국내 주식형	1,470,000	평가액
	배우자	B은행	마이커라 글로벌 자산배분	1,650,000	평가액

자산					
분류	명의	구분	상품	금액	비고
은행 증권 보험	본인	C증권	CMA	950,000	
	본인	C증권	보유주식 포트폴리오	1,210,000	평가액
	본인	D보험	연금저축	6,000,000	
금융자산 총계				28,480,000	
부동산	공동	아파트	가나 아파트(투자용)	800,000,000	
	배우자	상가	다라 상가	100,000,000	매입가
	공동	보증금	마바 아파트(거주용)	380,000,000	
부동산 총계				1,280,000,000	
자산 총계				1,308,480,000	

부채를 봅시다. 부채는 금융회사별로 대출 계좌명과 금액을 작성하면 됩니다. 대출 이자는 손익계산서에서 살펴볼 것이기 때문에 대출 원금만 표시하면 됩니다. 신용대출이든 담보대출이든 상관없이 모두 기록합니다. 마이너스 통장의 마이너스 잔액(한도액이 아닙니다.)은 이곳에 절댓값으로 적습니다. 세입자로부터 받은 보증금이 있다면 이들 내역도 부채로 분류합니다. 결국에는 세입자에게 돌려줘야 하는 돈이므로 받은 보증금은 당연히 빚이라고 생각하는 것이 맞습니다.

자산과 부채를 일목요연하게 정리하면 자본은 자동으로 알

돈 되는 생활의 시작은 생각에서부터

수 있습니다. 자본은 자산 총액에서 부채 총액을 차감한 값으로, 보통 양수(+)이지만 음수(-)인 경우도 있습니다.

대차대조표 부채   (단위: 원)

부채				
분류	명의	구분	상품	금액
은행	본인	A은행	직장인 마이너스 통장	2,500,000
	본인	A은행	직장인 신용대출	100,000,000
	본인	B은행	가나 아파트 담보대출	320,000,000
	본인	B은행	마바 아파트 전세자금대출	200,000,000
은행대출 총계				622,500,000
보증금	세입자	아파트	가나 아파트(투자용)	300,000,000
	세입자	상가	다라 상가	10,000,000
보증금 총계				310,000,000
부채 총계				932,500,000

자본 (자산 - 부채)	
자본 총계	375,980,000

··· **손익계산서 작성**

　　손익계산서는 벌어들인 돈과 지출된 비용을 파악하기 위한 재무제표입니다. 우리가 가계부라고 부르는 것이 가계의 손익계산서에 해당합니다. 손익계산서를 통해 어디에 얼마나 지출됐는지, 흑자인지 적자인지 등을 좀 더 명확히 알 수 있습니다. 연 기준으로 손익계산서를 작성하는 것이 당연히 가장 좋기는 합니다. 하지만 일 년 동안의 기록을 모두 집계하는 것이 현실적으로 어렵기 때문에, 편의상 일 년 중 한 달을 골라 작성해도 가계의 수익구조를 파악하는 데는 큰 무리가 없습니다. 열두 달 중에서 저는 11월을 추천합니다. 10월이나 12월에는 추석이나 연말을 맞아 보너스 등 추가 소득이 발생하거나 소비도 평소보다 늘어나는 경우가 많아, 일상적인 수입과 지출을 파악하기에 적절하지 않습니다.

가장 먼저 월급 실수령액(통장에 입금된 돈)부터 시작합니다. 정기적으로 들어오는 추가 수입(부업, 임대료 등)이 있다면 함께 기록합니다. 아쉽지만 소득 집계가 끝났기 때문에 앞으로는 모두 지출이므로 무조건 빼야 합니다. 다음은 대차대조표의 부채 항목에 기록된 대출들의 11월 이자를 각각 차감합니다. 소비한 금액은 신용카드, 현금영수증(국세청 홈택스에서 확인), 현금(자동화기기 출금액) 등으로 나누어 총액을 기록합니다. 소비액 전체를 파악하는 것이 제일 중요하므로 가계부처럼 어디 어디에 돈을 썼는지 세세하게 나열할 필요는 없습니다. 예적금에 납부된 돈은 저축으로 분류하고 펀드나 주식 등 금융상품에 납입한 돈은 투자로 기록합니다.

돈 되는 생활의 시작은 생각에서부터

손익계산서(11월)			
분류	구분	금액	비고
소득	급여 실수령액	3,500,000	
	다라 상가 임대료	350,000	수익률 4.2%
대출 이자	마이너스 통장	-9,375	4.5%
	신용대출	-333,333	4%
	담보대출	-880,000	3.30%
	전세자금대출	-550,000	3.30%
소비	신용카드	-1,800,000	
	현금영수증	-70,000	
	현금	-150,000	
저축	정기 적금	-250,000	
투자	적립식 펀드	-100,000	
결산금		-292,708	

··· 가계분석 예시

　　위 예시의 가계를 대상으로 분석을 해 보겠습니다. 자산, 부채, 자본과 부채비율은 각각 다음과 같습니다.

　　자산: 1,308,480,000

　　부채: 932,500,000

자본: 375,980,000

부채비율: 248% (부채 ÷ 자본)

매년 연말결산을 하면서 자산, 부채, 자본 각각의 총액은 물론 변화량까지 꼭 추이를 확인해야 합니다. 자산과 자본은 늘어나고 부채는 줄어드는 것이 가장 좋은 방향입니다. 만약 예시의 가계처럼 자산이 늘어나는데 자본이 늘지 않는다면 부채로 덩치만 키우고 있다는 뜻이므로 주의가 필요합니다.

이 가계가 실제로 갖고 있는 돈은 자본금인 3.76억 원입니다. 만약 자본이 빈약하거나 음수(-)라면 구조조정 대상이라 할 수 있습니다. 구조조정에는 다양한 방법이 존재하지만 자산을 매각해 부채를 줄이는 것이 가장 기본입니다. 예시의 가계는 부채비율도 과도하게 높습니다. 일반적으로 기업은 부채비율이 200% 이하일 때 양호하다고 판단합니다. 가계 자산은 보통 기업 자산보다 수익성이 떨어지기 때문에 부채비율이 100% 이하인 것이 좋습니다. 부채는 금액자체도 중요하지만 부채 감당 능력이 더욱 중요합니다. 부채 감당 능력은 손익계산서를 이용해 판단해 볼 수 있습니다.

부채 감당 능력을 알아보는 대표적인 지표로 이자 보상 배율이 있습니다. 가계의 이자 보상 배율은 다음과 같이 구하면 됩니다.

돈 되는 생활의 시작은 생각에서부터

이자 보상 배율 = 실소득 ÷ 대출 이자

이 방법대로 계산하면 예시로 든 가계의 이자 보상 배율은 2.17(= 3,850,000 / 1,772,708)입니다. 가계의 경우 보통 이자 보상 배율이 2보다 작아지면(소득의 절반 이상을 이자로 납부하면) 소비할 돈이 부족해져 곤란을 겪거나, 부채가 더욱 늘어나며 재무구조가 악화됩니다. 예시의 경우는 이 비율이 2보다 크기는 하지만, 소비 금액이 많아 적자를 기록하고 있습니다. 이를 개선하기 위해서는 부채 규모를 줄이는 것과 동시에 소비도 다이어트가 필요합니다. 아쉽겠지만 이 가구는 이번에 구입한 상가를 매각하는 것이 바람직합니다. 1억 원짜리 상가에서 매달 35만 원의 소득이 발생하고 있지만 신용대출 1억 원의 월 이자 33.3만 원을 약간 상회하는 수준에 불과하기 때문입니다. 상가 관련 세금과 제비용을 생각하면 수익률이 더 하락하기 때문에 정리가 필요합니다. 게다가 공실이 발생하거나 상가 가격이 하락할 수도 있으므로 상가를 매각해 신용대출을 갚는 것이 가계 재무구조 개선을 위해 올바른 선택입니다.

다음으로 목적이 불분명하거나 관리하지 않는 금융상품은 정리가 필요합니다. 예시의 손익계산서를 보면 대출 이자와 소비가 소득에 육박해 적자가 쌓이는 데도 별다른 고민 없이 적금과 금융상품에 매달 돈을 넣고 있습니다. 저축은 꼭 필요하지만 저축 때문에 대출이 발생해서는 안 됩니다. 예금이율보다는 대출이율이 높기 때문에 이런 행동은 바람직하지 않습니다. 투자나 저축 계획을 야심 차게 잡아 놓고 소비를 계획대로 줄이지 못하면 이런 경우가 자주 발생합니다. 기본 원칙은 저축하고 남은 것을 소비하고, 투자는 소비하고도 남을 때 하는 것입니다. (대출 이자를 상회하는 현금흐름이 나오는 경우가 아니라면, 부채를 통한 투자에는 매우 조심하셔야 합니다.) 이 우선순위가 지켜지지 않는다면 가계의 재무구조는 개선되기 어렵습니다. 이 가계는 일단 적금과 적립식 펀드를 정리해 손익계산서를 흑자로 먼저 돌려놓아야 합니다. 그런 후에 소비를 줄일 방법을 고민하는 것이 순서일 것입니다.

··· 기업분석보다 가계분석이 먼저

주식 투자를 체계적으로 하기 위해 기업분석을 공부하는 투자자들이 많습니다. 하지만 이분들 중에서 기업의 재무구조는 꿰고 있으면서도 본인의 가계 재무구조는 모르는 분들이 많습니다. 이는 기업이 미래사업에 집중하느라 본업을 등한시하는 것과 같습니다. 우리 모두는 가계의 CEO이자 CFO입니다. 매년 연말연초에는 가계의 연말결산을 실제로 꼭 해 보시기 바랍니다.

변화에 성공하는 방법
- 작심삼일 피하기

새해가 되면 많은 분들이 신년 계획을 세웁니

돈 되는 생활의 시작은 생각에서부터

다. 하지만 초등학교 시절 방학 생활계획표처럼 흐지부지되는 경우가 많습니다. 그렇게 한 해가 지나면 자신의 의지력 부족을 탓하며 신년 계획을 다시 세우곤 하지요. 계획을 지키는 데 의지력이 중요한 것은 분명한 사실입니다. 그러나 우리의 의지력이 대단하지 않다는 것은 여러 번의 경험으로 이미 잘 알고 있습니다.

기업은 올해 100억 원 벌었으니, 내년에는 120억 원 벌자는 식으로 단순히 계획을 세우지 않습니다. 현재 수익구조와 시장 환경을 면밀히 검토한 후 달성 가능한 도전적 목표를 설정합니다. 직장에서는 다양한 분석과 정교한 평가를 바탕으로 사업 계획을 세우는 사람도, 개인생활에서는 별다른 생각 없이 선언적인 계획만 세우는 경우가 많습니다. 개인도 진정 달라지고 싶다면, 기업처럼 계획하고 실천해야 합니다.

··· 자신의 문제점 제대로 알기

자신을 제대로 파악할 수 있어야 자신의 문제가 무엇이며 무엇을 고쳐야 하는지 알 수 있습니다. 체육관에 등록하는 사람들은 어떤 이유에서 하려는 것일까요? 다이어트를 위해 등록했다면 살이 찐 이유부터 파악해야 합니다. 살이 찐 이유가 운동 부족이라면 체육관이 답이 될 수 있습니다. 그러나 과도한 열량 섭취가 원인이라면 식단 조절이 더 시급한 문제입니다. 근본 원인을 찾아 개선하는 것이 문제를 해결하는 가장 빠른 방법입니다.

… 포기할 것을 정하기

소비를 줄이려면 특정 서비스나 재화를 포기해야 합니다. 보통은 달라지기 위해 무언가를 해야 한다는 생각만 하지 무언가를 포기해야 한다는 생각은 하지 못합니다. 새로운 것을 하려면 기존에 하던 무언가를 포기해야 합니다. 계획만으로 바뀌는 것은 아무것도 없습니다. 계획을 실행하기 위해 포기해야 할 것이 무엇인지 정하지 않으면 새로운 계획은 달콤한 것들을 이길 수 없습니다.

… 성과의 비선형성 이해하기

결심한 것을 오랫동안 지키기는 매우 어렵습니다. 보통 몇 주, 길어야 몇 달 정도 하다가 제자리로 돌아오는 것이 다반사입니다. 원점으로 돌아오는 이유는 의지력도 문제지만 생각보다 성과가 나지 않기 때문입니다. 하루에 한 시간씩 더 공부해 10점을 올릴 수 있다면, 20점을 올리기 위해 하루에 2시간 더 공부하는 것은 그리 어렵지 않을 것입니다. 하지만 하루에 2시간이나 3시간을 더 공부한다고 해도 다음 시험에 점수가 오른다는 보장은 없습니다.

성과는 오랜 기간 동안 충분히 노력할 때 비선형적으로 갑자기 나타납니다. 성과는 절대로 바로 나타나지 않습니다. 1년 혹은 2년이 걸릴 수도 있습니다. 올바른 방향으로 꾸준히 노력한다면 언젠가는 반드시 성과가 나타납니다. 하루에 10분만 노력하더라도 10년을 지속한다면 가시적인 성과를 얻을 수 있습니다. 대단한 욕심을 부

돈 되는 생활의 시작은 생각에서부터

리기보다는 오랫동안 꾸준히 하는 것을 목표로 쉽게 달성 가능한 양부터 시작하시기 바랍니다.

… 재산 증식에 적용하기

지금까지 알아본 방법을 재산 증식에 적용해 보겠습니다.

① 문제점 파악하기

연말 결산을 통해 가계의 문제를 먼저 파악해야 합니다 부채가 많으면 부채를 줄이고 소비가 많으면 소비를 줄여야 합니다. 주어진 조건(적은 소득)만을 탓하며 포기해서는 안 됩니다. 쓰고 싶은 대로 쓸 수 있는 사람은 세상에 극소수입니다. 같은 월급을 받아도 누군가는 재산이 늘고, 누군가는 빚이 쌓입니다.

② 포기할 것 정하기

지금보다 나아지려면 지금 누리는 것을 포기할 수 있어야 합니다. 저축을 하려면 소비를 줄일 수밖에 없습니다. 포기할 수 있는 것이 별로 없다면 더 줄일 수 없는 상황이라기보다는 자신의 문제점을 잘 모르고 있을 가능성이 더 큽니다. 자신의 지출 내역을 모두 정리하고 우선순위대로 나열해 보십시오. 그리고 낮은 순위부터 과감하게 줄이고 포기해야 합니다. "이런 것도 안 하고 어떻게 살아? 더 줄일 게 없네." 하는 생각이 든다면 여러분 부모님이나 배우자도 당신만큼 술과 커피를 마시고 택시를 타며 쇼핑을 하고 있는지 점검해 보시기 바랍니다.

③ 지속 가능한 계획과 실천

포기할 것을 정했다면 장기간 달성할 수 있는 수준으로 수위를 조절합니다. 도전적인 목표를 세웠다면 반드시 지키고, 목표를 달성했을 때 받을 보상도 정해 놓습니다. 다만, 보상은 적절한 수준이어야 합니다. 100만 원을 모을 때마다 10만 원 정도는 괜찮지만 100만 원을 모았다고 50만 원을 써 버린다면 안 되겠지요? 계획은 습관이 될 정도로 오랜 기간(최소 3년) 잘 지켜야 합니다. 그래야 가시적이고 영구적인 성과를 얻을 수 있습니다. 습관이 제대로 잡히면 별다른 노력을 하지 않아도 재산이 불어납니다.

돈 되는 생활의 시작은 생각에서부터

3 대출도 기술이다

+++ **대출 사례** +++

사례로 알아보는 대출 심화학습
감당하실 수 있겠습니까?

레버리지(Leverage)는 대출이 적정한지 판단하는 유용한 지표입니다. 매수한 자산가격을 자기 자금(자기자본)으로 나누면 바로 구할 수 있습니다. 만약 자기 자금 1억 원에 대출 2억 원을 보태 3억 원 자산을 샀다면 레버리지는 3이 됩니다. 대출 없이 자기 돈으로 자산을 매수하면 레버리지는 당연히 1입니다. 대출을 많이 사용할수록 레버리지는 커집니다.

나열심과 한공부는 결혼 5년 차 맞벌이 부부입니다. 직장에서 만나 부부가 되었고 둘 다 연봉 5천만 원에 각자 매달 150

만 원씩 저축하고 있습니다. 결혼 3년 전부터 지금까지 8년 동안 3억 원을 모았습니다. 한공부 씨가 결혼 전부터 살고 싶어 한 '비싸' 아파트가 있습니다. 현재 '비싸' 아파트의 시세는 10억 원(편의를 위해 취득세, 중개료 등 부대비용을 포함한 금액으로 가정)입니다. 나열심 씨는 아내를 위해 무리가 좀 되더라도 그 아파트를 장만하려고 합니다.

나열심 씨가 은행에 알아보니 주택 담보대출로 4억 원을 마련할 수 있다고 합니다. 모아 놓은 3억 원이 있으니 부부가 각자 1.5억 원씩 대출을 더 받으면 아파트를 살 수 있습니다. 계산해 보니 매월 필요한 상환 금액은 340만 원(담보대출 원리금 상환 180만 원 + 신용대출 이자 각각 80만 원)입니다. 원래 매달 300만 원씩 저축하고 있던 터라 한 달에 40만 원만 아끼면 10억 원 아파트를 살 수 있습니다.

신용대출을 받으러 은행을 찾아갔더니 문제가 발생했습니다. 신용대출은 아무리 많이 받아도 연 소득의 2배를 넘지 못한다고 합니다. 대출을 더 받으려면 은행에서는 어렵고 저축은행이나 대부업체를 이용해야 할 것 같습니다. 일반은행이 아닌 곳에서 대출을 받으면 신용등급이 떨어질 수도 있고 대출 금리도 높아진다고 합니다. 아쉽지만 '비싸' 아파트는 아직 무리인가 봅니다.

돈 되는 생활의 시작은 생각에서부터

나열심 씨는 레버리지를 계산해 보았습니다. 자기 자금으로 6억 원이 있다면 담보대출 4억 원으로 '비싸' 아파트를 살 수 있습니다. 이 경우 레버리지는 1.67(= 10 / 6)입니다. 나열심 씨가 알아봤던 경우는 레버리지가 3.3(= 10 / 3)으로 거의 2배 수준입니다. 나열심 씨는 이번 경험을 통해 2를 초과하는 레버리지는 주의가 필요하다는 것을 깨달았습니다.

거래하던 부동산 중개소에 '비싸' 아파트는 어렵다고 이야기하자, 사장님이 근처 7.5억 원짜리 '안 싸' 아파트를 추천해 주었습니다. 계산해보니 이번에는 부부가 각각 7500만 원씩 대출을 받으면 가능합니다. 기존 월 저축액 300만 원을 감안하면 매달 40만 원가량의 여윳돈(300만 원 - 담보대출 원리금 상환 180만 원 - 신용대출 이자 각각 40만 원)도 마련할 수 있습니다. 레버리지는 2.5(= 7.5 / 3)로 역시 높은 편이기는 하지만 감당이 불가능해 보이지는 않습니다.

계약을 진행하려던 찰나 다른 부동산에서 전화가 왔습니다. 그곳에서는 잘못 알아들었는지 아파트가 아니라 7.5억 원 상가를 이야기합니다. 나열심 씨는 밑져야 본전이니 수익형 부동산에 대해 공부한다는 생각으로 설명을 한번 들어 보기로 했습니다. 상가는 담보대출 가능 금액도 아파트보다 큰 경우도 많고 만기까지 원금상환 없이 이자만 낼 수 있어서 상환 부

담도 적다고 합니다. 게다가 세입자가 부담하는 임차보증금과
임대료가 있어서 대출부담이 더욱 줄어듭니다.

대출 계획표   (단위: 원)

자금조달 계획		비고 및 세부내역	
상가 매매가	750,000,000	임대수익률 4.5%	
자기 자금	300,000,000	부부의 지난 8년간 저축액	
임차보증금	40,000,000		
대출 총액	410,000,000	상가 담보대출	375,000,000
		신용대출 나열심	17,500,000
		신용대출 한공부	17,500,000
레버리지	2.5	= 매매가 / 자기 자금	

상환 계획		비고 및 세부내역
월 상환액 총계	-1,439,584	담보대출 월 상환액(4%)
		1,250,000 = 375,000,000 × 4% / 12
		나열심 - 신용대출 월 상환액(6.5%)
		94,792 = 17,500,000 × 6.5% / 12
		한공부 - 신용대출 월 상환액(6.5%)
		94,792 = 17,500,000 × 6.5% / 12
월 임대료	2,812,500	= 750,000,000 × 4.5% / 12
월간 합계	1,372,916	= 2,812,500 - 1,439,584
최종 수익률	5.49%	= 1,372,916 × 12 / 300,000,000

         돈 되는 생활의 시작은 생각에서부터

그리고 매월 상환 금액보다 임대료 수입이 크기 때문에 바로 수익이 발생합니다. 시세 대비 수익률은 4.5%인데 대출을 사용하니 수익이 5.49%로 상승합니다. 레버리지를 이용하면 수익률이 증가한다는 것이 무엇인지 비로소 이해가 됩니다. 다만 아파트와 달리 원금상환이 강제되지 않기 때문에 상환 계획을 스스로 마련해야 한다는 것은 주의할 점이라고 생각됩니다. 상가도 분명히 좋은 선택인 것 같기는 한데, 그래도 아직은 내 집 마련이 우선이기 때문에 이번에는 '안 싼' 아파트로 마음을 굳혔습니다.

나열심 씨는 현재 수준에서 자신이 감당할 수 있는 레버리지가 2.5라는 것을 깨달았습니다. 레버리지가 과하면(대출을 너무 많이 받으면) 상환 부담이 커지기 때문에, 자산을 유지하기도 어렵고 자산가격이 하락할 때 고통이 더욱 커집니다. 이렇게 되면 상승장 초입이나 짧은 조정기에 자산을 쉽사리 팔게 되는 우를 범할 수 있습니다.

반면에 수익형 부동산은 임대수익을 감안하면 상환 부담이 상대적으로 적기 때문에 더 높은 레버리지를 이용할 수 있습니다. 하지만 아파트에 투자하는 것과 상가에 투자하는 것은 목적과 효익이 다름을 이해하고 접근해야 합니다. 그럼에도 불구하고 상가에 투자하는 것이 낫겠다는 판단이 선다면 이 경우에는 장기간 공실이 발생하지 않을 것이라는 확신이 있는 곳에 투자해야 합니다. 한 가지 덧붙이자면 지금까지 수익형 부동산의 수익률을 다룰 때 계산의 편의성을 위해서 세금이나 각종 관리비용을 포함하지 않았습니다. 비용을 감안할 경우 실제 수익률은 명목수익률의 80% 수준이라는 점을 기억하시기 바랍니다.

대출은 무조건 두려워할 대상도, 그렇다고 무작정 쉽게 볼 대상도 아닙니다. 레버리지에 대한 절대적 기준은 없습니다. 소득이나 월 저축액이 충분하다면 큰 레버리지를 감당할 수 있습니다. 그리고 레버리지보다는 상환 여력을 검토하는 것이 더 중요합니다. 레버리지가 커지면 커질수록 그에 따라 손익변동성도 커진다는 것을 명심해야 합니다. 나열심 씨의 경우에는 레버리지가 2.5를 넘어간다면 손익변동성을 견딜 수 있을지 따져 봐야 하고 자기 자금을 더 모은 후에 투자를 실행하는 것도 반드시 고려해 봐야 합니다. 또한, 레버리지를 계산해 보면 자신이 매수할 수 있는 최대 자산규모를 빠르게 파악할 수 있다는 장점이 있습니다.

대출을 고려할 때는 다음의 두 가지를 꼭 기억하시기 바랍니다.

첫째, 본인의 상환 여력(월수입 - 생활비)으로 대출 이자를 여유 있게

돈 되는 생활의 시작은 생각에서부터

감당할 수 있는지 반드시 파악할 것.

둘째, 레버리지가 2를 초과한다면 투자금을 더 모은 후 매수하는 것에 대해 적극 고려할 것.

종잣돈과
친해지기

종잣돈이 왜 필요하냐고 물으면, "집을 사려면 필요하니까.", "결혼하려면 모아 놓은 돈이 있어야겠지.", 이런 정도의 대답을 합니다. 그럼 집을 살 계획이 없고 결혼 생각도 없으면 종잣돈이 필요 없을까요? 막상 종잣돈이 왜 필요한지 와닿지는 않습니다.

절약이나 저축이 계획대로 되고 있지 않다면 종잣돈이 필요한 이유를 만들어야 합니다. 가시적인 목표나 투자계획이 없고, 탐나는 투자 대상이 없으면 종잣돈의 필요성을 알기 어렵습니다. 시장을 보는 눈을 키우는 것도 도움이 됩니다. 반드시 사야 할 타이밍인데 모아 놓은 돈이 없다면 그것만큼 원통한 것도 없습니다.

쇼핑에 관심을 가지는 만큼 투자 대상과 경기에 관심을 갖는다면 남들이 말려도 종잣돈을 모으는 자신을 발견하게 될 것입니다. 아파트도 좋고 상가도 좋습니다. 그 물건에 대한 열망을 키워 보시기 바랍니다. 본인이 사는 동네의 아파트나 상가 중에서 소유하고 싶은 것을 골라 보십시오. 조금만 정성을 들이면 가격 변동이나 입지 조건, 수익률, 기타 장단점 정도는 쉽게 알아낼 수 있습니다. 그리고 그 부동산에 거주하거나 소유하는 상상을 펼쳐 보기 바랍니다.

목표하는 매입 대상이 생겼다면 필요한 종잣돈 금액을 가늠해 봅시다. 필요한 금액은 다음 셋 중에 한 가지 방법으로 계산할 수 있습니다.

1. 매매가 - (전세) 보증금
2. 매매가 - 대출 가능 금액
3. 매매가 - (전세) 보증금 - 대출 가능 금액

대상이 아파트라면 1번은 갭투자를 하는 경우, 2번은 직접 거주하는 경우 필요한 종잣돈 계산 방법입니다. 보증금을 내는 세입자를 들이고도 대출이 가능하다면 3번도 적용이 가능합니다. 다만, 3번은 레버리지 규모가 커질 수 있기 때문에 주의해야 합니다. 초보자이거나 대출이 많아 불안한 느낌이 든다면 돈을 더 모아 1번이나 2번으로 진행할 수 있도록 해야 합니다. 만약 소득은 충분히 많지만 절약이 안 되는 경우라면 3번 방법을 고려해 볼 수도 있습니다. 여기서 알 수 있는 한 가지는 소득이 적고 대출 가능 금액이 적을수록 종잣돈을 모으는 것이 중요하다는 점입니다.

돈 되는 생활의 시작은 생각에서부터

종잣돈은 재산형성으로 가는 필수 관문입니다. 월수입이 1000만 원이 넘는 사람도 재산을 불리려면 종잣돈을 모아야 합니다. 재산이 불어나는 것은 종잣돈을 모아 자산을 늘리고 다시 종잣돈을 모으는 과정의 반복일 뿐입니다.

예금과 대출로
10억 아파트 사기

예금과 대출을 통해 10억 원짜리 아파트 주인이 되는 방법을 알아보겠습니다. 나열심 씨는 한 달에 150만 원을 저축하는 성실한 직장인입니다. 여자친구 한공부 씨도 나열심 씨 못지않게 알뜰해서 둘이 합쳐 매달 300만 원을 저축합니다. 이 커플은 5년 후 결혼할 계획입니다. 결혼 후 10년 차 정도에는 10억 원 상당의 서울 아파트에 입주하는 것이 목표입니다.

우선 예금으로 언제 목표를 달성할 수 있을지 알아보겠습니다. 이 커플은 매년 1월 1일이 되면 지난 1년 동안 모은 3600만 원을 2% 정기 예금에 가입하기로 했습니다. 예상 결과는 다음과 같습니다.

저축과 예금 비교 (단위: 원)

월 저축	3,000,000

월 저축	3,000,000
예금 이자	2.0%

연수	저축원금
1	36,000,000
2	72,000,000
3	108,000,000
4	144,000,000
5	180,000,000
10	360,000,000
13	468,000,000
15	540,000,000

연수	예금
1	36,000,000
2	72,720,000
3	110,174,400
4	148,377,888
5	187,345,446
10	394,189,956
13	528,491,935
15	622,563,009

15년 동안 5억 4천만 원을 모을 수 있고 이를 모두 예금하면 6억 2천만 원가량이 됩니다. 15년 동안 쌓인 이자만 8천만 원이 넘는군요. 은행에 알아보니 10억 원짜리 아파트는 4억 원까지 담보대출이 가능하다고 합니다. 부담은 되지만 3억 8천만 원 정도 대출을 받을 용기만 있다면 15년 뒤에 아파트 주인이 될 수 있겠네요.

기쁨도 잠시, 결혼 후 어디서 살아야 할지 고민이 됩니다. 나열심 씨가 사는 동네의 아파트는 매매가 4억 원에 전세가 3억 2천만 원 정도입니다. 이런 경우 전세와 매매 중 어느 것이 유리할까요?

전세와 매매 비교 - 전세   (단위: 원)

월 저축	3,000,000	연 저축	36,000,000
예금 이자	2.0%	대출 이자	3.50%
전세가 / 매매가*	79%		

연수	예금	전세	대출	총합계
1	36,000,000			
3	110,174,400			
5	187,345,446			
6		316,000,000	-88,907,645	**227,092,355**
8		341,000,000	-46,980,092	292,059,228
10		369,000,000	-5,066,249	363,491,897
11	30,756,432	369,000,000	0	399,579,113
13	75,138,992	398,000,000	0	473,138,992
14	112,641,772	430,000,000	0	542,641,772
15	150,894,607	430,000,000	0	580,894,607

* 2003.12.~2018.12. 기간 중 서울 아파트 전세가/매매가 월평균, KB 시세 기준

전세와 매매 비교 - 매매 (단위: 원)

월 저축	3,000,000	연 저축	36,000,000
예금 이자	2.0%	대출 이자	3.5%
집값 상승률*	3.9%		

연수	예금	집	대출	총합계
1	36,000,000			36,000,000
3	110,174,400			110,174,400
5	187,345,446			187,345,446
6	227,092,355	400,000,000	-172,907,645	**227,092,355**
8		432,057,796	-111,962,992	315,091,224
10		466,684,848	-46,677,556	417,211,432
11		485,025,562	-12,311,271	471,080,577
13	60,015,999	523,897,689	0	583,913,688
14	97,216,319	544,486,868	0	**641,703,187**
15	135,160,646	565,885,202	0	701,045,847

* (2018.12. 매매가 / 2003.12. 매매가)^(1 / 15), KB 시세 서울 아파트 기준

전세를 얻는다면 15년 후에도 10억 원 아파트 입성이 어려워 보입니다. 대신 5년 후 결혼 시점에 4억 원짜리 아파트를 사게 되면 10억 원 서울 아파트 입주시기가 더 빨라질 수도 있겠다는 생각이 듭니다. 신혼집 가격이 예상대로 오르면 14년 후면 6억 원이 넘게 모

돈 되는 생활의 시작은 생각에서부터

이고, 기존 집을 팔고 대출금을 합하면 10억 원 아파트를 살 수 있습니다. 계산 결과를 보여 주니 여자친구도 매우 기뻐합니다. 만약 신혼집 가격이 더 오르거나 소득이나 저축이 늘어날 수 있다면 15년 후 10억 원을 모으는 것이 가능하겠다는 생각이 들었습니다.

그럼에도 불구하고 주위에서 이런 기본적인 방법을 무시하는 이야기를 자주 듣습니다. 가장 흔히 듣는 이야기는 물가를 감안하면 예금은 좋은 투자처가 아니라는 주장입니다. 예금금리가 2%일 때 물가 상승률이 2%를 넘으면 실질적으로 손해라는 것입니다. 예금은 수익이 낮아 목돈을 모으기 힘드니 다른 금융상품에 투자해 물가 상승률 이상의 수익을 내야 한다고 합니다. 이런 주장은 투자수익률이 물가 상승률을 초과한다는 가정에 바탕을 두고 있습니다. 이 가정은 어디까지나 장기 투자를 했을 때나 가능한 이야기입니다. 5년 내에 주식 시장이 폭락하거나 물가 상승률 이상의 수익을 내지 못하면 나열심 씨는 결혼을 미뤄야 할 수도 있습니다. 결혼 준비 자금을 주식형 상품에만 투자하다가 계획이 틀어지는 경우를 저는 많이 보았습니다. 수익률을 10% 올리려고 고군분투하는 것보다는 10% 더 저축하는 것이 훨씬 쉽고 달성 가능한 전략입니다.

물가 상승에 따른 손실을 방어하고 싶다면 대출을 이용하면 됩니다. 물가가 상승해 돈의 가치가 하락하면 대출의 가치도 하락합니다. 적당한 규모의 대출을 이용해 집을 마련하면 물가가 오를 때 대출은 가치가 하락하고 실물 자산인 집은 가격이 오르면서 물가 상승이 수익을 가져다주는 구조가 만들어집니다. 예전에 어르신들이 물가가 높던 시절에 집을 사 두기만 하면 재산이 불어났던 것도 이런 구조 때문입니다.

생애 주기 관점에서 보면 집을 일찍 사는 것이 훨씬 유리합니다. 여기 모든 조건이 동일한 동갑내기 A와 B가 있습니다. A는 30세에 아파트를 샀고 B는 하락장을 기다려 35세에 같은 단지 아파트를 샀습니다. 그렇다면 B가 집값 하락분만큼 재산이 더 많을까요? 이론적으로는 그렇지만 현실에서는 A의 재산이 더 많을 수 있습니다. A는 대출이 있다 보니 지난 5년 동안 규모 있게 생활해서 대출을 전부 상환했습니다. 부동산 하락장이 오자 집을 담보로 대출을 받아 작은 상가나 오피스텔을 구매하려 합니다. 이제야 집을 마련한 B는 갑자기 생긴 주택 담보대출 상환 부담때문에 소비를 줄이려니 힘이 듭니다. 곧 아이도 태어나 양육비가 추가로 들어갈 텐데 걱정이 앞섭니다. 어느덧 B도 집을 산 지 5년이 지났습니다. 부동산 시장이 회복되면서 집값이 올랐고 B도 대출을 모두 상환해 온전히 집 한 채를 마련했습니다. 그런데 A는 같은 가격의 집 이외에도 상가에서 임대수익이 나오고 모아 놓은 돈도 꽤 있는 것 같습니다. A보다 분명히 집을 싸게 샀는데 왜 이렇게 차이가 나는지 궁금할 따름입니다.

A와 B의 재산 차이가 커진 가장 큰 이유는 A가 일찍 시작했기 때문입니다. A처럼 집을 일찍 마련하면 대출 이자 때문이라도 절

돈 되는 생활의 시작은 생각에서부터

약을 하게 되고, 어려서부터 절약이 몸에 배면 시간이 갈수록 그 차이는 점점 더 커집니다. A처럼 평소에 아끼면서 종잣돈을 모아 놓으면 위기는 자산을 늘릴 좋은 기회로 다가옵니다. 집을 비싸게 샀지만 모은 돈과 집을 이용해 B가 집을 산 시기에 A도 추가로 자산을 늘렸기 때문에 자산가격이 회복되면서 A의 부가 B보다 훨씬 빠르게 커진 것입니다. 결국 지속적인 절약 습관과 매수 용기가 부의 격차를 만들어 낸 핵심이라고 할 수 있습니다.

다음과 같은 질문을 자주 봅니다. "지금은 50만 원짜리 월세 방에 살고 있는데 5년 후에는 1억짜리 전셋집으로 옮기고 싶어요. 모아 둔 돈은 2천만 원입니다. 가능할까요?" 사실 이런 문제에 대한 답은 정해져 있습니다. 앞으로 5년 동안 매년 1600만 원씩 모으면 됩니다. 답은 모두가 알고 있습니다. 단지 실행이 어려울 뿐입니다.

저축과 예금, 이해와 활용

저축은 절약해 모은다는 의미이고 예금은 돈을 맡긴 후 원금과 이자를 돌려주는 금융상품을 말합니다. 돈을 모아 집안 금고에 넣어 둔다면 저축이지만 예금이라고 할 수는 없습니다. 저축을 할 때 예금을 드는 경우가 일반적인데 이것은 돈을 안전하게 보관할 수 있을 뿐만 아니라 이자도 얻을 수 있기 때문입니다. 돈이 은행에 있기 때문에 도둑맞을 염려도 없고 은행이 파산하더라도 정부에서 은행별로 1인당 5천만 원까지 지급을 보장하기 때문에 안심할 수 있습니다.

··· 예금의 구분

예금은 보통 예금, 정기 예금, 정기 적금, 자유 적금 4종류로 구분할 수 있습니다. 보통 예금은 요구불예금이라고도 하는데 일반적으로 '통장'이라고 하는 계좌입니다. 월급을 받고 카드값도 지불하는 바로 그 통장입니다. 보통 예금과 다른 상품의 차이는 입출금이 자유롭다는 것입니다. 다른 상품들은 출금 기능은 없고 중도해지, 부분 해지, 만기 해지만 가능합니다. 예금이라고 하면 보통 정기 예금을 말하는데 정기(定期)라는 말은 정해진 만기가 있다는 뜻입니다. 정해진 만기 동안 돈을 맡겨 두면 만기에 처음에 약속한 이자와 함께 원금을 찾을 수 있습니다.

적금은 보통 정기 적금을 말합니다. 정기 예금의 경우 계좌를 개설할 때 한 번에 목돈을 맡기는 반면, 정기 적금은 정해진 기간마다 정해진 금액을 조금씩 납입한다는 점에서 차이가 있습니다. 적금은 월납인 경우가 많은데 매달 같은 날짜에 같은 금액을 입금하게 됩니다. 1년 만기 월납 10만 원 적금을 1월 2일에 가입했다면 매달 2일에 10만 원씩 입금해야 하고 다음 해 1월 2일에 원금 120만 원과 이자를 수령하게 됩니다(매달 납입하는 날짜는 변경 가능합니다).

돈 되는 생활의 시작은 생각에서부터

자유 적금은 돈을 나누어 입금한다는 점은 정기 적금과 같지만 납입 금액과 납입 시점이 정해져 있지 않고 본인이 원할 때마다 원하는 금액을 넣으면 됩니다.

··· 예금의 이자 계산

　1년 만기 2% 정기 예금에 1200만 원을 넣은 것과 1년 만기 2% 정기 적금에 월 100만 원을 넣은 것 중에서, 어느 것의 이자가 더 많을까요? 당연히 정기 예금의 이자가 더 많습니다. 정기 예금은 원금 1200만 원에 대해 1년 동안 2% 이율이 적용되지만, 적금은 납입 시기별로 이율 적용 기간이 다르기 때문입니다. 1월에 적금을 신규 가입했다면 1월에 납입한 100만 원은 1년 동안 2%의 이자가 붙지만 2월에 납입한 100만 원은 만기까지 11개월 남았기 때문에 11개월 동안만 2%의 이자가 붙게 됩니다. 마지막 12월에 입금한 100만 원은 단지 한 달 동안의 이자만 붙게 되지요. 따라서 위 질문의 경우 1년 후 만기 시점에 정기 예금의 이자 금액이 적금보다 2배가량 많습니다. 결국 적금으로 예금만큼의 이자를 얻으려면 이율이 2배이거나, 적립금을 2배로 올려야 하지요.

예금과 적금 이자 비교　　　　　　　　　　　　　　　　　　　(단위: 원)

입금 회차	정기 예금(만기 1년, 2%)		정기 적금(만기 1년, 2%)		정기 적금(만기 1년, 4%)	
	원금	이자	원금	이자	원금	이자
1	12,000,000	20,000	1,000,000	20,000	1,000,000	40,000

	정기 예금(만기 1년, 2%)		정기 적금(만기 1년, 2%)		정기 적금(만기 1년, 4%)	
입금 회차	원금	이자	원금	이자	원금	이자
2		20,000	1,000,000	18,333	1,000,000	36,667
3		20,000	1,000,000	16,667	1,000,000	33,333
4		20,000	1,000,000	15,000	1,000,000	30,000
5		20,000	1,000,000	13,333	1,000,000	26,667
6		20,000	1,000,000	11,667	1,000,000	23,333
7		20,000	1,000,000	10,000	1,000,000	20,000
8		20,000	1,000,000	8,333	1,000,000	16,667
9		20,000	1,000,000	6,667	1,000,000	13,333
10		20,000	1,000,000	5,000	1,000,000	10,000
11		20,000	1,000,000	3,333	1,000,000	6,667
12		20,000	1,000,000	1,667	1,000,000	3,333
합계	12,000,000	240,000	12,000,000	130,000	12,000,000	260,000
세금 (15.4%)		-36,960		-20,020		-40,040
총합계		12,203,040		12,109,980		12,219,960

적립식 펀드도 마찬가지입니다. 내가 든 펀드의 1년 수익률이 10%라는데 막상 계좌를 열어 보면 수익은 10%보다 낮은 경우가 허다합니다. 만약 목돈을 1년 전에 한 번에 넣었다면 10% 수익이 났겠지만 중간중간 나누어 불입했기 때문에 10%의 수익을 고스란히 다 가져갈 수 없는 것입니다.

돈 되는 생활의 시작은 생각에서부터

… 예금 금리와 이자

예금의 이율은 보통 적금과 정기 예금이 가장 높고 보통 예금은 이율이 낮습니다. 그 이유는 적금과 정기 예금이 은행의 자금운용 측면에서 가장 수월하기 때문입니다. 은행은 고객이 맡긴 예금을 다른 고객에게 빌려주어(대출) 수익을 냅니다. 어떤 고객이 1년 정기 예금에 100만 원을 넣었다면, 그 돈을 대출 고객에게 바로 1년 동안 빌려줄 수 있습니다. 적금도 입금된 돈을 만기까지 빌려줄 수 있습니다. 하지만 보통 예금은 이자가 0.1% 수준으로 제일 낮은데, 이것은 언제 찾을지 모르기 때문입니다. 언제 출금될지 모르는 돈은 은행 입장에서 빌려주기 가장 까다롭습니다. 정기 예금이나 적금도 만기가 지나면 이율이 떨어지는데, 이 역시 만기가 지나면 언제 고객이 찾아갈지 알 수 없는 돈이기 때문입니다.

그런데 실제로 만기에 예금이나 적금을 해지하면 약정이율로 계산한 이자보다 실제 들어온 이자가 조금 낮은 것을 확인할 수 있습니다. 이것은 이자소득에 15.4%의 세금(소득세 14% + 지방소득세 1.4%)이 붙기 때문입니다.

… 예금의 중요성

예금은 매우 훌륭한 투자 방법 중 하나입니다. 투자를 본전을 초과하는 수익을 기대하며 자금을 투입하는 것이라 정의한다면, 예금도 이자 수익이 발생하기 때문에 투자의 범주에 포함해야 합니다.

수익이 적다고 예금을 무시해서는 안 됩니다. 가장 쉬운 예금도 제대로 이해하지 못하면서 위험한 다른 투자 상품부터 손대는 경우를 쉽게 볼 수 있습니다. 예금의 달인이 되기 전에는 다른 곳을 기웃거릴 필요가 전혀 없습니다.

예금은 손실이 발생하지 않고 유동성이 뛰어나다는 점에서 매우 훌륭한 투자 대상입니다. 예금은 상대적으로 낮은 수익 외에는 그 어떤 투자 대상보다 모든 면에서 뛰어납니다. 투자에 실패하게 되면 뼈저리게 후회하는 경우가 많습니다. 아무리 좋은 부동산도 급히 매도하려면 제값을 받기 어렵고 중개수수료도 내야 합니다. 주식은 시장가에 바로 매도할 수 있지만 매도한 금액을 찾으려면 이틀을 기다려야 하고 중개수수료 외에 증권거래세 등도 내야 합니다. 예금은 해지 즉시 현금으로 받을 수 있고 중개수수료도 없습니다. 급매에 따른 가격하락도 없으며 만기 전에 해지해도 약정이자보다는 낮지만 수익을 챙길 수 있습니다. 또한 예금으로부터 우리는 재산형성의 기본인 자금 관리와 자기 절제를 배울 수 있기도 합니다.

··· 예금의 활용

예금을 제대로 하려면 월목표 저축액부터 정해야 합니다. 소비생활을 냉철하게 검토해 목표를 정하되, 비상금을 남겨 놓을 정도의 여유는 있어야 합니다. 사회초년생의 경우 30만~100만 원 정도의 플러스(+) 잔고를 유지할 필요가 있습니다. 갑자기 돈이 필요할 때

유용하기도 하지만 더욱 중요한 것은 플러스 잔고를 습관화하기 위해서입니다. 목표 저축을 과도하게 잡으면 잔고가 마이너스(-)가 되기 쉽습니다. 잔고가 마이너스로 떨어지는데도 전혀 경각심을 느끼지 못한다면 이는 곧 자금 관리 실패입니다.

목표 저축액을 유지하려면 굳은 결심과 의지가 필요합니다. 저축에 강제성을 두기 위해 '통장 쪼개기'를 추천하는 경우가 많습니다. 통장 쪼개기는 용도별로 통장을 만들어 지출을 제한하는 방법입니다. 생활비 통장을 만들어 계획한 생활비를 이체한 후, 한 달 동안 그 금액 안에서만 소비를 하는 것입니다. 월급날 적금 통장으로 자동이체를 하는 것도 통장 쪼개기로 볼 수 있습니다. 저는 생활비 통장과 적금 통장 외에 자유 적금 통장을 만드시기를 추천합니다. 예상하지 않았던 수입이나 절약으로 여유자금이 생겼을 때 이를 자유 적금 통장에 넣으면 됩니다. 그리고 정기 적금이나 자유 적금이 만기가 되면 원금과 이자를 모두 정기 예금으로 옮깁니다.

예금을 들 때 이자 높은 은행을 찾아다니는 것도 물론 좋지만, 중장기적 측면에서는 은행 한곳을 정해 주거래 점수를 쌓아 가는 것도 좋습니다. 거래 점수가 쌓일수록 수수료 감면 등 혜택이 늘어나고 언젠가 대출을 받게 될 경우 상대적으로 낮은 금리를 적용받을 수 있기 때문입니다.

예금으로부터 배워야 할 가장 중요한 가치는 올바른 자금 관리와 저축 습관입니다. 잔고가 마이너스가 되지 않도록 하고 목표 저축을 달성하는 것에 익숙해져야 다음 단계로 갈 수 있습니다.

대출의
이해와 활용

통장 잔고 관리와 저축액 달성의 달인이 되었다면 대출을 관리하는 방법을 알아야 할 시점입니다.

⋯ 대출의 구분

대출은 상환 방식에 따라 일시상환, 분할상환, 마이너스 통장으로 구분합니다. 일시상환 대출은 평소 이자만 납입하다가 만기가 도래하면 남은 이자와 대출 원금을 한꺼번에 갚는 방식의 대출을 말합니다. 분할상환 대출은 매달 원금과 이자를 조금씩 갚는 대출을 뜻합니다. 마이너스 통장은 한도 내에서 출금과 상환이 자유로운 대출을 지칭합니다. 대출은 담보 여부에 따라 부동산 등을 담보로 하는 담보대출과 신용대출로 나누기도 하고, 금리 조건에 따라 고정 금리 대출과 변동 금리 대출로 구분하기도 합니다.

대출을 받고자 할 때 어떤 조건을 선택하느냐는 쉬운 문제가 아닙니다. 하지만 대출 조건에 따라 상환 금액이나 이자 부담에 차이가 발생하기 때문에 잘 알아 두어야 합니다. 최소한 대출의 상환 방식과 금리 조건 정도는 반드시 알아야 합니다.

⋯ 상환 방식의 차이

대출은 상환 방식에 따라 차이가 있습니다. 은행에서 1200만 원을 금리 4%에 빌렸다고 가정해 보겠습니다. 상환 방식에 따라 원리금은 다음과 같이 달라집니다.

상환 방식별 원리금 비교   (단위: 원)

회차	일시상환		원금균등 상환		원리금균등 상환	
	대출 원금	월 상환액	대출 원금	월 상환액	대출 원금	월 상환액
0	12,000,000		12,000,000		12,000,000	
1	12,000,000	40,000	11,000,000	1,040,000	11,018,201	1,021,799
2	12,000,000	40,000	10,000,000	1,036,667	10,033,130	1,021,799
3	12,000,000	40,000	9,000,000	1,033,333	9,044,775	1,021,799
4	12,000,000	40,000	8,000,000	1,030,000	8,053,125	1,021,799
5	12,000,000	40,000	7,000,000	1,026,667	7,058,170	1,021,799
6	12,000,000	40,000	6,000,000	1,023,333	6,059,898	1,021,799
7	12,000,000	40,000	5,000,000	1,020,000	5,058,299	1,021,799
8	12,000,000	40,000	4,000,000	1,016,667	4,053,361	1,021,799
9	12,000,000	40,000	3,000,000	1,013,333	3,045,074	1,021,799
10	12,000,000	40,000	2,000,000	1,010,000	2,033,425	1,021,799

회차	일시상환		원금균등 상환		원리금균등 상환	
	대출 원금	월 상환액	대출 원금	월 상환액	대출 원금	월 상환액
11	12,000,000	40,000	1,000,000	1,006,667	1,018,404	1,021,799
12	0	12,040,000	0	1,003,333	0	1,021,799
	이자 합계	480,000	이자 합계	260,000	이자 합계	261,586
	총 상환액	12,480,000	총 상환액	12,260,000	총 상환액	12,261,588

대출 금액과 금리가 같지만 상환 방식에 따라 부담해야 하는 이자 금액은 차이가 납니다. 일시상환 방식은 매달 4만 원의 이자만 납부하면 되므로 상환 부담이 가장 적습니다. 하지만 낮은 상환 부담만 믿고 있다가는 큰코다치기 쉽습니다. 은행에서 만기에 대출을 연기해 준다면 다행이지만, 연장을 안 해 준다거나 만기에 상환을 요구한다면 큰일이기 때문입니다. 게다가 원금을 조금씩 갚는 다른 대출에 비해 일시상환 방식은 원금이 그대로이기 때문에 연간 내야 하는 이자비용도 가장 큽니다. 따라서 일시상환 방식은 자금 관리 고수가 아니라면 추천하지 않습니다.

분할상환 대출은 원금균등 상환과 원리금균등 상환으로 구분합니다. 원금균등 상환은 매달 정해진 원금에 한 달 동안의 대출 이자를 더해 그 달에 상환할 금액을 계산합니다. 따라서 시간이 지날수록 원금이 일정하게 줄어듭니다. 다만, 정해진 원금 상환액에 더해 대출 잔액에 대한 이자까지 모두 부담해야 하기 때문에 초기에 상환 부담이 상대적으로 크다는 단점이 있습니다. 대신 시간이 지날수록 동일한 비율로 원금이 꾸준히 감소하기 때문에 그에 따라 이자도 감소해서 점차 상환 부담이 줄어듭니다.

원리금균등 상환은 말 그대로 상환하는 총 금액이 매번 같습니다. 다만, 한 달 동안 대출을 사용한 데 따른 이자에 원금의 일부를 더해 매달 같은 금액을 상환하기 때문에 원금이 줄어드는 속도가 원금균등 상환에 비해 더딥니다. 따라서 원금균등 상환 방식보다는 연간 부담해야 하는 이자가 다소 많습니다.

정리하면 원금균등 상환 방식은 초기 상환 부담은 살짝 높지만 점차 상환 부담이 감소합니다. 원리금균등 상환 방식은 상환액이 동일해 자금계획 수립이 용이하지만 원금을 갚는 속도가 원리금균등 상환보다 느리기 때문에 상대적으로 내야 하는 이자 금액이 많아집니다. 초기에 좀 힘이 들더라도 총 이자 금액을 줄이고 싶다면 원금균등분할 상환을, 자금계획 수립과 편리성에 중점을 둔다면 원리금균등 상환을 선택하면 됩니다.

마이너스 통장의 경우 일반적으로 일시상환이나 분할상환 대출보다 금리가 높습니다. 그 이유는 고객이 언제 돈을 빌려 갈지 알 수 없기 때문에 은행 입장에서는 한도만큼의 자금을 준비하고 있어야 하기 때문입니다. 일시상환 대출이나 중도상환 대출은 상환 시점이나 금액을 예상할 수 있기 때문에 은행 입장에서는 자금을 운용하기가 쉽고 상대적으로 금리가 저렴합니다. 대신 미리 정해진 상환 일정보다 이른 시점에 상환을 하게 되면 일반적으로 중도상환 수수료를 내야 하지요. 결국 마이너스 통장은 중도상환 수수료가 없는 대신 금리가 높은 것이라고 이해하면 됩니다. 필요 자금의 규모와 기간이 정해져 있다면 마이너스 통장보다는 분할상환 대출을 이용하는 것이 이자 부담 측면에서 당연히 유리합니다.

⋯ 대출금리와 상환 부담 관리

그렇다면 고정 금리와 변동 금리 중 어떤 것을 선택해야 할까요? 이론적으로는 금리 상승기에는 금리가 오르지 않는 고정 금리 대출이 유리하고, 금리 하락기에는 떨어지는 금리가 반영되는 변동 금리 대출이 유리합니다. 문제는 앞으로 금리가 상승할지 하락할지 판단하기가 어렵다는 것이지요. 대출 금리가 상승한다는 기사를 종종 볼 수는 있지만 장기적인 추세를 관찰해 보면 금리는 꾸준히 하락하고 있다는 것을 쉽게 알 수 있습니다. 따라서 현재까지는 만기가 긴 대출일수록 변동 금리 대출을 선택하는 것이 유리한 경우가 많았습니다. 금리가 장기적으로 하락하는 이유에 대해서는 경제와 금리 편(132쪽)을 참고하십시오.

대출을 받을 때는 상환 금액이 충분히 감당할 수 있는 수준인지, 대출을 통해 누리는 효용이나 이익이 이자보다 큰지를 꼭 판단해

돈 되는 생활의 시작은 생각에서부터

야 합니다. 이를 위해서는 이자 계산을 해야 하는데 계산 방법은 매우 간단합니다. 대부분 매달 이자를 내기 때문에 대출 금액에 적용받는 금리를 곱해 12로 나누면 매달 내야 하는 이자 금액의 근사치를 구할 수 있습니다. 변동 금리 대출은 3개월 혹은 6개월 등 미리 정한 주기마다 금리가 바뀌기 때문에 내야 할 이자 금액을 미리 알기가 어렵습니다. 따라서 연체하지 않으려면 현재 상환 금액보다 많은 금액을 이자 납입일 이전에 이자 납부 계좌로 자동이체를 해 놓든지 일정 잔고 이상을 유지하는 통장을 납부 계좌로 설정해야 합니다. 마이너스 통장은 이자가 통장에서 직접 출금되기 때문에 대출한도를 모두 사용하고 있지 않다면 연체가 발생하는 일은 드뭅니다.

··· 대출의 활용

대출은 생활비가 부족할 때 받는 것이 아니라 자산을 늘리려고 할 때 받는 것입니다. 그러므로 본인이 대출을 통해 얼마만큼의 자금을 확보할 수 있는지 평소에 알아 둘 필요가 있습니다. 물론 정확한 대출 가능 금액을 확인하려면 은행에서 심사를 진행해야 합니다. 그러나 심사 없이도 대략적인 금액은 가늠해 볼 수 있습니다. 아파트를 담보로 하면 보통 매매가의 40% 정도는 대출이 가능합니다. 직장인은 연소득의 50~150% 정도 신용대출을 받을 수 있습니다. 직장이 우량할수록, 개인신용도가 높을수록 연소득이 같아도 받을 수 있는 금액이 증가합니다. 물론 은행이 아닌 저축은행 등 2금융권을 이용한다면 대출 가능 금액은 늘어날 여지가 있습니다. 높은 금리와 신용도 하락 가능성을 고려한다면 은행 외의 금융기관은 신중하게 접근해야 합니다.

본인의 대출 가능 금액을 확인했다면 어디에 쓸지 고민할 차례입니다. 삶의 보금자리를 위해 대출을 받는 것은 금액이 과하지 않다면 괜찮습니다. 재산증식을 위해 대출을 잘 활용하는 것은 중요한 기술입니다. 있는 돈을 다 써야 하는 성미라면 대출을 받아 자산을 매입하고 대출을 갚는 것이 억지로 저축하기 위해 노력하는 것보다 나을 수도 있습니다.

그러나 주식 투자를 위해 대출을 받는 것은 피해야 합니다. 부동산은 자기 자금만으로 매수하기에는 금액 자체가 큰 데다 가격 변동성도 낮은 편이기 때문에 대출을 활용하는 것이 괜찮은 전략입니다. 하지만 주식은 변동성이 높아 자산가치가 크게 하락할 위험이 있기 때문에 굳이 미수거래를 하거나 대출을 받아 투자해야 할 이유가 없습니다.

대출을 일부러 받을 필요는 없습니다. 하지만 자산증식을 위해 목표한 바가 있다면 두려워하기보다는 현명하게 활용할 줄 알아야 합니다. 대출을 어디에 쓸지 결정했다면 얼마나 받아서 어떻게 상환할지 고민해야 합니다. 다만, 저축 목표액을 정할 때와는 달리 상환 가능액을 정할 때에는 결코 무리해서는 안 됩니다. 상환액을 과도

하게 잡으면 결국 마이너스 통장에 의지하게 되고 대출을 당연한 것으로 느끼게 될 수 있습니다.

　무분별한 대출은 위험하지만 올바른 소비생활과 건전한 투자 상식을 갖추고 있다면 대출은 부족한 소득과 저축을 보완해 줄 훌륭한 도구가 됩니다. 자신의 자금동원 능력을 가늠하고 있어야 내 집 마련 혹은 투자 기회가 찾아왔을 때 놓치지 않을 수 있습니다.

4 부자 되는 방법

돈 벌며 벤츠 타기
- 사치재에서 투자로

우리나라 사람들의 자동차 사랑은 정말로 각별합니다. 크지 않은 나라에 이렇게 고급차가 많은 경우는 매우 드문 일입니다. 차를 구입하는 분들이 인지하지 못하는 한 가지는 유지비에 대한 고민 없이 싸게 사는 것에만 신경을 쓴다는 것입니다. 보험료, 각종 세금, 주유비, 주차비, 수리비, 대리기사 비용 등등을 감안하면 차량 소유에 따른 대가가 정말 크다는 것을 알 수 있습니다.

대중교통과 택시, 차량공유와 렌터카 등 여러 대안을 적절히 사용한다면 차량을 소유하는 것 대비 훨씬 많은 비용을 절약할 수 있습니다. 특히 한창 돈을 모아야 할 20대는 차를 늦게 살수록 내 집 마련이 빨라집니다.

돈 되는 생활의 시작은 생각에서부터

하지만 아기가 태어났거나 거주지 교통이 너무 불편한 경우에는 차를 살 수밖에 없습니다. 자동차가 인생에서 포기할 수 없는 즐거움인 경우도 있겠지요. 차를 꼭 사야 한다면 반드시 계획을 세우고 구입해야 합니다.

집을 구매할 계획이 있다면 당연히 차보다는 집을 먼저 사는 것이 좋습니다. 상환 부담이 가벼워질 정도로 대출이 줄어들고 나면 그때는 주택담보 대출을 받아서 차를 살 수 있습니다. 가장 좋은 방법이라고 말할 수는 없지만 무리하지 않는 수준에서 잘 활용하면 대출상환 후에 집과 차가 남게 됩니다. 주택담보 대출을 이용하는 이유는 대출금리가 다른 어떤 대출보다 낮기 때문입니다. 급한 마음에 차부터 사게 되면 할부금을 다 갚을 즈음엔 가치가 한참 떨어진 중고차만 남게 됩니다. 집도 차도 갖고 싶은 사람이라면 차보다는 집이 우선이어야 합니다.

집을 살 계획이 없거나 이미 유주택자라면 저렴한 비용으로 벤츠 타는 방법을 알려 드리겠습니다. 심지어 돈을 벌면서 벤츠를 탈 수도 있지요. 이왕 벤츠를 사기로 결정했다면 살 때도 영업사원에게 허세 한번 부려야 하지 않겠습니까? 그러려면 일시불이나 사장님들이 사용하는 리스로 사야지 할부나 대출에 대해 물어보는 것은 체면이 서지 않습니다. 그러려면 최소한 차값 정도는 수중에 있어야 합니다.

고급차를 사는 김에 2억 원짜리 벤츠를 산다고 가정해 보겠습니다. 2억 원이면 서울 외곽에서 수익률 5%의 괜찮은 구분상가를 살 수 있습니다. 그럼 월수입이 80만 원가량 나올 것이고 이 금액이면 리스로 웬만한 E-class 정도는 돈 한푼 안 들이고 유지할 수 있습니다. C-class를 선택하신다면 리스료를 내고도 돈이 남을 것입니다.

이런 방식으로 차를 사면 일단 임대사업자 사장님이 될 수 있습니다. 또 리스료의 일부나 전부가 경비처리되기 때문에 절세효과도 누릴 수 있습니다.

이쯤에서 예상되는 질문이 있습니다.

"상가 가격이 떨어지면 어떡하지요?"
"상가가 공실이 나면 어떡하지요?"

차를 사고 나면 중고차 외에 남는 것이 아무것도 없지만 이런 방식으로 구매를 하면 10년이 지나도 상가가 남습니다. 상가 가격이 아무리 떨어져도 매수가 대비 절반 이하가 될 가능성은 거의 없습니다. 10년이 지나면 차의 가격은 반드시 0에 수렴합니다. 상가 공실은 매수 전에 임차인의 계약 만기, 주변 임대 시세 등을 파악하면 단기간에 문제가 발생할 가능성은 적습니다. 10년 후 가치가 사라질 자동차는 쉽게 사면서도 10년 후 가치가 오를 부동산을 사는 것은 주저

하는 사람들이 많습니다. 재테크계의 7대 불가사의 중 하나가 아닌가 싶습니다.

정말 필요한 것은 상가를 사도 되는지를 고민하는 것이 아니라 다음과 같은 질문입니다.

"임대 수익률이 실제로 그렇게 나오나요?"
"상가 관리에 놓치지 말아야 할 것은 무엇인가요?"

제가 상가투자에 관심을 갖게 된 것은 첫째 아이가 유치원에 들어가면서부터였습니다. 교육비 지출이 늘어나게 되자 어떤 방식으로 현금흐름을 방어할지 고민을 하게 됐고 상가 임대료로 교육비를 충당하기로 결정했습니다. 아이들이 커 가고 있지만 월급 외 수입이 늘어나 큰 부담을 느끼고 있지는 않습니다.

소비의 기쁨은 생각보다 오래가지 않습니다. 차도 마찬가지입니다. 할부금도 다 내지 못했는데 자동차 회사는 부분변경 모델을 출시하고 좀 더 지나면 아예 새 모델을 내놓습니다. 자동차 구매로 기쁨을 계속 느끼려면 2~3년마다 차를 바꿔야 합니다. 반면 좋은 자산은 꾸준히 수익을 주는 데다 시간이 갈수록 가치도 올라 보유하는 동안 계속 즐거움을 줍니다.

자동차 이야기로 시작했지만 지금은 투자에 대해 관심이 조금 생기지 않으셨나요? 어쩌면 투자를 통해 과실을 맛보는 시점에는 벤츠에 대한 열망과 기쁨은 그다지 대단하게 느껴지지 않을 수도 있습니다. 성공한 투자가 주는 행복은 자동차가 주는 기쁨보다 훨씬 크고 넓습니다.

'경고! 자산 증대에 중독되면 고급차를 못 타게 될 수도 있습니다!'

복리로 재산을 늘리려면?
- 400억 원 기부의 비밀,
복리를 만드는 것은 생활방식

100만 원에 10%의 이자가 붙을 때 한 해가 지난 후에는 단리나 복리 모두 이자가 10만 원이지만, 다음 해가 되면 단리는 20만 원이 되고 복리는 21만 원이 됩니다. 이것은 단리를 계산할 때는 원금이 변하지 않지만, 복리를 계산할 때는 이전에 받은 이자가 원금에 포함하기 때문입니다. 이 작은 차이가 누적되면 엄청난 차이를 만들어 냅니다. 실제로 100만 원을 30년 동안 단리 10%로 투자하면 400만 원이 되지만, 복리 10%로 투자하면 1750만 원이 됩니다. 하지만 이렇게 복리를 머리로 아는 것과 실천하는 것은 전혀 다른 문제입니다.

돈 되는 생활의 시작은 생각에서부터

투자 전문가는 많습니다. 물론 이들 중에 부유한 사람도 많지만 의외로 내 집 마련이 목표이거나 은퇴가 코앞인데 모아 둔 돈이 전혀 없는 사람도 있습니다. 그런데 전문가와는 거리가 먼 그저 열심히 살아오신 고령의 거액 기부자들 기사를 종종 접하곤 합니다. 2018년 10월에도 고려대에 400억 원을 기부하신 과일가게 노부부 뉴스가 지면을 장식했습니다. 이런 분들은 어떻게 이렇게 많은 재산을 모을 수 있었을까요?

먼저 복리의 효과를 누리는 방법을 알아보고 이를 바탕으로 노부부가 400억 원을 어떤 방식으로 모았을지 추정해 보도록 하겠습니다.

복리에 대해 우리가 알고 있는 상식은 시간이 지날수록 돈이 기하급수로 불어난다는 것입니다. 따라서 복리효과를 누리려면 이자를 써 버리지 말고 원금에 포함시켜 재투자해야 합니다. 복리효과를 결정하는 중요한 3요소는 투자 기간, 수익률, 투자금(종잣돈)입니다. 각각의 요소에 대해 살펴보겠습니다.

··· 투자 기간

복리는 시간이 주는 선물입니다. 연간 4% 복리 수익률로 12년 동안 투자하면 원금의 1.5배를 넘어서고 19년 투자하면 2배를 넘게 됩니다. 50년 후에는 자그마치 6.8배가 됩니다. 당연히 어려서부터 모으기 시작하는 것이 중요합니다. 사회생활을 시작했다면 반드시 저축을 해야 하는 이유가 여기에 있습니다. 대단한 투자를 하지 않고 예금만 꾸준히 해도 좋습니다.

복리를 누리기 위한 투자 기간을 방해하는 가장 큰 적은 자동차, 고가의 해외여행, 명품과 같은 대규모 지출입니다. 몇 해 동안 열심히 모아도 큰 지출로 투자금이 줄어들면 복리는 물거품이 됩니다. 수년간 모은 돈을 자꾸만 써 버리면 복리를 누리기 위한 투자는 계속 제자리걸음을 하게 됩니다. 차도 사지 말고 여행도 가지 말라는 뜻이 아닙니다. 투자금과 소비용 자금을 나누어 관리하면 됩니다. 복리를 누리기 위한 자금의 계좌와 소비를 위한 자금의 계좌를 분리하면 투자금은 유지되며 시간이 지날수록 복리효과를 누리게 됩니다. 투자금 계좌를 절대로 인출하지 않겠다는 굳은 의지는 필수입니다. 중요한 것은 복리의 정의대로 적은 금액이라도 이자나 수익을 쓰지 않고 다시 재투자해야 한다는 것입니다.

잦은 포트폴리오 변경도 피해야 합니다. 특히 주식 관련 자산의 경우 신중하게 투자한 뒤 장기간 믿고 기다려야 합니다. 개별 주식이든 포트폴리오든 복리효과를 노리는 장기 투자라면 효과를 보기 위해 충분한 시간이 필요합니다. 하락할 때마다 종목이나 포트폴리오를 변경하다 보면 손실만 누적될 수 있습니다. 장기 투자하다 보면 어느 종목이든 손실구간이 나타날 가능성이 높고, 그때마다 포트폴리오에서 제거한다면 제대로 된 분산효과도 나타나지 않습니다.

손실 나는 것을 솎아 내고 좋아 보이는 주식을 계속 편입하다 보면 종목별 투자 기간이 짧아져서 복리효과를 제대로 누릴 수 없습니다. 이렇게 되면 복리효과를 노리는 장기 투자가 아니라 단기 모멘텀투자나 뇌동매매(다른 투자자의 움직임에 편승하는 매매)로 변질되기 쉽습니다. 제대로 고른 주식이나 포트폴리오라면 손실구간을 참고 기다린다면 보답을 해 줄 것입니다. 잘못 고른 종목이 있을 수 있지만 그것은 분산투자로 해결할 문제입니다. 잘 짜인 포트폴리오에서는 지금 부진한 종목이 언젠가 효자 노릇을 할 것입니다.

··· 수익률

수익률이 높다면 당연히 복리의 눈덩이 효과가 배가 됩니다. 그럼 고수익을 추구해야 할까요? 높은 기대수익을 좇다 보면 변동성이 커져 장기적인 수익을 갉아먹고 맙니다(3장 참고).

저축액의 중요성 (단위: 원)

월 저축액	1,000,000	1,000,000	1,500,000
연 저축액	12,000,000	12,000,000	18,000,000
수익률	2%	10%	2%
1	12,000,000	12,000,000	18,000,000
2	24,240,000	25,200,000	36,360,000

월 저축액	1,000,000	1,000,000	1,500,000
연 저축액	12,000,000	12,000,000	18,000,000
수익률	2%	10%	2%
3	36,724,800	39,720,000	55,087,200
4	49,459,296	55,692,000	74,188,944
5	62,448,482	73,261,200	93,672,723
6	75,697,452	92,587,320	113,546,177
7	89,211,401	113,846,052	133,817,101
8	102,995,629	137,230,657	154,493,443
9	117,055,541	162,953,723	175,583,312
10	131,396,652	191,249,095	197,094,978

　　왼쪽은 연간 1200만 원(월 100만 원) 저축하는 사람의 시뮬레이션이고, 제일 오른쪽 열은 연간 1800만 원(월 150만 원)을 저축하는 사람의 시뮬레이션입니다. 한 달에 150만 원을 저축할 수 있다면 정기 예금과 비슷한 2%의 수익률만 꾸준히 올려도 100만 원 저축하는 사람이 10% 수익을 내는 것보다 낫습니다. 만약 연복리 10%의 수익률을 내는 것이 쉽다고 생각하신다면 투자 공부를 기본부터 다시 하셔야 합니다. 세계 최고의 투자자인 워런 버핏의 연복리 수익률도 20% 수준이라는 것을 잊지 마십시오.

　　연 복리 10% 수익률을 내는 것보다는 노력해서 저축액을

100만 원에서 150만 원으로 늘리는 것이 현실에서 훨씬 수월한 일입니다. 특히 1억 원이 모이는 시기는 수익률과 상관없이 7~8년이 걸린다는 것을 알 수 있습니다. 따라서 초보자일수록 투자에 집중하기보다는 저축에 힘써야 종잣돈이 마련됩니다.

··· 투자금(종잣돈)

1억 원의 문턱을 넘으면 (단위: 원)

연 저축액	12,000,000	12,000,000	12,000,000
수익률	2%	6%	10%
1	12,000,000	12,000,000	12,000,000
3	36,724,800	38,203,200	39,720,000
5	62,448,482	67,645,116	73,261,200
7	89,211,401	100,726,052	113,846,052
8	102,995,629	118,769,615	137,230,657
9	117,055,541	137,895,792	162,953,723
10	131,396,652	158,169,539	191,249,095
11	146,024,585	179,659,712	222,374,005
12	160,945,077	202,439,294	256,611,405
13	176,163,978	226,585,652	294,272,546
14	191,687,258	252,180,791	335,699,800
15	207,521,003	279,311,639	381,269,780

연 저축액	12,000,000	12,000,000	12,000,000
수익률	2%	6%	10%
16	223,671,423	308,070,337	431,396,758
17	240,144,852	338,554,557	486,536,434
18	256,947,749	370,867,831	547,190,078
19	274,086,704	405,119,900	613,909,085
20	291,568,438	441,427,094	687,299,994

이 시뮬레이션은 이전의 시뮬레이션을 좀 더 긴 시계열로 늘려 본 것입니다. 1억 원이 모일 때마다 색으로 표시를 하였습니다. 투자 기간이 늘어날수록 색과 색 사이의 간격이 줄어드는 것을 보실 수 있습니다. 이 의미는 시간이 지날수록 1억 원을 모으는 시간이 짧아진다는 뜻입니다. 수익률과 상관없이 1억 원을 모으는 데는 7~8년이 필요하지만 수익률이 상승할수록 2억, 3억 원이 모이는 시간은 계속 짧아집니다. 힘들지만 1억 원을 모을 때까지 꾸준히 투자 공부를 하면서 실력을 쌓는다면 2억 원이나 3억 원은 생각보다 짧은 시간에 모을 수 있습니다. 포기하지 않고 1억 원의 문턱을 넘어선다면 복리 효과를 실감하며 성취감과 가능성을 만끽할 수 있습니다.

그럼 과일가게 노부부가 400억 원을 모은 비밀을 풀어 보도록 하겠습니다. 부부 내외는 50여 년간 고생하며 400억 원의 재산을 모았고, 1976년에 상가건물을 처음 매입한 이래 대출금을 갚으며 주변 건물과 토지(건물 8개동, 토지 11필지)를 추가로 매입하였습니다. 1960년대 노점에서 과일 장사를 시작한 부부는 걸어서 출퇴근을 하고 장사가 끝난 뒤에는 남의 식당에서 일을 도와주고 식사를 공짜로 해결했다고 합니다.

부부는 1960년대부터 착실히 모은 돈으로 1976년에 상가건물을 매입합니다. 이는 종잣돈을 모으고 대출을 더해 수익형 부동산을 매수하는 제가 생각하는 가장 이상적인 투자 방식입니다. 더구나 이 시기는 물가가 높았기 때문에 대출의 가치는 계속 하락하고 부동산가치는 상승하는 선순환 구조가 만들어졌을 것입니다. 게다가 본업(과일가게)에서 나오는 소득과 상가에서 나오는 임대료를 부동산에 재투자했기 때문에 이후 재산이 눈덩이처럼 불어나기 시작했을 것입니다.

사실 400억 원을 모은 비밀은 매우 단순합니다. 근면하게 생활하고 종잣돈을 모아 대출을 이용해 수익형 부동산을 매입하고 이 과정을 50년간 반복한 것입니다. 저는 지금도 이런 방법으로 부를 축적할 수 있다고 믿습니다. 복리효과를 누리며 재산을 키우는 것은 투자기법이나 지식이 아니라 올바른 생활방식입니다. 한 달에 300만 원을 저축하고 연복리 10%의 수익률을 낼 수 있다면 50년 후 400억 원의 주인이 될 수 있습니다. 혹자는 예전보다 금리도 낮고 투자수익률도 떨어져 불가능하다고 하실지 모르겠습니다. 그렇지만 수익률이 낮아진들 어떻습니까. 400억 원을 모으진 못해도 몇십억 원은 충분히 모을 수 있습니다. 시뮬레이션 결과를 첨부합니다.

400억 원의 비밀 (단위: 원)

월 저축액	3,000,000	3,000,000	3,000,000
연 저축액	36,000,000	36,000,000	36,000,000
수익률	2%	6%	10%
1	36,000,000	36,000,000	36,000,000
5	187,345,446	202,935,347	219,783,600
10	394,189,956	474,508,618	573,747,286
15	622,563,009	837,934,916	1,143,809,341
20	874,705,313	1,324,281,283	2,061,899,982
25	1,153,090,790	1,975,122,432	3,540,494,140
30	1,460,450,851	2,846,094,704	5,921,784,817
35	1,799,801,195	4,011,652,075	9,756,877,265
40	2,174,471,395	5,571,430,762	15,933,332,005
45	2,588,137,570	7,658,766,496	25,880,574,127
50	**3,044,858,452**	**10,452,092,565**	**41,900,707,037**

돈 되는 생활의 시작은 생각에서부터

부의 성장판 3대 영양소
- 습관 > 실행 > 지식

부를 쌓기 위해 가장 중요한 것은 무엇일까요? 투자라고 답하시는 분들도 있을 것이고, 소득이 제일 중요하다고 생각하시는 분도 있을 것이고, 절약이라고 답하시는 분들도 있을 것입니다. 다음 7가지 유형 중에서 본인이 어느 유형에 제일 가까운지, 부를 쌓기에 가장 유리해 보이는 유형은 무엇인지 생각해 봅시다.

1. 이번에 좋은 일감을 따서 300만 원 벌었네. 이렇게 한 달에 두세 번만 기회를 잡으면 연봉 1억 원이 부럽지 않겠어. 일만 열심히 해도 부자가 되겠네.

2. 쥐꼬리만 한 월급 모아 봤자 얼마나 되겠어? 티끌 모아 티끌이야. 돈 벌려면 투자 잘해서 수익 내는 수밖에 없어.

3. 월급은 적은데 그렇다고 투자도 잘 모르겠네. 일단 아끼고 조금이라도 더 저축을 해 보자.

4. 생활은 그럭저럭 꾸려 나가는데 저축은 도무지 여유가 안 생기네. 월급을 늘릴 방도가 없으니 재테크라도 해서 수익을 내야겠어. 무엇부터 시작하면 될까?

5. 열심히 저축해서 종잣돈은 꽤 모았는데 어디에 집을 사야 할까? 종잣돈 모아 놓고 집 알아본 지 몇 년이 지났는데 아직도 판단이 안 서네.

6. 코스피 PER과 PBR은 역사적 저점 수준이군. 지금 들어가면 무조

건 벌 수밖에 없겠어. 부동산은 소외된 지역에 한강뷰 재개발 아파트가 매력적이네. 아, 이렇게 돈 벌 게 널렸는데 투자금이 없네. 서글픈 내 인생.

7. 내 집 마련은 이미 끝냈고 자연스레 연 소득의 40% 이상이 모이고 있군. 별다른 노력을 하지 않아도 쓸데없는 곳에 돈이 나가지 않는구나. 소액으로 투자하면서 공부도 하고 미래를 준비해야겠어.

아마 대부분은 2, 3, 4, 5번에 해당된다고 생각하실 겁니다. 대다수가 부러워할 만한 7번을 제외하면 4, 5번이 2, 3, 6번보다는 현재 기준으로 경제적 여건이 낫다고 할 수 있습니다. 하지만 5년이나 10년 후에도 4번이나 5번이 더 많은 재산을 가지고 있을까요?

… 1번 유형: 비정기 고소득형

아무나 할 수 없는 기술이 있거나 경기를 타는 사업을 하시는 분들이 이 유형에 속합니다. 일감이 있으면 고수익을 올리지만 일감이 없거나 경기가 나쁠 때는 수입이 줄어들거나 끊기는 경우가 있습니다. 평균보다 높은 소득을 올리지만 소득이 들쭉날쭉하다는 단점이 있습니다. 수입이 많을 때 불경기에 대비해 저축을 늘리고 안전판을 마련해 놓는다면 성공할 가능성이 높습니다. 하지만 짧은 시간 안에 많은 수입을 올리기 때문에 씀씀이가 커지기 쉽고, 경기가 좋을 때는 불경기에 대비하기보다는 사업을 확장하는 경우도 있어 실패할 확률도 높은 편입니다.

··· 2번 유형: 저소득 고수익 추구형

소득도 적고 투자할 돈도 넉넉하지 않기 때문에 적은 돈으로 고수익을 추구합니다. 하지만 고수익을 추구하는 것은 높은 변동성 때문에 실패할 가능성이 매우 큽니다. 소득도 적고 투자 태도도 근본부터 잘못되어 있기 때문에 부자가 되기 가장 어려운 유형입니다.

··· 3번 유형: 저소득 고저축형

수입은 적지만 수입 대비 저축을 많이 하는 유형입니다. 절약이 습관화되어 있어 종잣돈을 모으는 데 성공한다면 한 단계 앞으로 갈 수 있습니다. 노력을 통해 소득도 늘릴 수 있다면 금상첨화입니다.

··· 4번 유형: 중소득 저저축형

많은 분들이 여기에 해당합니다. 저축을 늘리는 게 재테크의 기본임을 모르고 있습니다. 소득 수준이 낮지 않다는 점을 제외하면 최악인 2번 유형과 다를 바 없습니다.

··· 5번 유형: 종잣돈 장기 보유형

알뜰히 저축하고 종잣돈도 모아 놓았지만 더 이상 발전하지 못하는 유형입니다. 소액이라도 투자를 실행할 결단력을 키우는 것이 중요합니다. 투자에 대한 공부도 좋지만 공부에 매몰되어 실행이 더 이상 늦어져서는 안 됩니다.

··· 6번 유형: 투자 지식 만렙형

다방면에 관심이 많고 투자 지식도 풍부해 보입니다. 하지만 실제로는 모아 놓은 돈도 없고 투자도 딱히 하고 있지 않습니다. 남들에게 훈수는 잘 두지만 실속은 전혀 없습니다. 잡다한 투자 지식은 똑똑해 보이는 데는 도움이 될지 몰라도, 부를 이루는 데는 도움이 되지 않습니다. 부자는 투자 지식이 많은 사람이 아니라 돈이 많은 사람입니다. 투자에 대해 아무것도 몰라도 모아 놓은 돈이 있다면 당연히 6번 유형보다는 그 사람이 더 부자입니다.

··· 7번 유형: 완성형

워너비입니다. 외계인이 아닐까 싶지만 잘 찾아보면 분명 주위에 있습니다. 7번 유형은 목표를 좀 더 구체적이고 명확하게 할 필요가 있습니다. 목표를 달성할 수 있다는 확신이 든다면 현재의 행복에 좀 더 관대해질 필요도 있습니다. 지금 아니면 누릴 수 없는 것들이 있다면 그중 몇 가지는 선별해서 누려도 좋습니다.

유형별 현재 점수와 성장판 점수

유형	소득 (A)	소비습관 (B)	실행력 (C)	투자지식 (D)	현재점수 (2×A+B+C+D)	성장판 점수 (B+C+D)	비고
1) 비정기 고소득형	1	0~1	0~1	0	2~4	0~2	좋은 일만 일어날 수는 없다. 불경기에 대한 대비를 놓치면 안 된다.

유형	소득 (A)	소비습관 (B)	실행력 (C)	투자지식 (D)	현재점수 (2×A+B +C+D)	성장판 점수 (B+C+D)	비고
2) 저소득 고수익 추구형	0	0	0	0	0	0	현재는 최악이지만 생각과 습관을 바꾸면 3번으로 발전할 수 있다.
3) 저소득 고저축형	0	1	1	0	2	2	출발선은 뒤에 있지만, 성장판은 2등이다. 미래는 누구에도 뒤지지 않을 수 있다.
4) 중소득 저저축형	1	0	0	0	2	0	소득을 제외하면 2번과 다를 바 없다.
5) 종잣돈 장기 보유형	1	1	0	0	3	1	소득과 습관은 부의 기본이지만 실행이 없다면 현재 수준에서 나아지지 않는다.
6) 투자 지식 만렙형	0	0	0	0~1	0~1	0~1	지식이 진짜라면 실행으로 증명하라. 투자할 돈이 없다면 2번과 같다.
7) 완성형	1	1	1	0~1	4~5	2~3	현재의 행복과 미래 사이의 균형을 찾는 것이 목표이다.

점수가 높은 사람일수록 지금 당장은 유리한 고지에 있다고 할 수 있습니다. 현재 점수는 자신의 출발선 위치입니다. 소득이 높거

나 물려받은 유산이 있다면 남들보다 앞선 위치에서 출발할 수 있습니다. 하지만 그것은 단지 출발선일 뿐이고 앞으로의 성장 가능성은 성장판 점수로 따져 봐야 합니다.

성취와 행복은 출발선으로 결정되지 않습니다. 금수저나 재벌가 자녀의 불행을 우리는 종종 목격합니다. 출발선이 남들보다 뒤에 있어도 자신이 달려 온 거리가 만족스럽다면 충분히 행복할 수 있습니다. 사치를 누리지 못하면 절망하는 사람이 있는가 하면, 전셋집만 마련해도 행복한 사람이 있습니다. 성취는 절대 수준이 아니라 자신이 달려온 거리와 연관이 더 깊습니다. 성장판 점수가 높은 사람이 결국에는 출발선에서 가장 멀리 서 있을 수 있습니다.

부의 성장에서 가장 중요한 것은 습관이고 실행이 그다음, 그리고 지식이 마지막입니다. 하루의 대부분은 습관으로 이루어져 있습니다. 점심 식사 메뉴, 상사에게 보고할 내용, 여가 시간에 할 일 정도는 우리가 의식적으로 선택합니다. 하지만 나머지 대부분의 행동은 습관이 결정합니다. 수도꼭지를 어느 손으로 틀지, 치약을 얼마나 짤지, 출근길에 버스와 지하철 중 무엇을 탈지 우리는 고민하지 않습니다. 당신의 소비 역시 대부분 습관의 산물입니다. 누군가는 별생각 없이 택시를 타고 외식을 하며 핸드드립 커피를 마십니다. 그렇지만 누군가는 수입이 같아도 버스를 타고 집밥을 먹고 책을 삽니다.

소득이 충분해서 저축만으로 노후를 대비할 수 있다면 투자는 굳이 필요 없습니다. 그런 경우가 아니라면 투자를 해야 하고 투자에는 실행이 필수입니다. 공부와 고민으로 시간만 보내다 보면 종잣돈은 저축액 이상 늘어나지 않습니다. 아무것도 하지 않는 것보다는 조금이라도 투자해 보고 경험을 쌓는 것이 낫습니다. 그래도 투자를 하려면 지식이 있어야 되지 않겠냐고 하실 수도 있습니다. 틀린 말은 아니지만 지식이 최우선이어야 한다는 뜻은 아닙니다. 올바른 상식과 투자 원칙만 알고 있어도 큰 실수는 피할 수 있습니다.

지식은 부의 성취를 위한 3가지(습관, 실행, 지식) 중에서 가장 비중이 작습니다. 과일가게 노부부가 400억 원을 기부할 수 있었던 것은 투자 지식이 아니라 올바른 습관과 실행 덕분입니다. 그분들은 낮에는 근면하게 일하고 저녁 식사는 식당 일을 도와준 대가로 해결했습니다. 이렇게 착실히 모은 돈을 서울 중심가 건물에 투자한 것입니다. 투자 지식이 없어도 얼마든지 부자가 될 수 있습니다. 습관과 실행이 뒷받침되지 않는데 투자 지식만 공부하는 것은 공허할 따름입니다. 평소의 생활습관과 가치관, 결단력에서 이미 승패는 나 있을 확률이 높습니다.

투자보다 먼저 알아야 할 것은 재산 증식의 원리를 이해하는 것입니다. 재벌이 목표라면 당연히 남들과 다른 무언가를 해야 합니다. 하지만 여유 있는 생활과 은퇴 준비가 목표라면 많은 시간을 희생할 필요는 없습니다. 올바른 소비 습관과 투자철학을 확립하기만 해도 목표는 그리 멀지 않습니다.

본격적인 투자에 들어가기에 앞서 반드시 기본기를 갖춰야 합니다. 그 기본기는 바로 올바른 소비 습관입니다. 다음 해에 뿌릴 종자까지 다 먹어 치웠다면 아무리 기술이 좋다 한들 그 농부가 무엇을 할 수 있겠습니까? 종자를 아끼고 관리할 수 있어야 재난이 오고 흉년이 와도 다음을 기약할 수 있습니다. 종자를 관리할 능력이 없다면 한 번의 실패에도 무너지기 쉽습니다.

현란한 기술에만 집착하면 멋있어 보일 수는 있겠지만 승리를 이어갈 수는 없습니다. 경기를 계속하려면 기본 체력이 있어야 합니다. 단순해 보이고 재미없어 보여도 기본기를 잘 다지면서 훈련하다 보면 자신감이 차오르는 시기가 올 것입니다. 이제부터는 투자에 좀더 가까운 방향으로 뱃머리를 돌려 보겠습니다.

2장

아는 것이 '돈'이다

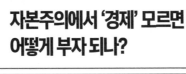

1 자본주의에서 '경제' 모르면 어떻게 부자 되나?

+++ **사례** +++

투자 공부의 마음가짐

어른들이 아이들에게 가장 많이 하는 질문을 스스로에게 해 보겠습니다. 어렸을 때 들었던 이야기를 지금도 실천하지 못하고 있는 것은 아닌지, 내 아이에게 하고 있는 말을 나 자신이 지키지 못하고 있는 것은 아닌지 깊이 생각해 봅시다.

첫 번째 질문.

"공부 안 해? 숙제 다 했어? 졸업하면 뭘 하려고 그래?"

"저축 안 해? 투자 공부 다 했어? 10년 후엔 어떻게 하려고 그래?"

"취직했니?" "애인 있니?" "결혼은 언제 하니?" 요즘 이런 질문은 실례입니다. 대처하는 방법은 이렇게 되묻는 것이라고 합니다. "언제 퇴직하시나요?" "노후준비는 하셨나요?" 이런 질문을 스스로에게 꼭 한 번 물어볼 필요가 있습니다.

두 번째 질문.
"네가 풀어야지, 왜 답을 보고 베끼니? 그렇게 하는 게 너한테 무슨 도움이 되니?"
"왜 남이 찍어 준 대로 투자하니? 찍어 준 게 맞다는 보장은 있니?"

시험을 보려면 스스로 문제를 풀어야 합니다. 그런데 투자는 왜 스스로 풀지 않고 남에게 의존하려고 할까요?

학원을 선택할 때 부모님들은 정보력을 최대한 동원합니다. 학원의 평판을 물어보고, 검색도 하고, 발품을 팔아 직접 면담도 합니다. 다음과 같이 광고하는 학원이 있다면 어떨까요?

1년만 다니면 꼴찌도 서울대 합격 보장합니다.
예상문제 수능 적중률 100%!

이런 광고를 본다면 흥미보다는 일단 의심이 앞섭니다. 아마 그 학원을 다녀도 서울대 못 간 학생들이 수두룩할 것입니다. 광고가 진짜라면 그 학원은 광고를 할 필요도 없을 것입니다.

아는 것이 '돈'이다

상가 분양! 1억 투자 시 월 수익 2백만 원 보장!

연수익 300% 보장 매매기법 전수!

청담동 몰빵선생의 필수 상한가 종목 추천!

의외로 이런 광고에 혹하시는 분들이 많습니다. 분양광고가 진짜라면 1억 원을 투자하면 연간 수입이 2400만 원입니다. 수익률 24%의 부동산이 있다면 투자자가 너무 몰릴까 두려워 광고는 내지도 못할 것입니다. 연수익 300%를 보장하는 매매기법이 있다면, 그 기법을 왜 전수하는 것일까요? 강의하시는 분은 정말 부자일까요? 부자가 아닐 가능성이 매우 높지만, 혹시 부자라고 해도 그 돈은 투자로 번 돈이 아니라 강의료로 번 돈일 가능성이 훨씬 높습니다.

현재나 미래가 만족스럽지 못할 때 자신도 모르게 과거를 후회하거나 남을 탓하게 됩니다. '그때 모아 둔 돈이 있어야 했는데.', '정부가 집값을 올려 버려서 나는 망했어.' 등등. 하지만 이 모든 결과에는 내가 책임질 부분이 반드시 있습니다. 비슷한 시기에 나와 다르게 행동한 사람들도 분명히 있으니까요. 돈을 모으지 않고 써 버린 것도 '나'고 집을 사지 않는 결정을 한 것도 '나'이기 때문입니다.

과거는 바꿀 수 없습니다. 바꿀 수 있는 것은 오로지 현재와 미래뿐입니다. 투자 공부나 은퇴 준비도 간절한 마음이 생겼다면 지금부터 제대로 시작하면 됩니다. 지금이라도 달라지는 것이 할 수 있는 최선입니다. 기회는 또 찾아옵니다. 지금 준비하면 다음 기회는 놓치지 않을 수 있습니다.

경제지표
이해

··· 경제지표 이해 - GDP, 경제성장률

투자에서는 경기를 이해하는 것이 중요하고, 경기를 이해하기 위해서는 경제지표를 알아야 합니다. 경제지표 중에서 가장 중요하고 기본적인 것이 바로 경제성장률입니다.

경제성장률에서 경제는 GDP(Gross Domestic Product)를 의미합니다. GDP가 기준 시점보다 얼마나 성장했는지를 숫자로 표현한 것이 경제성장률입니다. GDP에 대한 통계청의 정의는 다음과 같습니다.

국내총생산(Gross Domestic Product, GDP)은 한 나라의 영역 내에서 가계, 기업, 정부 등 모든 경제주체가 일정 기간 동안 생산한 재화 및 서비스의 부가가치를 시장가격으로 평가하여 합산한 것이다. 부

아는 것이 '돈'이다

가가치란 생산 활동에 의해 새로이 창출된 가치로서 총산출액에서 중간소비(중간투입)를 차감하여 구할 수 있다.

A동네에는 떡볶이만 파는 분식집과 떡볶이 재료상이 있고, 이 재료상은 모든 제품을 이 분식집에 납품합니다. A동네에 그 외 다른 가게나 기업은 하나도 없다고 가정하겠습니다. A동네의 GDP를 계산해 보겠습니다. A동네에서 생산 가능한 것은 떡볶이밖에 없기 때문에 분식집의 매출이 A동네의 GDP가 됩니다. 1년 동안 1만 인분이 팔렸고 떡볶이 1인분 가격은 1천 원입니다.

A동네 연간 GDP = 10,000(인분) × 1,000(원) = 1천만 원

그런데 A동네에는 분식집만 있는 게 아니라 떡볶이 재료상도 있습니다. A동네에서 생산된 물건은 떡볶이 외에도 떡이나 고추장 같은 떡볶이 재료도 있습니다. 하지만 재료상이 생산한 모든 제품은 결국 떡볶이 생산에 전부 사용됐기 때문에, 떡볶이만 계산하면 A동네에서 생산한 모든 부가가치가 합산되는 것입니다. 통계청의 정의에서 언급한 중간소비(중간투입)에 해당하는 것을 떡볶이 재료로 볼 수 있습니다.

1000만 원이라는 GDP는 제품이나 서비스 생산 측면에서 구한 것입니다. 반대로 지출(소비) 측면에서도 GDP를 구할 수 있습니다. A동네에서 소비 가능한 것은 떡볶이밖에 없으므로 A동네에서 쓴 지출 총액은 사람들이 떡볶이에 쓴 돈과 동일합니다. 따라서 지출 측면에서 구한 A동네의 GDP도 1000만 원이 됩니다.

이를 국가로 확장하면 생산 측면의 GDP는 제조업, 서비스업, 농업, 건설업 등 개별 산업의 최종 생산물 합계로 구할 수 있습니다. 마찬가지로 지출 관점에서의 GDP는 민간, 정부, 무역에서 쓴 돈을 모두 합하면 됩니다. 따라서 지출 측면에서 계산한 GDP는 다음과 같습니다.

GDP = 민간 소비 + 민간 투자 + 정부 지출 + 수출 − 수입

위 수식은 경제를 이해하는 데 매우 중요한 틀을 제공하므로 꼭 기억하시기 바랍니다. 경제를 소비, 투자, 정부, 순수출(수출-수입)로 나눠 각각을 따져 보는 것은 경제 전망을 이해하고 경기를 판단하는 데 큰 도움이 됩니다.

앞서 A동네의 GDP가 1000만 원(= 10,000인분 × 1,000원)이라고 했는데, 1년이 지나서 다음과 같이 증가했다고 가정해 보겠습니다.

1) 떡볶이 판매량이 1.1만 인분으로 10% 증가: A동네 GDP = 1100만 원(1.1만 원 × 1천 원)

2) 떡볶이 가격이 1100원으로 10% 상승: A동네 GDP = 1100만 원

(1만 원 × 1.1천 원)

3) 떡볶이 판매량과 가격 모두 10% 상승: A동네 GDP = 1210만 원

(1.1만 원 × 1.1천 원)

1번과 2번 모두 명목상 GDP는 1100만 원으로 같습니다. 그러나 1번은 최종 생산물(떡볶이)이 10% 늘어난 데 반해 2번은 가격만 올랐다는 점에서 차이가 있습니다. 1번은 떡볶이 생산과 소비가 10% 늘어난 것이지만 2번은 물가(가격)만 올랐기 때문에 실제로 경제가 성장했다고 할 수는 없습니다. 2번의 경우 떡볶이 가격 상승분을 제외하면 GDP는 원래대로 1000만 원이 됩니다. 이때 1100만 원을 명목GDP, 1000만 원을 실질GDP라고 합니다. 경제가 얼마나 성장했는지 알기 위해서는 실질GDP를 알아야 하며, 보통 경제성장률이라고 부르는 것은 실질GDP 성장률입니다. 따라서, 1번의 경제성장률은 10%지만 2번은 0%가 됩니다.

3번은 명목GDP는 1210만 원으로 가장 높지만 실질GDP는 1100만 원입니다. 따라서 실질 경제성장률은 10%가 되고 명목 경제성장률은 21%가 됩니다. 정리하면 1번, 2번, 3번 각각 실질 경제성장률은 10%, 0%, 10%가 되고 명목 경제성장률은 10%, 10% 21%가 됩니다. 실질 경제성장 측면에서 1번과 3번의 우열은 없습니다. 다만, 지금처럼 저물가 걱정일 때에는 1번보다 3번이 바람직하다고 할 수

도 있고, 2008년 글로벌 금융 위기 이전처럼 높은 물가가 걱정일 때에는 3번보다 1번을 이상적인 경제 상황으로 평가할 수도 있습니다.

⋯ 경제지표 이해 - QoQ, YoY

경제성장률을 표기하는 방법에는 전(분)기 대비와 전년 대비 두 가지가 있습니다. GDP가 분기별로 집계되기 때문이지요. 2020년 2분기 성장률을 기준으로 삼으면 각각에 대한 설명은 다음과 같습니다.

전(분)기 대비(QoQ, Quarter-over-Quarter):
2020년 1분기 대비 2020년 2분기의 성장률
전년동기 대비(YoY, Year-over-Year):
2019년 2분기 대비 2020년 2분기의 성장률

QoQ를 계산할 때는 '계절조정(Seasonal Adjustment)' 작업을 거칩니다. 계절조정이 없다면 2분기는 보통 1분기보다 성장률이 높습니다. 왜냐하면 1분기에는 설 연휴가 있고 2월은 다른 달보다 일수도 적기 때문에 근무일수가 적습니다. 게다가 1분기는 겨울이기 때문에 건설 등 야외 작업을 진행하기가 어렵습니다. 반면 2분기는 봄이 오면서 야외 작업도 가능해지고, 나들이도 늘어나 소비도 증가할 수 있습니다. 따라서 근무일수 차이, 날씨 차이 등 경기 변동 외적인 요인(계절 요인)을 제거해야 제대로 된 성장률을 가늠해 볼 수 있는 것입니다.

YoY로 성장률을 계산할 때는 계절조정을 하지 않는 경우가 일반적입니다. 올해 1분기와 지난해 1분기를 비교할 경우에는 근무일수나 날씨 등에 별다른 차이가 없기 때문입니다.

그럼 QoQ와 YoY 중에서 무엇이 더 중요할까요? 물론 둘 다 중요하겠지만 개인 투자자 입장에서는 YoY가 훨씬 중요합니다.

GDP QoQ & YoY

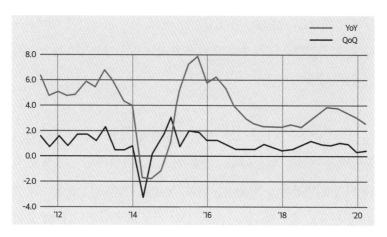

자료: 한국은행

2012년부터 2~3년 정도의 기간을 살펴보면 YoY는 저점과 고점 등 흐름의 파악이 가능하지만, QoQ는 성장률 자체의 절댓값이 작아 흐름을 파악하기가 어렵습니다. 투자나 자금회수 시점을 파악해야 하는 개인 투자자에게 QoQ가 줄 수 있는 정보는 상대적으로 제한적입니다. YoY는 비교대상 시점과 1년이라는 시차가 있기 때문에 성장률의 절댓값이 크고 트렌드를 파악하는 것이 용이합니다.

일반적으로 경제지표 관련 기사에서는 QoQ를 다루는 경우가 많은데, YoY의 변화를 꼭 같이 챙겨 보아야 합니다. 전기 대비 숫자가 예상보다 높게 나왔다고 해도 전년동기 대비 숫자가 하락하고 있다면 경기 둔화의 신호일 수 있습니다. 반면 전기 대비 성장률이 지지부진하더라도 전년동기 대비 숫자가 개선되고 있다면 향후 경기 회복의 희망을 가져 볼 수 있습니다. 분기 자체의 평가에 대해서는 QoQ를 참고하되 경기 흐름의 방향을 파악하는 데는 YoY를 놓쳐서는 안 됩니다.

미국이나 일본은 전기 대비 성장률에 일반적으로 연율을 적용합니다. 여기서 '연율'이라는 것은 이 속도로 1년 동안 성장했을 때를 가정해 계산한 숫자입니다. 만약 QoQ로 1%의 성장률을 기록했다면, 연율로 환산할 경우 4% 이상의 성장률이 나옵니다. 매 분기 1%씩 성장하면 연간으로 4%가량(= $1.01^4 - 1$) 성장하게 되기 때문입니다.

가끔 미국이 1분기에 성장률 2.2%를 기록했는데, 한국은 1%에 그쳐 미국의 절반도 안 되는 성장세를 보였다는 식으로 기사가 나오는 경우가 있습니다. 미국은 보통 분기성장률을 연율로 표시하기

아는 것이 '돈'이다

때문에 이런 식의 기사는 오류라는 것을 바로 알 수 있습니다. 미국처럼 연율로 표기한다면 한국의 성장률이 4%가 넘게 되기 때문에 실제로는 미국의 성장률이 한국의 절반 정도인 셈입니다.

이 정도 기초만 있어도 경제지표에 대해 어느 정도는 해석이 가능합니다. 실제 우리나라 성장률 데이터를 토대로 간단한 분석을 해 보겠습니다. 성장률 데이터는 한국은행 경제통계시스템 'ECOS'를 참조하였습니다.

먼저 장기 시계열을 살펴보면 1980년대까지 우리나라는 9%대 고성장을 기록했습니다. 하지만 1990년대부터 성장률이 점차 하락해 최근에는 3% 수준에 이르고 있습니다. 연간 성장률로 근래를 좀 더 살펴보면 2008년 글로벌 금융 위기 전 우리나라의 성장률은 4~5% 수준이었습니다. 하지만 2008년과 2009년 위기 여파로

성장률 데이터(장기 시계열)　(단위:%)

기간	성장률 산술평균
61~'70	9.6
71~'80	9.4
81~'90	10.0
91~'00	7.2
01~10	4.7
11~'20	2.5

연도	성장률
'00	9.1
'01	4.9
'02	7.7
'03	3.1
'04	5.2
'05	4.3
'06	5.3
'07	5.8
'08	3.0
'09	0.8
'10	6.8
'11	3.7
'12	2.4
'13	3.2
'14	3.2
'15	2.8
'16	2.9
'17	3.2
'18	2.9
'19	2.0
'20	-1.0

자료: 한국은행

성장률 데이터(분기 성장률) (단위: %)

기간		QoQ	YoY
'16	1Q	0.3	2.8
	2Q	1.1	3.6
	3Q	0.4	2.8
	4Q	0.8	2.6
'17	1Q	0.8	3.1
	2Q	0.7	2.7
	3Q	1.5	3.9
	4Q	-0.1	2.9
'18	1Q	1.1	3.0
	2Q	0.6	3.1
	3Q	0.6	2.4
	4Q	0.9	3.1
'19	1Q	-0.3	1.8
	2Q	1.0	2.1
	3Q	0.4	2.0
	4Q	1.3	2.3
'20	1Q	-1.3	1.4
	2Q	-3.2	-2.7
	3Q	2.1	-1.1
	4Q	1.2	-1.2

자료: 한국은행

성장률이 급락한 이후 최근에는 3%도 달성하기 어려운 수준으로 하락하고 있습니다. 2020년에는 코로나로 인해 1998년 이후 처음으로 마이너스(-) 성장률을 기록하였습니다.

이번에는 2016년부터 분기 성장률을 살펴보겠습니다. QoQ에서는 명확한 흐름을 파악하기가 쉽지 않습니다. QoQ 기준 1% 이상이면 좋은 편이라 할 수 있고 마이너스(-) 성장이면 부진한 것으로 볼 수 있습니다. YoY를 살펴보면 2018년을 정점으로 2020년 2분기까지 하락 흐름이 지속되는 것을 볼 수 있습니다. 다만, 2020년은 코로나로 인해 성장률의 변동폭이 워낙 커졌기 때문에 QoQ든 YoY든 3분기부터 경제가 나아지고 있다는 것을 확인할 수 있습니다. 2020년이 코로나로 워낙 성장률이 나빴기 때문에 2021년은 상대적으로 높은 성장률을 기록할 수밖에 없습니다. 여기서 우리가 알아보아야 할 것은 2019년부터 지속된 경기 부진이 기저효과로 2021년에 반짝 반등하고 말지, 아니면 회복세가 좀 더 이어질지 주목하는 것입니다.

아는 것이 '돈'이다

이렇게 경제성장률 숫자만 꼼꼼히 살펴봐도 많은 정보를 얻을 수 있습니다. 관건은 경제지표 관련 정보를 접하면서 경기 흐름을 판단하는 눈을 좀 더 키우는 것입니다. 경제지표 관련 기사를 접하게 됐을 때 그 내용이 정말 맞는지 살펴보려면 이전 데이터들을 함께 봐야 합니다. 그러려면 통계청이나 한국은행 공식 사이트에서 제공하는 보도자료나 데이터 제공 사이트(한국은행 경제통계시스템 'ECOS', 국가통계포털 'KOSIS')를 통해 이전 숫자를 확인해 보시기 바랍니다. 그러면 이번에 발표된 지표가 좋은지, 나쁜지 또는 어떤 의미가 있는지 어느 정도는 판단할 수 있게 됩니다.

발표된 숫자를 해석할 능력을 갖추었다고 미래를 전망할 능력이 생겼다는 의미는 아닙니다. 경기 부진이 이어지고 있다는 결론을 내렸다고 해서 향후 경기가 더 고꾸라질지 반등할지는 알 수 없습니다. 하지만 과거와 현재로부터 중요한 정보를 모으고 자신만의 판단 기준을 확립한다면 분명히 성취가 있을 것입니다. 예측은 쉽지 않은 일이지만 경제지표에 대한 감각과 해석 능력을 키운다면 경제를 보는 관점이 생길 것이고 투자에 관련된 중요한 의사결정에 큰 도움이 될 수 있습니다.

⋯ 성장률 하락에 대한 단상

우리나라 경제성장률이 부진하다고 걱정하는 목소리가 많습니다. 여러 문제가 한국 경제의 발목을 잡고 있다고 합니다. 고용과 투자 부진, 가계부채, 자금의 부동산 집중, 부모보다 가난한 젊은 세대 등. 이번에는 우리나라 경제가 얼마나 나쁜지, 왜 성장률은 부진한지, 앞으로 신경 써야 할 것은 무엇인지 간략히 알아보겠습니다.

> 엄마: 시험 잘 봤니?
> 아들: 아니, 망쳤어.
> 엄마: 뭐야? 왜 맨날 망쳐?
> 아들: 시험이 너무 어려웠어. 안 배운 것만 나왔어.
> 엄마: 공부 안 했으니 당연히 어렵지. 너만 어려웠겠지.
> 아들: 진짜 어려웠다니까….

시험 본 날 엄마와 아들이 흔히 나누는 대화입니다. 아들의 억울함을 풀어 주려면 어떻게 하면 될까요? 확실한 방법은 성적표가 나올 때까지 기다리면 됩니다. 등수에 별 변화가 없거나 오히려 올라갔다면 아들 말대로 시험이 어려웠던 것이고 등수가 떨어졌다면 시험이 어려웠다는 아들 말은 설득력을 잃겠지요. 우리나라 경제도 마찬가지입니다. 다른 나라들과 성적(경제성장률)을 비교해 보면 정말 우리나라가 문제인 것인지, 그나마 선방하고 있는 것인지 대략적인 판단을 할 수 있을 것입니다.

다음 표의 숫자들은 한국은행 경제통계시스템(ECOS)에서 제공하는 연간 경제성장률 데이터의 산술평균입니다. ECOS에서 제공

아는 것이 '돈'이다

하는 모든 국가를 포함한 것입니다.

국가별 경제성장률 비교 (단위: %)

기간＼국가	한국	미국	일본	중국	영국	유로	독일	대만	한국성적
1961~1970	9.6	4.3		5.0	3.1			10.3	2등
1971~1980	9.5	3.2	4.5	6.3	2.2		2.9	10.5	2등
1981~1990	10.1	3.4	4.5	9.4	2.9		2.3	8.2	1등
1991~2000	7.2	3.5	1.3	10.4	2.6	2.2	1.9	6.7	2등
2001~2010	4.7	1.7	0.7	10.5	1.6	1.2	0.9	4.2	2등
2011~2015	3.1	2.2	1.0	7.9	2.0	0.8	1.7	2.9	2등
2016~2019	2.8	2.3	0.9	6.6	1.5	1.9	1.7	2.8	2등

자료: 블룸버그, OECD

　　우리나라는 과거 고성장 시절은 물론 경제성장률이 크게 하락한 2000년대 이후에도 2등 자리를 유지하고 있습니다. 성장률 낮은 선진국들이 표본에 너무 많이 포함됐다고 하실 수도 있겠지만, 우리의 경쟁 상대인 대만과 비교해도 1980년대 이후에는 꾸준히 앞서고 있습니다. 시험을 망쳤다고 생각했지만 성적을 비교해 보니 아들 말대로 시험이 진짜 어려웠네요. 2018년 기준으로 한국은 '30-50 클럽'에 가입했습니다. 30-50 클럽은 인구 5천만 명 이상, 1인당 국민소득(GNI) 3만 달러 이상인 국가를 지칭합니다. 이에 속한 국가는 미국, 독일, 일본, 프랑스, 영국, 이탈리아, 한국 이렇게 7개국밖에 없습니다. 30-50 클럽이 세계적으로 통용되는 공신력 있는 기준인지는 알 수 없지만 우리 경제의 성취를 대변할 수 있는 지표임에는 분명합니다.

그런데 왜 우리나라 경제에 대해서는 칭찬보다는 걱정이 더 많을까요? 그 이유 중 하나는 고성장을 거듭하다 보니 눈높이가 높아졌기 때문입니다. 공부를 전혀 하지 않던 학생은 공부를 시작만 해도 성적이 오릅니다. 하지만 평균이 90점인 학생은 1~2점을 올리는 것도 어렵습니다. 한국 경제도 1980년대에는 1등 했는데, 1990년대부터는 왜 줄곧 2등이냐고 다그치기보다는 칭찬과 격려가 필요할지도 모릅니다.

우리나라의 성장률 부진에 대해서는 많은 의견이 있습니다. 규제 때문에 투자가 어렵다거나, 가계부채가 과다해서 내수 진작이 안 된다거나, 노조가 기업의 발목을 잡고 있다고 하기도 하고, 기업의 후진적 지배 구조를 문제 삼기도 합니다. 하지만 앞선 표를 보시면 우리나라뿐만 아니라 다른 나라도 성장률이 하락하고 있다는 것을 확인할 수 있습니다. 그렇다면 성장률 하락의 이면에는 우리나라를 포함해 모두가 직면하고 있는 어려운 문제가 있다고 생각하는 것이 자연스럽지 않을까요?

경제성장률 하락에는 다양한 이유가 있습니다. 그중 수확체감

아는 것이 '돈'이다

의 법칙, 인구증가율 둔화, 인구 고령화를 주요 요인으로 지목하고자 합니다.

첫째, 수확체감의 법칙은 자본을 투입할수록 얻을 수 있는 생산물이 점점 줄어드는 것을 의미합니다. 한 마을에 떡볶이 가게를 차려서 성공한 사장님이 대기 줄이 너무 길어지자 근처에 2호점을 냈습니다. 하지만 이 사장님이 같은 동네에 5호점까지 낸다면 모두 장사가 잘될까요? 가게가 늘어날수록 한 가게에서 벌어들이는 돈이 점점 줄어들 것입니다. 경제도 마찬가지입니다. 개발이 지속되고 경제가 발전할수록 같은 돈을 투자해서 얻을 수 있는 이익은 점점 줄어들고 이는 성장률 하락으로 이어집니다.

둘째, 인구증가율 둔화도 경제성장률 하락에 중요한 역할을 합니다. 《21세기 자본》의 저자 토마 피케티는 경제성장률을 다음과 같이 표현했습니다.

경제성장률 = 1인당 경제성장률 + 인구증가율

한 사람이 태어나면 사망할 때까지 생산하고 소비하는 과정이 발생할 수밖에 없기 때문에 위 수식은 어찌 보면 당연합니다. 인구가 폭발적으로 증가하는 경우에는 경제성장률이 떨어지기 어려운 구조가 자연스레 형성됩니다. 산업구조에 변화가 적었던 산업혁명 이전에는 한 사람이 일생 동안 생산하고 소비하는 규모에 큰 변화가 없었기 때문에 인구증가율과 경제성장률은 유사한 움직임을 보였습니다.

마지막으로 고령인구가 많아질수록 소비성향은 떨어질 수밖에 없습니다. 나이가 들수록 수입은 줄고 모아 놓은 돈을 허물어 써야 하기 때문에 젊은이들만큼 소비하기가 어렵고 신제품에 대한 욕구도 떨어집니다. 현재와 같이 기대수명이 늘어나는데 출생률 하락이 계속된다면 고령층의 비중이 계속 높아질 수밖에 없고 이는 성장률에 부정적인 영향을 미치게 됩니다.

그렇다면 우리가 다시 고성장 시대로 다시 진입하는 것은 가능한 일일까요? 안타깝지만 앞서 다룬 문제들을 해결할 만한 획기적인 방법이 없기 때문에 고성장 시대로 돌아가는 것은 어렵다고 이야기할 수밖에 없습니다. 그렇다면 우리 경제는 가망이 없는 것일까요? 질문을 바꿔야 할 때인지도 모릅니다. 영양실조인 사람이 건강해지려면 우선 잘 먹어야 합니다. 컨디션이 정상 범위까지 올라왔다면 근육량을 늘리고 면역력을 높이는 등 체질 개선에 신경을 쓸 차례입니다. 지금까지 우리나라가 경제성장률이라는 총량 지표를 최우선으로 관리해 왔다면 이를 보완할 개인의 삶의 질을 측정할 수 있는 지표를 찾아보려는 노력도 필요하다고 봅니다.

여러 매체에서 다양한 전문가들이 주장을 펼치지만 경제에 대한 진실은 사실 아무도 모릅니다. 경제전문가들은 지금 경기가 좋은 것인지, 나쁜 것인지도 정확하게 알지 못합니다. 지나간 과거 문제에 대해서도 해결책과 평가는 제각각입니다.

투자도 경제도 자신의 눈으로 보아야 합니다. 그래야 최소한 틀려도 억울하지 않습니다. 경제를 이해하는 방식에 정답은 없고 각자의 견해가 있을 뿐입니다. 경제에 관한 모든 해석과 논평은 저자의 의견에 지나지 않습니다. 이 글도 제 의견일 뿐 그 이상도 그 이하도 아닙니다. 각자가 할 수 있는 일은 꾸준히 공부해서 일리 있는 의견을 선별하고 충분히 소화해서 자신의 견해를 갖도록 노력하는 것입니다. 다만, 자신의 견해가 틀릴 수 있다는 점을 항상 명심해야 합니다. 자신의 의견에 반하는 사실이나 결과를 받아들일 줄 아는 자세가 필요합니다. 그러려면 무엇이 중요한 사실인지, 어떤 견해가 타당성이 높은지 판별하는 눈을 키워야 합니다. '공부'만이 그 눈을 키우는 유일한 방법입니다.

저성장 시대를
살아 내는 방법

··· 골목상권부터 직장까지 모두가 팍팍한 이유는? - 저성장의 나비효과

하루하루가 빠듯하고 답답하다고 하는 사람들이 많습니다.

경제적으로도 여유가 없고 직장에서도 즐거움이 별로 없습니다. 이것은 단순히 조직이나 세대 차이 문제 때문만은 아닌 것 같습니다. 저는 그 근본 원인에 저성장이 있다고 생각합니다. 저성장은 왜 우리를 힘들게 할까요?

기업 투자를 늘리는 것이 화두입니다. 투자 활성화를 위해 규제를 철폐하고 노동 시장을 유연화해야 한다는 주장도 자주 보입니다. 그런데 투자가 부진한 진짜 이유는 투자할 곳이 없다는 데 있습니다. 투자를 방해하는 장애물을 제거한다고 해서 투자계획이 없는 기업이 투자를 하지는 않습니다. 단지 기존에 투자계획이 있는 기업을 유치할 수 있을 뿐입니다. 장애물을 치우는 것이 도움은 되지만 근본적인 해결책은 아닙니다. 가상화폐 열풍을 생각해 봅시다. 수익이 날 것 같다고 하면 경제 주체들은 정부가 막아도 온갖 수단을 동원해서 투자(투기)를 합니다.

대기업이 골목상권을 침범하는 것도 투자할 곳이 없기 때문입니다. 사회기반시설이 부족하던 예전에는 대기업이 할 수 있는 일이 너무나 많았습니다. 대기업도 중소기업의 도움이 절실했습니다. 골목상권 같은 것은 쳐다볼 여유도 없었습니다. 수익성 있는 투자처를 찾기 어렵다 보니 그곳이 골목상권이라도 관심을 갖게 된 것입니다. 대형마트의 강제 휴일을 지정할 무렵, 언론에서 선진국의 골목상권 보호 관련 법안에 대해 다룬 적이 있습니다. 이는 다른 선진국들

아는 것이 '돈'이다

도 이미 대기업의 골목상권 침범 문제를 겪었다는 뜻입니다. 대기업의 골목상권 침범도 우리만의 문제라기보다는 저성장의 부작용이라고 봐야 합니다.

기업이 투자할 곳이 없다는 것은 성장이 어렵다는 뜻입니다. 성장이 어려운 기업에서는 여러 가지 문제가 발생합니다. 고성장 시대에는 신규 사업이 많았기 때문에 일손은 늘 부족했지만 승진 자리는 많았습니다. A는 A의 일을 하기에 바쁘고 B는 B의 일을 하기에 바빴지요. 예전에는 주어진 일을 잘하는 것이 능력이었다면 지금은 새로운 일을 찾아내는 것이 중요한 능력이 되었습니다.

각자 일을 하기에 바빴던 A와 B는 새로운 일을 찾고 있습니다. 어느 날 A가 드디어 수익이 예상되는 신규 사업을 찾아냈습니다. A는 자신의 아이디어를 보고하고 사업에 착수합니다. 그런데 갑자기 B가 나타나 A의 신규 사업이 업무분담상 자신의 일이라며 본인이 진행하겠다고 합니다. B의 말이 틀린 것은 아니지만 그렇게 되면 자신의 공이 B에게 넘어갈 것 같아 억울한 생각에 A는 B를 비난하고 둘은 서로 싸우게 됩니다. 평소 자기 일도 남에게 미루던 B가 성과가 나는 일은 빼앗아 가려고 하자 A는 더욱 짜증이 납니다. 부하직원 C는 A와 B가 같은 일에 대해 각자 물어보고 다른 지시를 내려 누구 말대로 해야 할지 혼란스럽기만 합니다.

직장 5년 차 C도 나름대로 고민이 많습니다. 이 일이 시작된 것도 자신의 기획안에서 비롯된 것인데, 상사인 A가 보고에서 자기의 이름을 누락했기 때문입니다. 대부분의 실무는 본인이 하는데 공치사는 A나 B의 몫일 게 뻔해 의욕이 나질 않습니다. 옆자리 후배의 말처럼, 어차피 그 일 열심히 한다고 해서 승진하는 것도 아닌데 괜히 무리하지 말아야겠다는 생각도 듭니다. 탐탁지 않지만 욕먹지 않을 정도로만 일하고 자기 생활 즐기는 옆자리 후배가 현명한 것이 아닌지 고민에 빠집니다.

조직에 속하지 않은 사람들도 저성장의 영향을 벗어날 수는 없습니다. 빈부격차가 무시하려 해도 신경이 쓰입니다. 부모님 세대에는 고등교육을 받아 좋은 직장을 갖는 것이 재산을 물려받는 것보다 중요했습니다. 고소득이 가능한 신산업이 많이 생겨났기 때문에 당시 부모들은 소와 땅을 팔아 자녀들을 대학에 보냈습니다. 노동의 기대수익이 자산에서 발생하는 수익보다 훨씬 높을 것으로 기대했기 때문입니다.

하지만 지금은 한정적인 재산을 교육비에 쓰는 것과 자녀가 성인이 되었을 때 유산으로 남겨 주는 것 중에서 고민을 해야 하는 시기입니다. 교육에 투자해서 아주 탁월한 성과를 얻지 못하는 이상 자녀들의 예상 수입이 뻔하기 때문에 물려주는 편이 훨씬 나을 수 있습니다. 실제로 경제와 기업의 성장이 둔화되면서 직장에서 기대할 수 있는 소득보다 투자 소득이 높은 경우를 자주 볼 수 있습니다. 가구당 자녀 수가 감소하면서 재산 상속이 더욱 소수에게 집중되고

아는 것이 '돈'이다

있기 때문에 빈부격차가 더욱 확대될 우려가 있습니다.

성장의 과실 부족으로 기업이 직원들의 동기부여에 어려움을 겪는 가운데, 많은 취준생들이 안전한 공무원이나 공기업으로 몰리고 있습니다. 중소기업의 월급이 아르바이트와 크게 다르지 않은 상황에서 선택의 여지가 많지 않은 것도 사실입니다. 하지만 공무원은 경쟁이 매우 치열해 합격 가능성이 낮은 데다 실패할 경우 대안을 찾기도 쉽지 않습니다. 또한 안전성을 얻기 위한 도피적 선택임에도 기대만큼 안전한 것도 아닙니다. 공무원과 공기업의 복지도 축소되고 있습니다. 공무원 연금개혁이 현실이 될 수도 있지요. 안정적인 곳에서 일할수록 자리에 안주해서는 안 됩니다. 온실에 있을수록 겨울을 대비하지 않으면 어려운 시기가 닥칠 경우 충격을 견뎌 내기가 더욱 어렵습니다.

어려운 시기인 것은 분명하지만 그렇다고 나쁜 소식만 있는 것은 아닙니다. 지금 이 순간에도 고성장이 가능한 새로운 산업이 나타나고 있고 이 산업의 주인공은 청년들입니다. 고성장 산업이 무엇인지 관심을 기울이면 취업을 통해서든 투자를 통해서든 성과를 얻을 수 있습니다. 물론 실패의 위험을 생각하지 않을 수 없습니다. 하지만 공무원이나 공기업에 대한 도전도 실패할 수 있는 것은 마찬가지입니다. 단지 수입을 위한 일을 찾는 소극적 자세보다는 적극적인 대응이 중장기적으로 더 나은 해결책이 될 수 있습니다.

저축과 투자 역시 개인이 할 수 있는 중요한 대안입니다. 월급이 적은 것은 당장 바꾸기 어렵지만 적은 월급이라도 마중물이 될 수 있습니다. 저성장은 저금리를 야기하고 저금리는 유동성을 풀어 놓습니다. 투자처를 찾는 돈이 매우 많기 때문에 자산 시장은 차갑기보다는 뜨거울 가능성이 높습니다. 저축과 현명한 레버리지를 이용한다면 지금보다 나은 미래는 충분히 가능한 일입니다.

··· 금리란 무엇인가? - 저금리 시대의 생존원칙

① 금리와 자산 시장 판도

금리는 쉽게 말해 이자율입니다. 돈을 빌렸을 때 원금 대비 얼마의 이자를 내야 하는지 알려 주는 척도입니다. 김장철에 배추가 부족하면 배춧값이 오르듯이, 돈을 빌리려는 사람(돈의 수요)이 많거나 돈을 빌려주는 사람(돈의 공급)이 줄어들면 금리는 상승하게 됩니다. 반대로 돈을 빌려주려는 사람은 많은데 불경기 등으로 돈을 빌리려는 사람이 적다면 금리는 하락합니다.

금리가 오르거나 내린다고 해서 뭐가 달라지는지 체감하기 어려울 수도 있습니다. 거액 예금이나 대출을 보유한 경우가 아니면 실생활에서 차이를 느끼지 못할 수도 있습니다. 하지만 부자들은 금리에 매우 민감합니다. 100만 원의 1%는 만 원에 불과하지만 100억원의 1%는 1억 원에 해당하기 때문입니다. 부자들은 금리의 작은 변화에도 수익이 크게 변하기 때문에 금리에 민감할 수밖에 없습니다.

금리는 모든 가치평가의 기본이자 자금 이동의 원인으로 작용합니다. 주식이든 부동산이든 자산의 적정 가치를 측정하는 가장 기본적인 방법은 해당 자산이 미래에 벌어들일 수익을 적절한 금리를 이용해 현재 가치로 환산하는 것입니다. 따라서 금리가 변동하면 주식과 부동산의 적정 가격도 이를 반영해 변동하게 됩니다.

만약 어떤 기관 투자자가 예금금리가 2%일 때 기대수익이 5%인 주식에 투자하고 있다고 가정합시다. 예금금리가 3%로 오른다면 이 기관 투자자는 예금보다 고작 2%p 높은 수익률을 얻기 위해 가격 변동이 큰 주식을 보유하는 것이 옳은 것인지 고민하게 될 것입니다. 반대로 예금금리가 1%가 된다면 전에는 투자하기 어려웠던 기대수익 4%의 주식에도 투자를 집행할 수 있습니다. 기관 투자자들은 작은 수익률 변화에도 민감하게 움직입니다. 시장을 주도하는 기관의 자금이 금리변동에 따라 움직이면 자산 시장도 이들의 움직임에 따라 판도가 바뀌게 됩니다.

② 금리하락 추세의 원인

한국은행은 왜 금리를 조정하는가?

한국은행이 금리를 내리면 돈을 푼다고 하고, 금리를 올리면 자금을 거둬들인다고 합니다. 이게 무슨 뜻일까요? 금리를 내리면 이

자부담이 줄어들기 때문에 대출을 받으려는 사람이 늘어나고 대출로 투자를 고려하는 기업도 증가합니다. 결국 돈을 빌리는 경우가 많아지면서 시중에 자금이 풍부해집니다. 이렇게 시중에 돈이 흔해지면 자산가격이 상승하고 경기가 활성화됩니다. 반대로 경기가 과열될 경우 한국은행은 금리를 올려 경기를 진정시키려는 노력을 하게 됩니다.

금리는 무엇에 영향을 받는가?

금리는 경제성장률과 물가의 영향을 받습니다. 경제성장률이 높다는 것은 경기가 좋다는 뜻으로 해석할 수 있고, 경기가 좋을 때는 돈의 수요가 많아져 금리가 오르게 됩니다. 물가가 올랐다면 돈을 빌려주는 이는 물가가 오른 만큼은 이자를 더 받으려는 욕구가 생기게 되고 이는 금리상승으로 이어집니다. 따라서 경제성장률과 물가가 올라갈수록 금리도 그에 따라 상승하고, 반대로 경제성장률과 물가가 하락하면 금리도 떨어지게 됩니다.

금리는 왜 하락하는가?

다음의 그래프에서 볼 수 있듯이 우리나라뿐만 아니라 다른 나라에서도 금리는 장기적으로 하락하고 있습니다. 이것은 경제성장률과 물가가 장기적인 하락세를 보이고 있기 때문입니다. 예전에는 물가상승에 따른 부작용이 컸기 때문에 중앙은행이 금리를 올리는 데 적극적인 모습을 보였지만, 최근에는 물가가 부진한 데다 경기 부진이 장기화되고 있기 때문에 중앙은행도 금리인상보다는 금리인하

아는 것이 '돈'이다

에 관대해지고 있습니다.

독일, 미국, 영국, 일본 금리 변화 추세

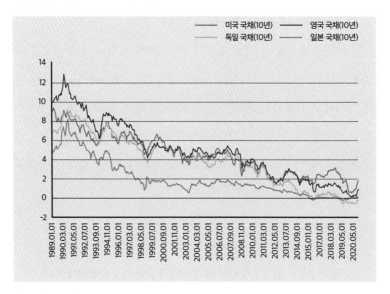

자료: 한국은행

⋯ 저금리 시대의 생존법

① 현금흐름이 발생하는 자산을 확보하라

　　직장인이라면 누구나 퇴직을 하기 마련입니다. 예전 고금리 시절에는 10억 원이면 은행에만 맡겨도 여유로운 노후를 보낼 수 있었습니다. 지금은 10억 원을 예금해도 1년에 이자로 2천만 원을 받기도 힘듭니다. 저금리 시대일수록 현금흐름이 나오는 자산이 중요합니다. 특히, 금리하락과 고령화 추세가 바뀌지 않는다면 현금흐름이 발생하는 자산의 가격이 점점 더 우위를 보일 가능성이 높습니다.

② 직장과 연봉의 중요성이 더욱 커진다

"월급쟁이가 다 거기서 거기"라는 말이 있습니다. 요즘에도 사업을 하거나 임원이 되지 않는 이상 직장인은 대부분 큰 차이가 없을 것이라고 생각하는 경우가 많습니다. 이 말이 정말 맞는지 연봉의 가치 계산을 통해 알아보겠습니다. 계산법은 간단합니다. 은행에 얼마를 넣어야 이자소득으로 현재 연봉만큼을 받을 수 있는지 가늠해 보면 됩니다.

고금리 시대(금리 10% 가정):

연봉 3천만 원 = 3억 원의 가치, 연봉 6천만 원 = 6억 원의 가치

저금리 시대(금리 2% 가정):

연봉 3천만 원 = 15억 원의 가치, 연봉 6천만 원 = 30억 원의 가치

고금리 시대에 연봉 3천만 원과 6천만 원의 차이는 3억 원입니다. 결코 적은 돈은 아니지만 노력하면 충분히 만회할 수 있는 금액입니다. 하지만 저금리 시대에는 이 차이가 3억 원에서 15억 원으로 벌어집니다. 이 정도 금액이면 쉽게 따라잡을 수가 없습니다. 실제로 연봉 3천만 원인 직장인이 가정을 꾸릴 경우 아마 저축할 돈을 확

보하기 어려울 것입니다. 하지만 연봉 6천만 원인 사람은 노력에 따라 1년에 2천만~3천만 원을 모으는 것도 가능합니다. 이 상태가 수년간 지속된다면 둘 사이의 간격은 점점 더 벌어질 수밖에 없습니다.

금리가 2%로 떨어지니 몸값이 3억 원에서 15억 원으로 5배가 올랐다고 마냥 좋아할 일이 아닙니다. 퇴사 후에도 직장을 다닐 때의 생활수준을 그대로 유지하려면 고금리 시대보다 5배의 돈을 마련해야 한다는 뜻입니다. 결국 월급의 가치가 5배가 되었다는 의미로 해석할 수 있고 경제적 측면만 본다면 직장과 월급의 중요성이 5배로 증가했다고 생각할 수 있습니다.

다시 말하면 저금리 시대의 퇴사와 이직은 고금리 시대보다 5배는 더 준비해야 한다고 볼 수 있습니다. 단지 지겹다는 이유로 특별한 목적 없이 이직과 퇴직을 반복하고 급여도 제자리라면 퇴사 후엔 더욱 차가운 현실이 기다리고 있을 것입니다. 퇴사 후 계획이 명확하지 않거나 퇴사에 분명한 목적이 있는 것이 아니라면 현재 직장이나 본업에 충실해야 합니다. 승진의 중요성 역시 저금리 시대에는 훨씬 더 중요하다고 할 수 있습니다.

③ 저축과 투자가 점점 더 중요해진다

경기 부진이 지속되고 있으니 당연히 부동산이나 주식 시장도 별 볼 일 없어야 할 것 같은데, 최근 수년간 시장이 급등해서 의아해하시는 분들이 있을 것 같습니다. 자산 가격이 급등한 것은 여러 이유가 있겠지만 중요한 이유 중 하나는 저금리 때문입니다. 저금리 지속으로 시중에 자금이 풍부해졌고, 자금이 부동산으로 쏠려 가격이 상승하게 된 것입니다.

경기는 지지부진하고 월급은 그대로인데, 부동산 가격이 오르면서 빈부격차는 더 확대되었습니다. 월급은 제자리인데 자산가격만 상승한다면 이를 따라잡을 수 있는 방법은 투자밖에 없습니다. 고금리 시대에는 경기가 좋다 보니 투자 외에도 돈을 벌 수 있는 방법이 많았고 월급도 올랐습니다. 하지만 저금리 시대에는 직장이나 본업에서 큰 성공을 이룰 방법을 찾아내지 못하는 이상 저축과 투자에 기댈 수밖에 없습니다.

소득을 높일 만한 특별한 계획이 없다면 당연히 현재의 직장과 본업에 충실해야 합니다. 또한, 지금의 일이 매우 높은 가치를 지닌 자산임을 인식해야 합니다. 투자를 한다면 노후를 대비하여 현금흐름이 발생하는 자산에 투자해야 합니다. 저금리 시대일수록 매달 들어오는 월급의 가치를 제대로 알고, 미래를 위한 투자에 훨씬 더 관심을 기울여야 한다는 것을 기억해야 합니다.

아는 것이 '돈'이다

환율의
이해

··· 환율과 외환 시장의 이해

경제와 금융 시장을 이해하는 데 꼭 필요한 것 중 하나가 환율입니다. 그런데 경제나 금융 시장에 큰 관심이 있는 사람이 아니라면 해외여행을 갈 때를 빼고는 환율의 파급력을 느끼기란 쉽지 않습니다. 환율은 경제를 이해하고 투자를 실행하기 위해 꼭 한 번 짚고 넘어가야 할 주제입니다.

① 환율의 정의

환율이란 통화 간의 교환비율을 뜻합니다. 보통 외국화폐 기본 단위와 교환되는 원화 수량을 의미합니다. 달러/원 환율이 1,200원이라는 것은 1달러를 받으려면 1,200원을 내야 한다는 의미입니다. 마찬가지로 유로/원 환율이 1,300원이면 1,300원을 내고 1유로를 받을 수 있다는 뜻입니다.

② 환율과 통화 가치의 관계

언론에서 말하는 환율은 보통 달러/원(USD/KRW) 환율을 의미하는 경우가 많습니다. 기사 제목에 환율 급등이나 급락, 이런 말이 나오면 달러/원 환율로 생각하시면 됩니다. 환율이 오른다는 것은 1,200원 하던 달러/원 환율이 1,300원이 되었다는 뜻입니다. 그 말은 예전에는 1달러를 얻으려면 1,200원을 냈는데, 지금은 1달러를 받으려면 1,300원이 필요하다는 의미입니다. 결국 환율이 올랐다는 것은 달러 가치가 상승했다는 말이고, 환율이 떨어졌다는 것은 달러 가치가 하락했다는 말입니다. 원화 측면에서 보면 환율 상승은 원화 가치 하락(원화절하), 환율 하락은 원화 가치 상승(원화절상)과 같은 말입니다. 환율과 원화 가치는 반대로 움직인다고 생각하면 됩니다.

환율과 통화 가치의 관계가 헷갈리는 이유 중 하나는 특정 통화의 경우 환율의 표기방법이 반대이기 때문입니다. 원화는 환율을 표기할 때 다른 통화를 기준으로 ○○원의 방식으로 표시하는데, 몇몇 통화는 해당 통화를 기준으로 ○○달러의 방식으로 표시합니다. 달러/원 환율이 1,200원이면 1달러에 1,200원이라는 뜻이고 유로/원 환율이 1,300원이면 1유로에 1,300원이라는 뜻입니다. 그런데 유로/달러의 경우 일반적인 경우와 달라 혼동하기 쉽습니다. 유로 환율(유로/달러)이 1.2라고 하면 1유로에 1.2달러라는 뜻입니다. 따라서 유로/달러는 원화와 반대로 환율이 올라가면 유로의 가치가 오른다는 뜻이고 환율이 떨어지면 유로의 가치가 하락한다는 뜻입니다. 이런 방식으로 환율을 표기하는 통화에는 유로(EUR), 영국 파운드(GBP), 호주 달러(AUD) 등이 있습니다. 환율 관련 기사가 이해가 잘 안될 때는 어느 통화에 대한 이야기인지, 기준이 되는 통화가 무엇인지 꼭 확인하기 바랍니다.

아는 것이 '돈'이다

통화	환율 상승	환율 하락
원화(달러/원, 유로/원, 엔/원 등)	원화 가치 하락	원화 가치 상승
일본 엔, 스위스 프랑, 중국 위안, 홍콩 달러 등 대부분	해당 통화 가치 하락	해당 통화 가치 상승
유로/달러, 파운드/달러, 호주달러/달러 등	통화 가치 상승	통화 가치 하락

③ 외환 시장, 수요와 공급

　　주가가 주식 시장에서 결정되는 것과 마찬가지로 환율은 외환 시장에서 결정됩니다. 달러/원 환율이 1,195원인지 1,200원인지는 외환 시장 거래가격으로 결정되는 것이죠. 주식 시장에서 돈을 지급하고 주식을 살 수 있듯이 외환 시장에서는 원화를 지급하고 달러를 살 수 있습니다. 달러를 팔고 원화를 받을 수도 있지요. 주식을 사려면 증권사를 통해 거래해야 하듯이 외화를 거래하려면 은행을 통해야 합니다.

　　외환 시장에 달러를 공급하는 대표적인 주체는 수출 기업들입니다. 달러로 받은 수출 대금을 은행을 통해 외환 시장에서 매도하여 원화를 받아 갑니다. 한국에 투자하려는 해외 투자자들도 달러를 공급합니다. 국내 주식이나 채권, 부동산 등에 투자하려면 원화가 필요하기 때문입니다. 공기업이나 대기업이 외국 투자자들을 대상으로 달러 채권을 발행하는 경우가 있습니다. 이들 기업은 투자자로부터 달러를 받고 정해진 시점에 달러로 이자를 지급하다 만기에 달러로 원금을 상환합니다. 이렇게 조달한 달러 자금 중 일부는 다시 원화로 환전되어 국내 사업에 사용되기도 하는데, 이런 경우에도 외환 시장에 달러가 공급됩니다.

반대로 달러가 필요한 이들도 있습니다. 수입상들은 수입대금을 달러로 결제해야 하기 때문에 달러를 사야 하고, 개인들도 해외여행을 가거나 유학비를 내려면 달러를 사야 합니다. 해외 투자자들의 경우도 한국에 대한 투자가 종료되면 자산을 매각한 자금을 다시 달러로 바꿔야 하기 때문에 달러 수요자가 됩니다.

외환 시장에서는 달러 공급자와 수요자가 은행을 통해 거래하게 되고, 공급(달러 매도)이 우위에 있게 되면 환율이 하락하고 수요(달러 매수)가 우위를 점하면 환율이 상승합니다. 환율은 국내에 달러가 풍부하면 하락하고, 달러가 부족하면 상승합니다. 환율이 상승한다는 것은 달러를 사는 데 더 많은 원화가 필요하다는 뜻이고 달러 공급보다 수요가 많아 달러 가치가 올라간다는 의미입니다. 이런 경우 달러를 사려는 사람은 비용이 증가하고 달러를 팔려는 사람은 수익이 증가합니다. 반대로 환율이 하락하는 경우는 달러 매도자의 수익이 감소하고 달러 매수자는 비용이 절감됩니다. 결국 환율은 국내에 달러가 남는지 부족한지 판단하는 척도가 됩니다.

④ 환율변동의 원인

달러의 강세와 약세

원화 가치에 별다른 움직임이 없어도 달러 가치가 오르거나 내림에 따라 환율이 달라질 수 있습니다. 미국의 경제성장률이나 기업 수익이 월등해 미국에 대한 투자 수요가 증가하면 달러에 대한 수요도 늘어나 달러 가치가 상승하게 됩니다. 이런 경우 유로나 엔 등 주요 국제통화 대비 달러 가치가 높아지고 이런 현상을 글로벌 달러 강세라고 합니다. 이렇게 주요 통화 대비 달러의 가치가 올라갈 경우 달러/원 환율은 상승 압력을 받습니다.

원화의 강세와 약세

달러 가치와 마찬가지로 원화도 가치가 변동합니다. 한국은 재정건전성이 우수하고 위기관리 능력이 향상되어 일본을 제외한 아시아에서 가장 높은 수준의 신용도로 평가받고 있습니다. 한국 국가 신용도가 개선되고 국내 기업들의 경쟁력이 향상되는 경우에는 원화 가치도 상승(환율 하락)하게 됩니다. 반대로 일본의 필수 품목 수출 제한처럼 한국에 악영향을 미치는 소식이 늘어나면 원화 가치는 하락(환율 상승)하게 됩니다.

금리차

금리가 높을수록 해당 통화는 강세를 나타냅니다. 자금은 금리가 높은 곳으로 이동하기 때문에 금리가 높으면 그 통화에 대한 수요가 늘어나기 때문입니다. 원화를 예로 들면, 한국은행이 기준금리를 인상하면 원화 강세(환율 하락), 인하하면 원화 약세(환율 상승) 쪽으로 시장이 반응하게 됩니다. 다만, 금리 수준 자체보다는 비교 대상 국가와의 금리차가 더 중요합니다. 한국이 25bp(0.25%) 금리 인상을 했더라도 같은 시기에 미국이 50bp(0.50%)를 인상한다면 원화는 오히려 약세 압력을 받을 수 있습니다.

안전자산 선호 vs. 위험자산 선호

금융 시장이나 경제에 위기감이 고조되면 투자자들은 자산을 매각하거나 달러나 금처럼 안전한 자산으로 옮겨 가려는 움직임을 보입니다. 이러한 현상을 안전자산 선호(위험자산 선호 약화, risk-off, fly-to-quality)라고 합니다. 안전자산 선호 현상이 두드러지면 달러 강세가 나타나고 달러/원 환율이 상승 압력을 받게 됩니다.

경제성장률이 높아지고 주식 시장이 활황을 보이면 사람들은 어느덧 두려움을 잊고 고수익을 찾아 주식, 파생상품, 신흥국 등에 대한 투자를 확대하게 됩니다. 이렇게 리스크 관리보다 수익 추구를 중시하게 되는 현상을 위험자산 선호(안전자산 선호 약화, risk-on)라고 합니다. 이런 시기에는 우리나라를 비롯해 신흥국들에 대한 투자가 확대되며, 달러/원 환율은 주로 하락세를 나타냅니다.

시장의 수요와 공급(수급)

대표적인 달러 공급자와 수요자는 수출 기업과 수입 기업입니다. 수출이 증가해 수출 기업이 벌어들이는 달러가 많아지면 달러 공급이 늘어나 달러/원 환율은 하락하게 됩니다. 2000년대 중반에는 국내 조선산업이 엄청난 호황이었습니다. 당시에는 조선 업체들의 수주 소식이 들릴 때마다 달러/원 환율은 하락 압력을 크게 받았습니다.

반대로 수출보다 수입이 증가하면 달러/원 환율은 상승 압력을 받게 되는데, 실제로 우리나라에서 이런 일은 잘 일어나지 않습니다. 국내 수출산업 비중이 워낙 큰 데다, 수입품 중에서도 수출품 생산에 필요한 원자재나 설비 등이 많은 비중을 차지하기 때문입니다. 수급요인으로 환율이 상승하는 경우는 주로 외국인 투자자들이 투자했던 자금을 본국으로 회수하기 위해 달러를 되살 때 나타나는 경우가 많습니다.

환율에 영향을 주는 요인은 이것 이외에도 많고 시장은 늘 변합니다. 환율 관련 정보를 접할 때마다 외환 시장의 주요 이슈가 무엇인지, 그것이 어떤 영향을 주는지 파악하는 연습을 꾸준히 해야 합니다.

… 환율의 영향 - 원화 강세와 약세, 무엇이 좋을까?

① 경제 영향

가격(물가)

　환율이 상승한다는 것은 원화 가치가 떨어진다는 것과 동일한 의미입니다. 이는 수입품 가격이 오른다는 뜻이기도 합니다. 환율이 1,000원에서 1,100원이 되면 1달러짜리 물건을 사는 데 100원을 더 지불해야 합니다. 원유를 비롯해 각종 원자재, 식료품, 기계류 등 수입에 의존하는 모든 제품의 가격은 환율이 오름에 따라 상승합니다. 수입품 가격 상승은 물가상승을 자극합니다. 특히, 환율이 올라 원유를 더 비싼 가격으로 수입하게 되면 수많은 제품과 서비스의 원가가 상승하게 됩니다. 원유는 전력 생산, 운송 및 교통, 난방, 생산설비 운영, 플라스틱과 합성섬유 제조 등 산업 전반에 영향을 미치기 때문입니다. 반대로 환율이 하락하게 되면 물가는 수입제품 가격 하락으로 하향 압력을 받게 됩니다.

경기

　수입업체는 환율상승이 달갑지 않습니다. 환율이 상승할수록 더 많은 원화를 지불해야 하기 때문입니다. 하지만 수출업체 입장에서는 환율 상승이 매우 반가운 일입니다. 수입품 가격이 오르는 것과 마찬가지로 수출품 가격도 오르기 때문이지요. 똑같이 1달러어치를 수출했더라도 예전에는 1,000원을 받았지만 환율이 100원 오르면

1,100원을 받을 수 있습니다. 따라서, 환율이 오르면 수출업체는 수익이 늘고 수입업체는 비용이 증가합니다. 우리나라는 경제에서 수출이 차지하는 비중이 높기 때문에 환율이 오르는 것이 성장에 도움이 됩니다.

개인 입장에서는 환율 하락이 더 유리합니다. 환율이 하락하면 원화 가치가 오르기 때문에 수입품을 싸게 살 수 있고 해외여행도 저렴하게 다녀올 수 있습니다. 독일 고급 차들이 국내에 이렇게 많아진 것도 유로/원 환율 하락의 영향이 큽니다. 2010년경 1,600원대를 넘나들던 유로/원 환율이 최근 1,300원대로 하락했습니다. 국내 시장에서 유럽 차의 가격경쟁력이 크게 좋아진 것입니다. 반면 환율이 상승하면 수입품 가격이 오르고 물가가 상승하기 때문에 개인에게는 좋을 것이 없습니다.

따라서 기업 측면에서는 환율 상승이 유리하고 개인 입장에서는 환율 하락이 좋습니다. 그렇다면 한국 경제에는 환율 상승과 하락 중에 어느 것이 도움이 될까요? 아직까지는 경제성장에 환율상승이 유리하다는 것이 정설입니다. 수출산업 비중이 높은 우리나라에서는 수출 기업의 이익이 증가하면 고용과 임금도 따라 증가해 개인에게도 도움이 됩니다. 이런 효과를 낙수효과라고 합니다. 요새는 낙수효과가 예전만 못 하다고 합니다. 그러나 낙수효과가 줄었다고 할 수는 있어도 사라졌다고 단정 짓기는 어렵습니다. 따라서 환율 하락보다는 상승이 우리나라 경제성장에 유리하다고 볼 수 있습니다.

더불어 환율전쟁이라는 말을 종종 보실 수 있을 텐데요, 여러 국가들이 서로 자국 통화 가치를 낮추기 위해 고군분투한다는 뜻입니다. 이런 사실을 보더라도 비단 우리나라뿐만 아니라 많은 국가들이 자국 경제성장을 위해 환율상승(자국 통화 가치 하락)을 선호한다는 사실을 알 수 있습니다.

② 자산 시장 영향

환율이 오르면 경제성장과 기업실적에 보탬이 되기 때문에 환율 상승은 주식 시장에 호재가 될 수 있습니다. 외국인 투자자 입장에서도 원화 자산을 싼 가격에 살 수 있는 기회가 되기 때문에 한국으로 투자금이 들어오기도 합니다.

적당히 높은 환율은 경제성장에 도움이 되지만, 급등하는 환율은 위기의 전조로 생각되는 경우가 많습니다. 한국에 투자한 외국 자본이 대거 철수하거나 경제주체들이 불안감에 달러를 사들일 때 환율이 급격히 상승하기 때문입니다. 실제로 1997년 외환위기, 2008년 금융 위기 두 번 모두 우리는 환율 급등을 경험했습니다. 1997년은 한국을 비롯한 아시아 신흥국에서, 2008년은 미국에서 위기가 발생했지만 진원지의 위치와 상관없이 달러/원 환율은 급등을 피할 수 없었습니다.

달러/원 환율이 급등하면(원화 가치가 급락하면) 외국에 지불할 돈이 있는 경제주체들은 달러 결제를 위해 훨씬 많은 원화를 지급해야 하기 때문에 곤경에 처하게 됩니다. 또 수출업체라 할지라도 부품이나 원재료를 수입하는 경우에는 수출 대금이 들어올 때까지 버틸 자금이 없다면 유동성 위기를 겪게 됩니다. 따라서 환율 급등은 주식 시장에 악재로 작용합니다. 국내에 투자한 외국인들도 원화 가치 하락에 따른 추가 손실을 피하기 위해서는 자산을 매각할 수밖에 없습니다. 결국 환율 급등은 주식, 채권, 부동산 등 자산 시장 전반에 악영향을 끼치게 됩니다.

환율이 하락할 때는 경제와 시장이 안정적일 가능성이 높습니다. 환율이 하락하려면 수출이 양호하고 외국인들의 투자도 활발해 국내에 달러가 충분히 공급되어야 하기 때문입니다. 이런 상황에서는 주식을 비롯해 자산 시장 전반이 상승세를 나타낼 가능성이 높습니다. 환율 하락이 예상될 경우에는 외국인 투자자금 유입이 더 증가할 수도 있습니다. 다만, 우리나라 여건상 환율 하락이 수출 기업의 경쟁력을 훼손할 정도라면 경계심을 갖는 것이 현명합니다.

경제 영향을 다룰 때는 환율 상승이 경제성장에 좋다고 하더니 시장 영향을 다룰 때는 환율 하락이 좋다고 하니 혼란스러울 수 있습니다. 환율은 한쪽 측면만 보고 단정 짓기는 어려운 주제입니다. 상승은 무조건 나쁘고, 하락은 항상 좋다는 식의 단편적인 구분은 피해야 합니다. 상승이나 하락의 속도와 폭은 어떠한지, 환율이 움직이는 배경이 무엇인지 종합적으로 판단해야 상황을 제대로 볼 수 있습니다.

정리해 보면 다음과 같습니다.

1. 완만한 환율 상승은 경제성장에 도움이 되나, 급격한 상승은 위기의 신호일 수 있다.
2. 수출 기업의 경쟁력이 훼손되지 않는 한 환율 하락은 국내 경제가 양호하다는 의미일 수 있다.

··· 환율을 대하는 자세 - 달러 투자, 꼭 해야 하나?

① 환율 전망이 어려운 이유

주식 시장의 거래 단위와 주가 표시 단위를 삼성전자(Samsung Electronics) 주식으로 바꾸면 어떻게 될까요? 삼성전자가 1주에 5만 원이라면 10만 원짜리 A 주식은 2se, 8만 원짜리 B 주식은 1.6se가 되겠네요. 만약 삼성전자 주가가 4만 원으로 하락하면 A 주식은 2.5se, B 주식은 2se가 됩니다. 이런 상황에서 주가를 예측하려면 해당 기업에 대한 분석뿐만 아니라 삼성전자에 대한 분석도 동시에 수행해야 합니다. A 기업의 실적이 20% 개선된다고 목표주가를 상향하면 안 됩니다. 삼성전자 주가가 20% 넘게 오르면 A 기업의 주가는 오

아는 것이 '돈'이다

히려 하락할 수도 있습니다. 예측해야 하는 변수가 늘어나기 때문에 전망이 틀릴 확률도 당연히 높아집니다.

달러/원 환율도 달러 가치와 원화 가치 두 가지를 동시에 분석해야 제대로 된 예측을 할 수 있습니다. 달러가 주요 통화 대비 강세를 나타내더라도 원화의 강세폭이 더 크다면 원화 가치는 상승(환율 하락)할 수 있습니다. 달러 강세 요인과 원화약세 요인이 같이 발생한다면 원화 약세(환율 상승)는 심화될 것입니다. 이처럼 환율을 예측하려면 최소 두 나라의 경제와 금융 시장 여건 등을 종합적으로 판단해야 합니다. 그렇기 때문에 환율 전망을 절대로 만만히 보아서는 안 됩니다.

A 국가와 B 국가가 있다고 가정해 보겠습니다. A에서 심각한 경제 위기가 발생했습니다. 투자자들은 A에서 B로 자금을 옮기려 하고 A 국 사람들도 A 국 통화보다는 B 국 통화를 구하려고 난리입니다. A 국의 환율은 급등세(통화 가치 급락)를 보입니다. 하지만 시간이 좀 지나자 통화 가치 하락으로 저렴해진 A 국 물건을 B 국 기업들이 수입하기 시작합니다. A 국 여행상품도 통화 가치가 하락한 것을 계기로 인기를 끌게 됩니다. A 국의 국제수지가 점차 개선되기 시작하고 A 국의 기업실적도 개선되자 투자자들도 하나둘 A 국으로 투자를 재개합니다. A 국 환율은 슬금슬금 내려가기 시작(통화 가치 상승)합니다.

A 국이 위기를 겪으면서 A 국으로 투자되던 자금이 상대적으로 안전한 B 국으로 몰리게 됩니다. 이에 따라 B 국은 환율이 하락하고 통화 가치가 상승합니다. B 국 사람들은 자국 통화의 가치가 상승한 덕에 수입품 구매와 해외여행을 싼값에 누릴 수 있게 됩니다. B 국 기업들도 국내 생산품보다는 값싼 A 국의 제품을 선호하게 됩니다. 이에 따라 점차 B 국의 국제수지가 악화되기 시작하고 외국인 투자자들도 투자를 줄이면서 B 국의 환율이 조금씩 상승(통화 가치 하락)하기 시작합니다.

이처럼 한 국가의 경제상황이 악화되어 환율이 급등하고 통화 가치가 하락하면 가격 경쟁력이 향상되기 때문에 점차 수출이 회복되며 환율이 하락하게 됩니다. 반대로 환율이 하락하고 통화 가치가 상승하면 수입이 늘어나게 되고 이에 따라 국제수지가 악화되며 환율은 상승합니다. 1997년 외환위기 당시 우리는 생각보다 빨리 위기를 벗어날 수 있었습니다. 당시 환율 급등으로 많은 국민들이 고통을 겪었지만, 고환율로 인해 수출품 가격경쟁력이 향상되면서 위기를 극복하는 데 큰 보탬이 되었습니다. 경제가 회복되자 결국 환율도 하락세로 돌아섰지요.

가격이 과도하게 오르면 매도자가 늘어나 가격이 하락하고 반대로 급락하면 매수자가 늘어나 가격이 상승하는 것처럼 환율도 균형으로 복귀하려는 성질이 있습니다. 그런데 일각에서 이런 성질을

아는 것이 '돈'이다

무시하고 환율에 대해 단편적인 견해를 제시하는 경우가 종종 있습니다. 나쁜 지표들만 모아서 조만간 환율이 급등해 한국을 위기로 몰아넣을 것이라거나, 달러가 원화보다 근본적으로 우수하니 무조건 달러를 사야 한다는 식의 일방적 논리에 현혹돼서는 안 됩니다. 2008년 글로벌 금융 위기 이전에는 환율이 수년간 하락했고 환율이 급등할 일은 없다고 믿는 경우가 많았습니다. 시장은 변하고 움직입니다. 단순한 논리에 빠져 단편적인 견해를 고집한다면, 시장이 변하는 순간 큰 희생을 치를 수 있습니다.

② 환율을 대하는 자세

내용도 복잡하고 예측도 어려운 환율을 우리가 알아야 하는 이유는 경제와 금융 시장을 이해하기 위해서입니다. 우리나라는 무역의존도가 매우 높기 때문에 환율에 대한 이해가 필수입니다. 환율이 상승하는 경우에는 금융 시장에 불안은 없는지, 외국인 자금이 이탈하지는 않는지 살펴야 하고, 환율이 하락하는 경우에는 수출이나 무역수지가 악화되지는 않는지, 경기과열 조짐이나 자산 고평가가 발생하지 않는지 등을 살펴야 합니다.

일각에서는 외환 투자가 필수라거나 달러 강세 국면이므로 달러에 투자해야 한다고 주장하는 경우가 있습니다. 가족 중에 유학생이 있어 주기적으로 달러를 송금해야 하거나 해외체류 기간이 긴 경우가 아니라면 달러 투자를 반드시 할 필요는 없습니다. 우리나라에 사는 이상 외화 투자는 큰 부를 이룬 후에 고려해도 늦지 않습니다. 전 세계 자산에 두루 투자하는 대형 연기금이나 펀드는 통화분산에 신경 써야 하지만 개인은 다릅니다. 원화 약세가 예상된다고 국내의 집을 팔아서 해외 부동산을 사거나 국내 주식을 모두 매도하고 해외 주식에만 투자할 수는 없는 노릇입니다. 우리 삶의 터전은 한반도이기 때문에 원화를 모으고 불리는 것이 가장 기본입니다.

달러 자산에 투자한다는 것은 환위험과 자산위험에 동시에 노출되는 것입니다. 위험의 종류가 많아지면 당연히 불확실성도 커집니다. 달러 강세가 지속돼도 달러 자산 투자에서 손실을 볼 수 있습니다. 미국에 집을 샀는데 달러 가치 상승분보다 집값 하락분이 더 크면 손실입니다. 게다가 미국에서 어디가 유망 지역인지 내가 산 집이 현지에서 선호하는 형태인지 우리나라보다 잘 알기는 어렵습니다. 달러화 주식이나 채권, 금융상품도 마찬가지입니다. 분산만을 목적으로 잘 알지도 못하는 여러 자산에 투자하는 것은 올바른 분산투자라고 보기 어렵습니다.

그럼에도 경제 위기나 불확실성에 대비하기 위해 꼭 달러를 보유해야겠다면 달러를 현금으로 보유하거나 달러 예금을 들면 됩니다. 다만 환전 수수료, 현찰 수수료 등 비용을 감안해야 합니다. 수수료를 별거 아니라고 생각할 수도 있지만 1~2%의 수수료는 1년 정기예금 이자와 맞먹는 금액입니다. 그런 면에서 달러 ETF는 고려해 볼

아는 것이 '돈'이다

만한 대상입니다.

위험에 대비할 수 있는 방법은 달러 보유 이외에도 많습니다. 가장 기본적인 방법은 투자 금액을 관리하는 것입니다. 주식 시장이 불안할 것 같으면 주식 보유 금액을 줄이는 것이 가장 기본입니다. 위험에 대비하기 위해 다른 자산을 더 매입하는 것은 오히려 위험을 더 키울 수 있습니다. 달러 외에도 위험을 방어할 수 있는 자산이 있습니다. 가장 대표적인 것이 채권과 금입니다. 채권이나 금도 ETF나 펀드를 통해 쉽게 투자할 수 있습니다.

4천억 달러를 넘어선 외환 보유고와 정부의 외환 관리능력 강화가 대외 신인도 향상으로 이어지면서 외국인들은 꾸준히 한국 채권을 사들이고 있습니다. 개인 투자자는 원화가 불안할 때 달러를 찾기보다 위기가 왔을 때 여유 자금을 활용할 방법을 찾는 것이 더 중요할 수도 있습니다.

일부 외국인 투자자들이 자금을 회수하고 흉흉한 소문이 돌 때가 오히려 원화 자산을 싼 가격에 매수할 절호의 기회입니다. 이젠 좋은 투자 대상을 찾는 국내 자본도 많아졌습니다. 언젠가 위기가 또 찾아올 수도 있지만 앞으로는 외국 자본뿐만 아니라 국내 자본도 원화 자산 매수에 나설 것입니다. 현명한 개인 투자자라면 이 기회에 동참해야 합니다. 매수할 자본이 많아지면 위기는 짧아지고 위기에 따른 고통의 강도도 약해집니다. 투자자 입장에서는 발 빠르게 대응하지 않으면 좋은 기회를 잡기 힘들다는 뜻이기도 합니다. 기회는 자주 오지 않습니다. 평소에는 실력과 여유 자금을 쌓고, 기회가 오면 뛰어나가는 결단력이 필요합니다.

2 | 확률도 모르면서 어떻게 투자를 이해하나?

+++ 사례 +++

복권은 '누군가'만 당첨됩니다
- 경우의 수와 확률에 속지 않기

학교에서 수학 시간에 경우의 수나 확률, 정규분포 등에 대해 배운 기억이 있을 겁니다. 저는 원래 수학을 좋아하지 않았는데 확률과 통계는 수능시험 출제 범위에도 들어가지 않았기 때문에 대충 넘어갔었습니다. 하지만 투자를 하다 보니 확률과 통계의 중요성을 새삼 실감하고 있습니다. 확률적 사고는 투자뿐만 아니라 삶을 대하는 태도까지 바꿔 놓았습니다. 확률적 사고에 좀 더 깊이가 있었더라면 사십춘기도 좀더 쉽게 넘어갈 수 있지 않았을까 생각합니다. 본격적인 내용을 다루기 전에 사례를 통해 우리가 '확률'에 대해 얼마나 무지한지 살펴보겠습니다. 참고로 이번 장은 《행운에 속지 마라》(나심 니콜라스 탈레브 저, 이건 역, 중앙북스, 2016)에서 다룬 내용과 사례의 재해석을 포함하고 있습니다.

사례 1: 복권, 누군가는 한 명이 아니다

2000년대 중반 로또 광풍이 분 적이 있었습니다. 수차례 당첨자가 나오지 않으면서 누적된 당첨금이 매우 컸던 것으로 기억합니다. 그때 많은 사람들이 로또를 샀습니다. 수백, 수천 장의 로또를 사는 사람들의 이야기가 뉴스를 장식하기도 했습니다. 그런데, 결과 발표 이후 당첨자는 분명히 있었지만 인생역전에 성공한 사람은 한 명도 없었습니다. 당첨금 총액은 매우 큰 금액이었지만, 1등 당첨자가 여럿 나오면서 당첨자별 수령액은 다른 회차와 크게 다르지 않았습니다. 많은 이들이 로또가 많이 팔릴수록 당첨자가 여럿 나올 수 있다는 사실을 간과했던 것입니다.

당첨 확률이 낮은데도 사람들이 로또를 사는 이유는 무엇일까요? 매주 몇 명씩 당첨되는 사람들을 보니 '나도 혹시 되지 않을까?' 하는 기대감에 사게 되는 것이지요. 이런 판단은 확률을 잘못 이해하고 있는 것입니다. 당첨자가 나올 확률과 내가 당첨되는 것은 전혀 다른 문제입니다.

당첨자가 나오는 것은 '누군가'가 당첨될 확률이고 내가 당첨되는 것은 말 그대로 '나'의 당첨 확률입니다. '나'는 오직 한 명이지만 '누군가'는 복권을 산 모든 사람을 뜻합니다. 이번 회차에 당첨자가 나오는 것은 이번 주에 복권을 산 수많은 사람들을 대상으로 발생하는 일입니다. 하지만 내가 당첨되는 것은 오로지 나만을 대상으로 한 일입니다. 그런데도 사람들은 10명의 당첨자가 나오면 10명에 못 들었다고 생각하고 당첨자가 1명뿐이면 어쩔 수 없었다고 생각합니다. 당첨자의 수는 복권을 산 사람이 몇 명이냐에 따라 좌우됩니다. 판매량이 늘어날수록 '누군가'가 당첨될 확률은 올라가겠지만 내가 당첨될 확률은 변하지 않습니다. 수많은 사람들이 로또를 사기 때문에 당첨자가 나오지 않는 것은 드문 일이지만, 내가 당첨되는 일은 일어나지 않습니다.

불특정한 사건의 확률(누군가 당첨될 확률)과 특정한 사건의 확률(내가 당첨될 확률)이 있습니다. 예상치 못한 곳에서 지인을 만날 때가 있습니다. 우연히 만난 것에 대해 신기해하며 인사를 나누게 됩니다. 길을 가다가 지인을 만날 확률은 생각보다 꽤 높습니다. 왜냐하면 여러분이 아는 지인이 매우 많기 때문입니다. 하지만 헤어진 연인을 우연히 만나기를 바란다면, 그런 일은 잘 일어나지 않습니다(서로가 그리워서 예전에 즐겨 찾던 곳을 찾아가는 경우는 제외합니다). 당신이 아는 지인은 매우 많지만 보고 싶은 연인은 단 한 명이기 때문입니다.

'복권 명당'이라 불리는 당첨자가 많이 나온 복권 판매소를 찾아가기도 합니다. 부산에서 서울까지 올라와 구입하는 경우도 있다고 합니다. 부산에서 서울까지 와서 살 정도면 얼마나 많은 사람이 그곳에서 복권을 샀을까요? 판매량이 늘면 당첨자가 나올 확률도 당연히 높아집니다. 1,000장이 팔리는 곳은 100장이 팔리는 곳보다 당첨자가 나올 확률이 10배입니다. 명당에서 '누군가'가 당첨될 확률은 분명히 다른 곳보다 높습니다. 하지만, 명당에서 복권을 사더라도 당신의 당첨 확률은 변하지 않습니다. 부산에서 서울로 가는 교통비로 여러 장을 사는 것이 합리적입니다. 결론은 (불특정한) 누군가는 이번 주에도 복권에 당첨되겠지만 (특정한) 당신은 당첨되지 않습니다.

사례 2: 연속 안타는 놀라운 일이 아니다

한 야구 선수가 경기마다 연속 안타를 치면 사람들은 그 선수에 환호하고 언론은 그 선수의 능력과 노력을 칭찬하기 일쑤입니다. 그런데 많은 선수들이 여러 해 동안 경기를 하는데 연속 안타 기록이 안 나오면 그것이 오히려 이상할 수도 있습니다. 마치 동전을 오랫동안 던지다 보면 앞면만 연속으로 10번 넘게 나오는 경우도 발생하기 때문입니다. 타자를 평가

아는 것이 '돈'이다

하는 대표적인 지표는 타율입니다. 20경기 연속 안타를 친 2할 5푼 타자와 연속 안타 기록은 없지만 3할 5푼인 타자 중에서 누가 더 훌륭한 타자일까요? 저는 후자가 더 훌륭한 타자라고 생각합니다. 3연타석 홈런을 터뜨렸더라도 1년에 홈런을 10개 치는 선수를 거포라고 부르기 어려운 것과 같은 이유입니다. 연속 안타를 기록하는 선수가 특별하지 않다는 뜻은 아닙니다. 하지만 꼭 그 선수여야 할 이유는 없다는 것입니다. KBO 최고 타율 1, 2, 3위 기록 보유자는 MBC 백인천 선수, 해태 이종범 선수, 삼성 장효조 선수입니다. 이들 모두 최고의 선수들이지만 대단한 연속 안타 기록을 보유하고 있지는 않습니다.

사례 3: 의료, 검사결과는 생각보다 정확하지 않다

배가 아파 병원에 갔더니 위암 진단을 받았습니다. 대개의 사람들은 일단 절망한 후에, 의사의 처방에 따라 치료를 받겠다고 생각합니다. 절망하기 전에 확인해야 할 중요한 일이 있습니다. 중대한 병일수록 최소한 두세 군데 병원에서 검사를 받아 봐야 한다는 것입니다. 위암의 검사 정확도가 90%이고 성인 100명 중 1명이 위암에 걸린다고 가정해 보겠습니다. 이러한 가정에서 검사결과 암 진단을 받았을 때 실제로 암에 걸렸을 확률은 얼마일까요? 언뜻 생각해 보면 90%일 것 같습니다. 하지만 실제 확률은 예상과 전혀 다릅니다. 검사 정확도가

100%가 아니기 때문에 검사결과가 참일 경우와 오류일 경우를 모두 생각해야 합니다. 가능한 모든 경우와 각각의 확률은 다음과 같습니다.

A. 검사결과가 참일 경우

　암에 걸린 100명 중 1명이며, 검사(정확도 90%)도 정확했음

　확률: 1 / 100 × 90% = 0.009

B. 검사결과가 오류일 경우(암에 걸리지 않았는데 암으로 판정된 경우)

　암에 걸리지 않은 100명 중 99명에 포함되며, 검사(정확도 90%)

　결과는 오류

　확률: 99 / 100 × (100% - 90%) = 0.099

실제로 암에 걸렸을 확률은 가능한 모든 경우를 감안하면 A ÷ (A + B)가 됩니다. 이를 계산해 보면 병원에서 암 진단을 받았더라도 진짜 암에 걸렸을 확률은 8.3%(= 0.009 ÷ (0.009 + 0.099))에 불과합니다. 의사들도 진단을 내릴 때 검사가 어느 정도의 정확성을 지니고 있는지 모르는 경우도 많습니다. 전문가라고 해서 그들의 말을 확인 없이 그대로 믿어서는 안 됩니다.

깊이 생각하지 않으면 경우의 수와 확률에 속아 넘어갑니다.

사람의 뇌는 경우의 수와 확률을 잘 이해하지 못합니다. 확률적 사고에 익숙해져야 합니다. 투자는 본질적으로 확률 게임이기 때문입니다.

성공은 멀고
실패는 가깝다

성공한 사례에만 주목하여 발생하는 오류를 '생존 편향'이라고 합니다. 우리가 보는 사례는 대부분이 승자의 역사이고 패자나 평범한 이들에게는 누구도 주목하지 않습니다. 사람들은 보통 인상 깊었던 사례만을 바탕으로 결과를 도출하기 때문에 생존 편향에 빠지기 쉽습니다.

⋯ 이상한 편지

나열심 과장은 이상한 메일을 받았습니다. 메일에는 '코스피 오늘 상승 마감'이라는 제목과 함께 시장 전망이 적혀 있었습니다. 다음 날 아침에는 '코스피 오늘 하락 마감'이라는 제목으로 메일이 왔습니다. 처음에는 스팸메일로 생각하고 대수롭지 않게 넘겼습니다. 그런데 며칠 후 코스피지수와 비교해 보니 메일을 보낸 사람이 며칠째 코스피의 상승과 하락을 정확히 예견하고 있다는 것을 깨달았습니다. 어느덧 한 달이 지났습니다. 1개월 동안 코스피의 상승과 하락을 정확히 예측한 메일 발송자가 자신에게 투자금을 납입하라는 메일을 보냈습니다. 나열심 과장은 어찌할까 고민에 **빠졌습니다**.

이런 편지를 받으시더라도 절대 투자금을 보내시면 안 됩니다. 그 사람은 어떻게 한 달 동안 코스피의 상승과 하락을 정확히 맞출 수 있었을까요? 메일 발송자는 수많은 메일 주소를 확보한 후, 절반에게는 코스피 상승 전망을 보내고 나머지 절반에게는 하락 전망을 보낸 것입니다. 그리고 코스피가 올랐다면 전일 코스피 상승 전망을 받은 사람들만 다시 절반으로 나누어 코스피 상승 전망과 하락 전망을 보낸 것이지요. 이런 일을 반복하면 누군가는 코스피의 상승과 하락을 정확히 예측하는 메일을 반복적으로 받게 됩니다. 나열심 과장은 메일 발송자의 수많은 편지 중에서 옳은 전망만을 반복해서 받았기 때문에, 발송자의 예측력을 믿을 수밖에 없었던 것입니다.

··· 실패 사례에 주목하기

백종원 대표는 식당 창업을 준비하는 예비 사장님들에게 잘되는 식당보다 잘 안되는 식당에 먼저 가 보라고 이야기합니다. 잘되는 식당이라도 감탄할 수준의 맛이 아니거나 서비스가 불친절한 경우도 있다고 합니다. 이런 식당에 줄을 서 있는 손님들을 보면, 하루빨리 식당을 차리고 싶어집니다. 그러나 잘 안되는 식당에 가 봐야 비로소 진실이 보입니다. 맛도 그럭저럭 괜찮고 시설이나 위치도 딱히 흠잡을 곳이 없는데 손님이 없습니다. 그런 모습을 직접 봐야 무턱대고 장사를 시작하는 실수를 막을 수 있다는 것이지요.

아는 것이 '돈'이다

식당을 차리면 실제로는 다수가 몇 년 안에 폐업을 한다고 합니다. 잘되는 식당들만 찾아다니면 전체를 보지 못하고 생존 편향에 빠지게 됩니다. 나열심 과장이 이상한 편지에 속은 것도 식당을 차리면 돈을 벌 수 있다는 근거 없는 희망도, 모두 전체를 보지 못하기 때문에 발생하는 일입니다.

많은 자기 계발서와 성공에 관한 책에서는 저자가 제시하는 방법을 따르기만 하면 누구나 성공할 수 있다고 이야기합니다. 하지만 그 방법은 자신의 성공 경험을 통해 찾아낸 것이거나 수많은 성공 사례로부터 뽑아낸 내용들입니다. 성공하려면 남들이 하지 않는 것을 하고, 열심히 노력하라고 합니다. 하지만 남들이 하지 않는 것을 하다가 실패하고 평생을 노력했지만 달라진 게 없는 수많은 사람들에 대해서는 전혀 언급하지 않습니다.

의도적으로 실패 사례에 주목하지 않으면 진실을 바라볼 수 없습니다. 투자도 성공만 바라보고 돌진하다가는 어느 날 갑자기 다가온 실패에 무너져 버리고 맙니다. 무엇을 하든 그저 그렇거나 실패할 가능성이 가장 높다는 점을 깨달아야 합니다. 투자에서 가장 신경 써야 할 부분은 바로 리스크 관리입니다. 제가 소액 투자와 장기 투자, 공부를 강조하는 것은 성공보다 실패가 훨씬 가깝기 때문입니다.

위험을 보는 안경을 만드는 법
- 편향과 비대칭

'확률'이라고 하면 동전이나 주사위가 먼저 떠오릅니다. 동전이나 주사위 던지기는 각 사건이 발생할 확률과 기댓값을 정확히 계산할 수 있습니다. 동전을 던져 앞면이면 +1점, 뒷면이면 -1점을 받을 때 기댓값을 구해 보겠습니다.

동전 던지기의 기댓값

$(+1) \times 50\% + (-1) \times 50\% = 0$

동전 던지기를 여러 번 반복하면 총합은 0점에 가까워질 것입니다. 각각의 사건이 일어날 때 발생할 수 있는 사건의 결과는 대칭적 (+1, -1)이고 각 사건의 확률은 모두 1/2로 동일합니다. 이 방식을 투자에 적용해 보겠습니다.

투자의 기댓값

$(+1) \times$ 상승 확률 $+ (-1) \times$ 하락 확률

(상승 시 +1 수익, 하락 시 -1 손실)

if 상승 확률 = 30% & 하락 확률 = 70%, then 투자 기댓값 = -0.4

if 상승 확률 = 50% & 하락 확률 = 50%, then 투자 기댓값 = 0

if 상승 확률 = 70% & 하락 확률 = 30%, then 투자 기댓값 = +0.4

아는 것이 '돈'이다

투자한 자산이 50%의 상승 확률을 가진다면 수익은 본전일 것이고, 상승 확률이 50%를 넘는다면 수익을 낼 것으로 기대할 수 있습니다. 투자가 이렇게 단순하다면 투자 대상이나 종목만 잘 선택하면 수익을 낼 수 있을 것입니다. 하지만 실제로 손익은 대칭적이지도 않고 확률도 편향(균일하지 않음)되어 있습니다.

··· 수익과 손실의 감정 비대칭

투자를 시작하기 전에는 100원을 버는 것과 100원을 잃는 것이 대칭적이라고 생각합니다. 하지만 실제로 투자를 하다 보면 이성보다는 감정에 따라 움직이게 됩니다. 100원을 잃었다가 100원을 번 것이나, 100원을 벌었다가 100원을 잃은 것은 같습니다. 하지만 사람들은 전자의 경우 안도감과 자신감을 느끼지만, 후자의 경우에는 후회와 허무함을 느낍니다. 200만 원을 벌었다가 100만 원을 잃은 것보다는 50만 원씩 두 번 버는 것이 더 기쁩니다. 이는 사람의 감정이 손실에 더 민감하기 때문입니다. 일반적으로 100만 원을 번 것보다는 손실 100만 원을 피한 것이 더 기쁩니다. 이런 감정의 속성에 휘둘리게 되면, 손해는 감내하기 힘들고 큰 이익은 누리기 어렵습니다. 투자에 따른 감정의 기댓값은 다음과 같이 표현할 수 있습니다.

투자에 따른 감정의 기댓값

(+1) × 50% + (−1) × 50% × 손실민감도

(양수(+)는 기쁨, 음수(−)는 슬픔)

if 손실민감도 = 1,　　then 감정 기댓값 = 0

if 손실민감도 = 1.5, then 감정 기댓값 = -0.25

if 손실민감도 = 2.5, then 감정 기댓값 = -0.75

별다른 훈련과 노력이 없으면 손실민감도는 보통 1.5~2.5 정도입니다. 수익이 손실에 비해 매우 크지 않은 이상, 손실민감도가 클수록(손실에 휘둘릴수록) 투자에 따른 행복감은 줄어들고 고통이 늘어날 수밖에 없습니다. 수익이 나더라도 충분히 크지 않다면 투자는 피곤하거나 불행한 일이 될 것입니다. 행복하지 않다면(고통스럽다면) 투자를 지속하기보다는 중도에 포기할 가능성이 높아지겠지요. 하지만, 손실을 보더라도 냉정함을 잃지 않는다면(손실민감도 = 1), 판단의 정확성 여하에 따라 수익과 행복을 모두 기대할 수 있습니다. 따라서 손실 이후 발생하는 감정에 대한 이해 없이 돈을 벌 것이라는 막연한 기대만으로 투자에 뛰어들어서는 안 됩니다. 손실이 닥쳤을 때 냉정한 태도를 유지하지 못하면, 투자는 즐거움이 아니라 고통스러운 게임으로 변합니다. 손실민감도를 낮추는 가장 쉬운 방법은 바로 소액투자를 하는 것입니다.

··· 확률과 손익의 편향

《행운에 속지 마라》의 저자 나심 탈레브는 다음 주에 주식 시장 상승 확률이 70%라고 생각하더라도 주식 시장 하락에 베팅할 수 있다고 이야기합니다. 중요한 것은 상승이나 하락할 확률이 아니라 기댓값이기 때문입니다.

주식 시장 기댓값: 상승 확률 × 상승폭 + 하락 확률 × 하락폭

다음 주 기댓값: 70% × (+2%) + 30% × (−10%) = −2.3%

시장이 상승할 확률이 높더라도 하락 예상폭이 훨씬 크다면 오히려 하락에 대비해야 합니다. 시장이 급격하게 움직일 때 중요한 것은 확률이 아니라 변동폭입니다. 1,000번의 투자 중 999번은 1달러를 벌고 1번은 1만 달러를 잃는다면 기댓값은 −9달러입니다. 확률은 그 자체로는 큰 의미가 없습니다. 확률은 결과의 규모와 연계해서 생각해야 합니다.

탈레브는 금융 시장을 러시안룰렛에 비유합니다. 러시안룰렛은 회전식 연발 권총(보통 6연발)에 총알 한 발을 넣고 총알의 위치를 알 수 없게 탄창을 돌린 후, 관자놀이에 대고 방아쇠를 당기는 무시무시한 게임입니다. 죽지 않으면 게임의 승자가 되고 사망할 확률은 1/6이나 됩니다. 금융 시장은 수천의 연발 권총으로 하는 러시안룰렛과 같다고 합니다. 총알이 한 발만 들어 있기 때문에 수백 번 방아쇠를 당겨도 총알이 발사되는 경우는 좀처럼 없습니다. 발사되지 않는 일이 반복되면 사람들은 어느새 총알이 들어 있다는 사실을 망각하고 게임을 즐기는 데만 몰두하게 됩니다. 그러다 어느 날 갑자기 총알이 발사되면, 수많은 사상자가 발생하고 예상치 못한 희귀 사건

이 터졌다며 언론은 호들갑을 떱니다.

시장은 원래 하락장과 급락장에 노출되어 있습니다. 다만, 상승장이나 횡보장이 장기간 이어지면 사람들은 어느덧 눈이 어두워져 위험을 보지 못하는 장님이 되고 맙니다. 급락장이 발생하면 모두가 화들짝 놀라는 것도, 아무런 대비가 되어 있지 않은 것도, 우리 모두가 장님이 되었기 때문입니다. 현명한 투자자들은 특별한 안경을 끼고 있습니다. 이 안경은 확률이 다소 낮더라도 큰 손실이 날 수 있는 위험을 보여 줍니다. 사람들은 현명한 투자자에게 그 안경을 어디에서 구할 수 있는지 묻고, 자신에게 팔라고 부탁합니다. 그런데 이 안경은 사실 누구나 만들 수 있습니다. 아무 안경이나 사서 렌즈 안쪽에 위험 표식을 그려 넣으면 됩니다. 현명한 투자자들은 이 안경을 끼고 항상 위험을 눈앞에 바라보며 투자합니다. 하지만, 사람들은 현명한 투자자에게는 위험이 다가오기 전에 미리 알려 주는 특수한 안경이 있다고 생각합니다.

승승장구하던 기업의 파산 소식은 종종 우리를 놀라게 합니다. 그런데 이런 기업들이 파산하는 과정은 놀라울 정도로 비슷합니다. 촉망받던 기업이 신사업에 대규모 투자를 하거나 무리하게 외형을 확장하다 실패하는 경우가 대부분입니다. 개인 투자자도 마찬가지입니다. 처음에는 두려움에 소액으로 시작하지만, 조금만 지나면 투자금을 늘립니다. 그러다 위험이 닥치면 여태까지 겪어 보지 못한

아는 것이 '돈'이다

손실을 떠안고 시장을 떠나게 됩니다. 실력이 좀 늘었다고 별다른 대책 없이 투자 규모를 늘리는 것은 주사위 게임을 목숨을 걸어야 하는 러시안룰렛으로 바꾸는 것과 같습니다.

피타고라스의 정리는 데이터로
증명할 필요가 없습니다
- 데이터와 귀납법의 함정

        주말 아침 나열심 과장은 아내 한공부 과장과 함께 극장에 가는 길입니다. 원래는 조조영화를 보기로 했는데 나 과장이 늦잠을 자서 조조는 어려울 것 같습니다.

> 나열심: 미안. 나 때문에 더 비싼 영화 보게 생겼네.
>
> 한공부: 아냐, 괜찮아. 돈 아끼려고 그러는 거 아냐. 아침 일찍부터 데이트하려고 그런 거지.
>
> 나열심: 오~ 일단 10점 주고 시작할게. 공부는 좋겠다.
>
> 한공부: 응? 왜?
>
> 나열심: '미인은 잠꾸러기'라는 말 알지? 나 늦잠 잤으니까, 공부는 남편이 미남이라서 좋겠다.
>
> 한공부: (음….)

위 대화에서 나열심은 오류를 범하고 있습니다. '미인은 잠꾸러기'라는 말은 미인(A)이면 잠꾸러기(B)라는 뜻이지, 잠꾸러기(B)가 미인(A)이라는 의미는 아니기 때문입니다. 'A이면 B이다'가 참일 때, 그 역인 'B이면 A이다'도 참인 것은 아닙니다.

탈레브는 이런 오류를 왕복 오류(Round-trip fallacy)라고 부릅니다. 대표적인 예로 논리와 데이터에 대한 오해가 있습니다. 탈레브는 논리 없이 데이터(통계)를 사용하는 것은 잘못이지만, 데이터 없이 논리를 사용하는 것은 잘못이 아니라고 말합니다. 그런데 사람들은 데이터만 잘 분석하면 진리를 발견할 수 있다고 생각하거나, 완벽한 논리도 데이터로 검증해야 한다고 주장합니다.

나열심: 영화 재미있었어?

한공부: 잘 봤는데, 생각보다 내용이 무겁네.

나열심: 남주인공이 멋져, 내가 멋져?

한공부: 당연히 남편이 더 멋지지.

나열심: 나 일주일이나 한 달 전에도 멋있었나?

한공부: 그럼.

나열심: 나 처음 만난 이후로 별로였던 적 있었어?

한공부: 없었어.

나열심: 여태까지 멋지지 않은 적이 없었으니 앞으로도 나는 쭈~욱~ 멋지겠군.

한공부: …. (이 신기술은 뭐지?)

아는 것이 '돈'이다

한공부 과장이 신기술이라고 생각한 것은 사실 신기술이 아닙니다. 아주 오래되고 지금도 여러 학문과 과학에서 널리 쓰이고 있는 방법입니다. 이처럼 데이터나 사례를 통해 일반적 진리를 추론하는 방식을 귀납법이라고 합니다. 나열심 과장의 추론이 이상하다고 생각하실지 모르지만 실제로 데이터를 이용하는 귀납적 추론은 이런 방식을 따르고 있습니다. 과거 사례를 살펴보았더니 반례가 나타나지 않았다면, 앞으로도 그럴 것이라고 결론 내리는 방식입니다.

데이터로 증명할 수 있는 것은 아무것도 없습니다. 데이터로 확인할 수 있는 것은 지금까지 예외가 없었다는 점뿐입니다. 가설에 반하는 사례가 나타나는 순간 진실처럼 여겼던 가설은 거짓으로 변합니다. 호주에서 검은 백조(블랙스완)가 발견되지 않았다면, 사람들은 지금도 모든 백조가 흰색이라고 믿고 있을 것입니다.

정보기술의 발달로 데이터가 쏟아지고 있습니다. 이렇게 데이터가 늘어나다 보면 귀납적 추론에 따른 오류 역시 증가할 가능성이 매우 높습니다. 엄청난 양의 데이터를 이용해 분석하다 보면 우연의 일치가 발생할 확률이 매우 높기 때문입니다. 세상에 존재하는 수많은 증권의 가격을 분석하면, 서울의 기온과 유사한 모습을 보이는 주식을 찾을 수도 있고, 손흥민 선수가 득점하는 날을 예견하는 채권을 찾을 수도 있을 것입니다. 데이터로만 보면, 문어가 축구 경기 결과를 예측할 수 있고 전년도 미식축구 우승 팀의 소속 리그에 따라 다음 해 주식 시장의 향방이 결정된다고 할 수도 있습니다.

문어의 예측 능력을 믿는 사람이 어디 있냐고 반문하실 수도 있습니다. 하지만 사람들은 좀 더 그럴듯해 보이는 데이터 분석에는 훨씬 더 잘 속습니다. 주식 시장과 치마 길이가 연관이 있다거나, 히브리 성서를 분석하면 9.11 테러를 예측할 수 있었다는 주장에 속는 경우가 허다합니다. 문제는 사람들이 성서 외에 다른 책은 시도해 보지 않았다는 점입니다. 수많은 데이터를 분석하다 보면 조선왕조 실록에서 일본의 침략이나 한국전쟁을 예견할 수도 있고 메뉴판만으로 대박집을 찾아낼 수 있을지도 모릅니다.

나열심: 공부는 미남이면 좋고, 아니면 별로지?

한공부: 뭐, 그렇다고 할 수 있지.

나열심: 공부는 나 좋아해?

한공부: 당연한 걸 왜 물어봐. 남편이 세상에서 제일 좋지.

나열심: 나는 역시 미남이었군.

한공부: (아…. 이거 반박이 불가능한데….)

나열심이 미남이라는 결론은 논리적으로 완벽합니다. 한공부가 미남이면 좋아하고, 아니면 좋아하지 않는다는 가정을 깨뜨리지 않는 이상 반박이 불가합니다. 이런 논법을 삼단논법이라고 합니다. (예. 모든 사람은 죽는다. 나는 사람이다. 고로 나는 죽는다.) 논리적

아는 것이 '돈'이다

으로 완벽한 것에 대해서는 데이터로 증명할 필요가 전혀 없습니다. 오류 없는 논리는 그 자체로 완벽하기 때문입니다.

완벽한 논리는 증명할 필요가 없습니다. 하지만 데이터의 인과관계는 이를 뒷받침할 논리가 반드시 있어야 합니다. 논리가 뒷받침되지 않는 데이터의 관계는 인과관계가 아닙니다. 그러나 우리는 단순한 선후관계나 우연의 일치를 인과관계로 착각하는 경향이 있습니다. 앞으로도 데이터는 계속 늘어날 것이고, 데이터에 기반한 주장도 엄청나게 많아질 것입니다. 하지만, 데이터 사이의 인과관계를 증명할 논리가 충분치 않다면 아무리 상관관계가 높더라도 두 데이터가 관련이 있다고 단정 지어서는 안 됩니다.

투자에서 가장 많이 쓰이는 데이터 분석 방법은 역사적 시뮬레이션입니다. 새로운 투자 상품을 제안할 때 역사적 시뮬레이션 결과가 대부분 제공됩니다. 역사적 시뮬레이션은 제안된 상품을 과거에 운용했다면 어떤 성과가 나왔을지 알려 주는 방법입니다. 역사적 시뮬레이션은 중요한 약점이 있습니다. 과거로는 미래를 알 수 없다는 점입니다. (심지어 '과거 수익률이 미래 수익률을 보장하지 않습니다.'라고 적혀 있기도 합니다.) 그럼에도 사람들은 역사적 시뮬레이션에 크게 의존합니다. 전적으로 역사적 시뮬레이션을 믿는다면 여태까지 수익률이 좋은 종목을 당장 사면 됩니다. 과거 수익률이 좋기로 유명한 삼성전자나 애플 주식을 살 때도 회사의 미래가 어떨지, 지금 가격이 싼 것인지 고민합니다. 하지만 이상하게도 펀드나 금융상품을 고를 때에는 출시한 지 얼마 되지도 않은 상품을 역사적 시뮬레이션만을 보고 덜컥 가입합니다. 최근 문제가 되었던 DLF(Derivative Linked Funds) 역시 역사적 시뮬레이션 결과는 훌륭했을 것이고 2018년까지 손실을 본 적은 한 번도 없었을 것입니다.

DLF나 ELS(Equity Linked Securities)와 같은 파생상품(derivative)은 일반적인 상품보다 높은 수익률을 제공합니다. 높은 수익률을 제공할 수 있는 이유는 발생할 확률은 낮지만 손실을 볼 가능성을 내포하고 있기 때문입니다. 하지만 사람들은 어떤 상품에서 줄곧 이익이 나기 시작하면 손실 가능성은 덮어 두고 별생각 없이 가입합니다. 세상에 공짜는 없습니다. 더 높은 수익률은 손실 가능성을 감내하기 때문에 가능한 것입니다. 따라서, 초보자일수록 최대 손실률에 주목해야 합니다. 자신이 가입하는 상품이 최악의 상황에 어느 정도의 손실이 날 수 있는지는 반드시 확인해야 합니다.

직접 투자자 역시 단순한 데이터 분석(귀납법)을 맹신해서는 안 됩니다. 수많은 데이터를 분석해 과거 실적이 가장 우수한 방법을 찾아내 실행하면 앞으로도 높은 수익률이 나올 것이라 착각하는 이들이 많습니다. 하지만 아무리 좋은 방법을 찾아내도 그 방법은 우연일 가능성도 있고 함정일 수도 있습니다. 어떤 주식을 분석해 보니 최근 5년간 200일 이동평균선을 하회한 적이 없다는 결과를 얻었습

아는 것이 '돈'이다

니다. 이 주식이 200일 이동평균선 부근까지 하락하면 무조건 매수하면 될까요? 200일 이평선까지 하락한다면 이 사실을 알고 있는 많은 투자자들이 매수에 뛰어들 것이기 때문에 상승세로 전환될 가능성이 높기는 합니다. 하지만 어떤 이유에서든 200일 선을 하회하게 된다면 이전에 볼 수 없었던 하락세가 나타날 수 있습니다. 강력한 지지선이 붕괴되면 급격한 하락이 발생할 수 있다는 것은 기본 중에 기본입니다.

가치 투자 역시 자신이 산정한 내재가치보다 가격이 싸다고 무조건 가치주가 아닙니다. 내재가치가 장기간 유지될 만한 수익력이나 저평가된 자산 등 가치주로 선정될 논리를 확보하고 있어야 합니다. 싸졌다는 이유만으로 투자에 나서는 것은 쓰레기통 앞에서 남들이 마시고 버리는 일회용 컵을 사는 것과 다를 바가 없습니다. 배당주 역시 배당이 높다고 무조건 사는 것이 아닙니다. 배당을 많이 줄 수 있는 사업구조는 물론이고 배당정책의 변동 가능성이 적은 기업의 주식이라야 좋은 배당주라 할 수 있습니다. 일회성 수익 때문에 배당이 증가하거나 대주주가 현금이 필요해 일시적으로 배당을 늘리는 경우도 있기 때문에 늘어난 배당만 보고 배당주라고 판단하는 것은 위험한 일입니다.

바야흐로 데이터 홍수의 시대입니다. 수많은 데이터가 서로 자신이 중요하다며 뽐내고 있습니다. 아무리 빅데이터 시대라도 논리 없이 통계를 사용해서는 안 됩니다. 데이터에 기초한 귀납법으로는 언젠가 깨질 수 있는 가설을 만들 수 있을 뿐입니다. 변수들 간에 관계가 있을 수도 있다는 점을 알려 줄 뿐이지요. 데이터 분석의 결과는 뒷받침할 논리가 없다면 사상누각에 불과합니다. 주장을 데이터로 검증해 보지 않는 것도 잘못이지만, 데이터로 확인된 것이라 해서 무조건 믿는 것 역시 반드시 피해야 할 일입니다.

장수왕의 수명이 짧았다면?
- 예측의 불확실성과 후견지명

··· 나비효과(Butterfly Effect)

"브라질에 있는 나비의 날갯짓이 미국 텍사스에 토네이도를 일으킬 수 있을까?"

미국 기상학자 에드워드 노턴 로렌즈(Edward Norton Lorenz)는 기상관측 프로그램을 사용하던 중 계산 결과가 이전과 크게 달라진 원인을 찾고 있었습니다. 그러다 놀라운 사실을 알게 됩니다. 입력값 중 하나를 소수점 4번째 자리에서 반올림했다는 이유만으로 계산 결과가 완전히 달라진 것입니다. 이처럼 고도로 복잡한 여러 단계를 거치게 될 경우 초기의 아주 작은 변화에도 예측 결과가 크게 달라질 수 있다는 것을 '나비효과'라고 합니다. 기상학자들에 따르면 2주를 넘는 기간에 대해 날씨를 예측하는 것은 매우 어렵다고 합니다. 기온이나 기압, 바람 등 초기 조건이 아주 조금만 달라져도 전혀 다른 결과가 나오기 때문입니다.

우리는 날씨를 비롯해 경제, 금융 시장, 부동산 등에 대한 다양한 예측을 접하게 됩니다. 하지만 나비효과를 감안하면 예측은 먼 미래의 것일수록 틀릴 확률이 매우 높습니다. 예측 시점과 예측 대상 시점 사이의 간격이 멀어질수록 그 사이에 어떤 변수가 끼어들지 알 수 없기 때문입니다. 오늘 코스피지수는 어제 종가 대비 1% 범위 안에서 움직일 가능성이 높지만, 1년 후 코스피지수가 어디에 있을지 예측하는 것은 매우 어렵습니다. 우연히 1년 후 코스피지수를 예측하는 데 성공했더라도 그렇게 움직인 원인과 1년 동안의 경로까지 모두 맞추는 것은 사실상 불가능합니다. 해마다 12월이 되면 모두들 내년 전망에 집중합니다. 새해가 다가올 때 반대로 1년 전의 연간 전망들을 찾아보십시오. 예측의 정확도는 사실 전문가나 일반인이나 별다를 것이 없습니다.

··· 몬테카를로 시뮬레이션(Monte Carlo Simulation)

큰 미로가 있습니다. 쥐 한 마리를 이 미로에 넣었을 때 출구를 찾아 나오는 데 얼마나 걸리는지 예측하려고 합니다. 정확도를 높이려면 미로 전문가, 동물학자, 물리학자 등 여러 전문가가 필요할 것입니다. 하지만 전문가 없이도 꽤 정확한 답을 찾아낼 수 있는 방법이 있습니다. 수백 혹은 수천 마리의 쥐를 구해서, 실제로 미로를 통과시키는 것입니다. 각각의 쥐가 미로를 빠져나오는 데 걸리는 시간의 평균을 구하면 상당히 정확한 값을 얻을 수 있습니다.

몬테카를로 시뮬레이션

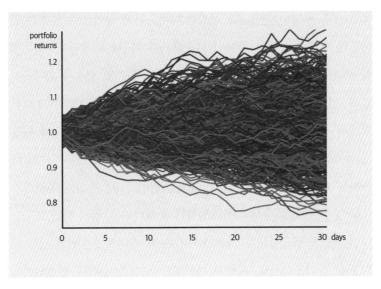

자료: "Monte Carlo Simulation of Stock Portfolio in R, Matlab, and Python". https://israeldi.github.io/bookdown/_book/(2021.8.4.)

이러한 방식을 몬테카를로 시뮬레이션이라고 합니다. 계산 값이 나오는 식을 구성한 후 난수(random number)를 식에 반복적으로 대입하고, 이렇게 산출된 다량의 데이터를 이용해 문제의 해를 찾는 방식입니다. 금융공학에서는 복잡한 파생상품의 평가나 리스크

아는 것이 '돈'이다

측정에 이 방법이 주로 사용됩니다. 몬테카를로 시뮬레이션을 한 번 수행할 때마다 하나의 경로와 최종 계산 값을 얻을 수 있습니다. 수천 혹은 수만 번 시뮬레이션을 거치면 발생 가능한 다양한 경로를 살펴볼 수 있습니다.

… 필연이 아니다

이미 일어난 사건들에 대해서는 필연이라고 생각하는 분들이 많습니다. 하지만 이는 미래가 고정되지 않은 것처럼 과거도 여러 가능성 중에서 한 가지가 실현된 것뿐입니다. 1년 전에 발생한 일은 13개월이나 2년 전에 다른 선택을 했다면 일어나지 않았을지 모릅니다. 몬테카를로 시뮬레이션을 해 보면 미래에 발생할 수 있는 수많은 가능성을 확인해 볼 수 있습니다. 과거 역시 몬테카를로 시뮬레이션의 여러 경로 중 하나가 실현된 것뿐입니다. 미로를 통과한 수천 마리의 쥐 중에서 가장 빠르게 통과한 쥐를 찾아냈습니다. 그 쥐를 다시 미로에 넣는다면 이번에도 가장 짧은 시간에 미로를 통과할 수 있을까요?

사람들은 알렉산더 대왕은 반드시 세계를 제패하고 시저는 항상 승리했을 것이라 믿습니다. 하지만 한니발이 성공했다면 로마는 존재하지 않았을 것입니다.

… 후견지명(사후과잉확신 편향, hindsight bias)

위대한 인물은 노력이나 재능, 탁월한 능력으로 성공했다며 칭송받습니다. 사람들은 그 사람에게는 남다른 점이 있었다고 이야기합니다. 큰 사고가 발생하면 '예고된 참사'였다며 호들갑을 떱니다. 그런데 훗날 크게 성공할 사람을 주변에서 골라낼 수 있을까요? 다음에 발생할 예고된 참사는 무엇일까요? 인간은 사건을 인과관계로 연결 짓는 습성이 있습니다. 임의적인 여러 사건을 기억하는 것보다 인과관계로 연결된 이야기를 기억하는 것이 훨씬 쉽습니다. 이런 특성으로 인해 사후에 결과를 보고 나면 관련 있는 기억은 강화되고 관련 없는 기억은 약화됩니다. 주변에 누군가 큰 성공을 거두면 그 사람의 장점이 자신도 모르게 떠오르고 단점이나 싫었던 점은 잊힙니다. 지인이 큰 사고를 저지르면 그 사람에 대한 나쁜 기억이 갑자기 생각나지요. 그리고는 이렇게 말합니다.

"내가 그럴 줄 알았어."

이런 것을 선견지명에 빗대 '후견지명'이라고 합니다. 좀 더 어려운 말로는 '사후과잉확신 편향'이라고도 하지요. 이렇게 결과를 보고 난 후 결과와 관련된 기억을 강화하다 보면 자신도 모르게 사건의 결과도 예측이 가능했다는 생각을 하게 됩니다. 하지만 나비효과를 떠올려 보십시오. 세상은 복잡하고 어떤 사건이 일어나기까지는 다양한 변수가 작용합니다. 인간이 예측할 수 있는 범위는 매우 제한적입니다.

아는 것이 '돈'이다

투자에 아무런 관심이 없던 사람도 경제나 금융 시장 관련 뉴스를 자주 보다 보면 시장을 보는 눈이 생겼다고 자만하기 쉽습니다. 전에는 갑자기 주식이 폭락하거나 부동산이 급등하면 어리둥절했지만 뉴스를 많이 본 사람은 폭락이나 급등과 관련된 기사들이 떠오르고 그것을 결과와 연관 짓게 됩니다. 이런 경험이 몇 번 반복되면 자신도 모르게 후견지명에 빠지게 되고 시장을 예측할 수 있다고 착각하기도 합니다.

"주식이 폭락했네. 외국인 매도세가 지속됐을 때부터 뭔가 낌새가 있었어."
"부동산이 급등했군. 금리가 이렇게 낮은데 안 오르는 게 이상하지."

그렇지만 잘 생각해 보면 외국인이 매도를 지속할 때에도 시장에 긍정적인 뉴스는 분명히 있었습니다. 주식이 올랐다면 외국인 매도세 따위는 기억도 나지 않았을 것입니다. 한국은행이 금리를 내릴 때에는 부동산이 상승한다는 생각보다는 경기 악화에 대한 두려움이 더 컸을 가능성이 높습니다.

관심주가 상승하면 "그때 샀어야 했는데. 그래도 내가 보는 눈은 있다니까."
관심주가 하락하면 "역시 안 사길 잘했네. 내 투자 판단은 정확해."

직접 투자를 해 보지 않으면 자신이 틀렸다는 것을 알기가 어렵습니다. 시장을 보는 안목을 키운다고 뉴스만 훑어보면 후견지명에 빠져 투자의 달인이 된 것 같은 착각이 들기도 합니다. 투자를 이해하려면 투자를 직접 해 보아야 합니다.

… 미래는 아무도 모른다

향후 5년간 우리나라 경제성장률 전망치를 조사했던 적이 있었습니다. 유수 기관들이라면 향후 수년간 예상되는 시나리오를 바탕으로 경제성장률의 등락을 예측할 수 있을 것이라 생각했는데, 수집한 결과는 예상외로 매우 단조로웠습니다. 특히 2~3년 이후의 성장률은 대부분 거의 변동이 없었습니다. 당시 저는 기관들의 전망치가 성의 없다고 생각했었습니다. 하지만 지금은 장기 전망에 대해 자세한 설명을 늘어놓는 이가 있다면 오히려 의심을 해야 한다고 생각합니다. 경제와 시장은 수많은 사람의 행동과 수많은 변수가 작용해 움직입니다. 아직 그런 복잡한 관계를 정확히 예측할 수 있는 단계에 와 있지 않습니다.

한동안 일기예보가 잘 맞았다고 해서 앞으로도 계속 그럴 것이라 생각하지 않습니다. 창 밖을 보면 최소한 지금 날씨는 알 수 있습니다. 경제는 어떤가요. 지금 경기가 회복 중인지 악화 중인지 객관적으로 판단할 방법도 마땅치 않습니다. 어쩌면 경제와 시장을 전망하는 것은 날씨를 예측하는 것보다 어려운 일인지도 모릅니다.

아는 것이 '돈'이다

수익을 보아도
겸손해야 하는 이유는?

··· 잊지 말아야 할 성과의 중요 변수, 운과 우연

펀드를 고를 때 최근 수익률이 높은 펀드를 선택하는 경우가 많습니다. 간단한 사고실험을 해 보겠습니다. 실력이 비슷한 100명의 펀드매니저가 각자 한 개씩 펀드를 운용하고 있습니다. 매니저들의 실력은 비슷하더라도 1년이 지나면 성과가 좋은 펀드와 그저 그런 펀드, 수익률이 나쁜 펀드로 구분할 수 있습니다. 5년이 지났습니다. 수익률 순위는 여러 번 바뀌었지만 100개 중 몇 개는 5년 연속 상위권에 들었습니다. 펀드매니저의 실력에 별다른 차이가 없더라도 펀드 수가 많다면 꾸준히 높은 수익률을 기록하는 펀드도 나오기 마련입니다. 1,000명이 동전 던지기를 한다면 10번 연속 앞면만 나오는 사람도 분명 있을 것입니다. 펀드가 몇 개나 되는지, 투자자가 몇 명인지 헤아려 보신 적 있나요? 여러분이 훌륭하다고 생각하는 펀드매니저나 투자자가 실력 때문에 좋은 성과를 낸 것인지 그 성과가 단지 운 때문인지 알아낼 방법은 마땅치 않습니다.

성공은 필연이 아닙니다. 누군가 성공했다면 성공의 원인을 그럴듯하게 설명할 순 있을 겁니다. 하지만 여러 가지 사건들이 우연히 도와주지 않았다면 그 사람도 실패했을지 모릅니다. 삼성전자는 과감한 투자를 통해 반도체 거대 기업으로 발전했습니다. 만약 경쟁자들도 삼성전자처럼 과감한 결정을 내렸다면 삼성전자의 전략은 실패했을 수도 있습니다. 백종원 대표는 1997년 외환위기 이전에 건축업을 했습니다. 외환위기가 발생하지 않았다면 백종원 대표 역시 그저 그런 건축업자 중 한 명이 되어 있을지도 모릅니다.

··· 수익과 손실을 대하는 자세

투자를 하다 보면 손쉽게 이익을 보기도 하고 손실에 의욕을 잃기도 합니다. 성과에 운과 우연이 중요한 영향을 미치는 상황에서 어떤 마음가짐으로 투자의 결과를 대해야 할까요?

① 겸손

성과가 났다 해도 그것이 100% 자신의 능력이나 노력 때문만은 아닐 가능성이 높습니다. 나는 수년간 성공했으니 재능과 노력이 증명된 것 아니냐고 반문할 수도 있습니다. 하지만 통계적으로 유의성을 가지려면 많은 표본이 필요합니다. 100번 정도 시도해서 최소 70번은 성공해야 능력을 증명할 수 있습니다. 대우그룹은 1967년부터 30년간 승승장구해서 1997년 무렵에는 국내 재계 서열 2위에 올랐습니다. 현지 법인이 396개, 해외 네트워크가 589곳, 해외 고용 인력이 15만 2천 명에 달했습니다. 하지만 2년 뒤인 1999년 대우그룹은 사실상 해체되고 말았습니다.

당신의 수익이 언제까지 지속될지 아무도 모릅니다. 실패가 코앞에 있어도 우리는 보지 못하는 경우가 많습니다. 성공은 알게 모르게 우연과 운, 남의 도움으로 이루어지는 경우가 많습니다. 수익이 좀 났다는 이유로 우쭐대는 사람은 세상에 성공보다 실패가 훨씬 많다는 기본적인 사실도 이해하지 못하는 사람입니다.

② 노력

투자 결과가 운과 우연에 크게 좌우된다면 노력이 무슨 소용이냐고 말할 수도 있습니다. 하지만 노력은 분명 중요합니다. 유니콘이 된 스타트업 기업들의 이야기가 많이 들립니다. 이들 중 상당수는 여러 번의 실패 끝에 결실을 얻었습니다. 아무리 성공이 신이 주는 선물이라도 성공의 씨앗을 많이 뿌려 놓은 사람은 그렇지 않은 사람보다 신에게 선택될 가능성이 높습니다.

③ 과정에 충실하고 결과에 담대할 것

노력을 해도 성공이 찾아오지 않을 수도 있습니다. 결과만을 중시하다 보면 인생은 성공과 실패에 울고 웃고 결국 운과 우연에 종속됩니다. 자신의 인생을 운과 우연에 맡겨 두시겠습니까? 인생의 목표를 과정에 둔다면 보람찬 하루하루를 보낼 수 있습니다. 성공만을 바라보면 과정은 중요하지 않습니다. 그런 가치관을 가진 사람이라면 남을 속이거나 불법을 저질러도 성공하기만 하면 그만일 것입니다. 하지만 성공의 기쁨은 짧습니다. 젊음의 황금기를 비롯한 인생의 대부분은 성공을 준비하는 과정 중에 소진됩니다. 많은 이들이 인생의 배우자를 찾기 위해 노력을 기울입니다. 첫 번째 연애에 인생의 동반자를 만나는 경우는 많지 않습니다. 그렇다고 배우자를 만나기 전의 연애 경험을 쓸모없는 시간으로 치부하는 경우 역시 드뭅니다. 결과만을 중시한다면 배우자를 찾는 과정에 불과하겠지만, 그 과정을 통해 즐거움과 추억, 소중한 경험을 얻을 수 있기 때문입니다.

과정은 결과만큼이나 중요합니다. 결과는 아무도 알 수 없습니다. 탈레브는 결과를 담담히 받아들이고 품위를 지키라고 조언합니다. 품위란 환경에 얽매이지 않고 계획된 행동을 하는 것을 뜻합니다. 사형 집행일에 가장 화려하게 차려 입고 똑바로 서서 당당하게 죽음을 맞이하라고 이야기합니다. 배우자가 달아나도 슬픔에 빠져 자신을 동정하지 말라고 합니다. 행운의 여신이 좌지우지할 수 있는 것은 결과뿐입니다. 신도 어쩔 수 없는 것이 우리의 태도와 행동입니다. 바로 그 태도와 행동이 실패자와 도전자를 가르는 기준이 됩니다.

3장

투자의
기본기

1 본격적인 투자에 앞서
Mind set

투자자에서
자산가로

투자하는 방법에는 여러 가지가 있습니다. 그중에서 가장 일반적인 방법은 싸게 사서 비싸게 파는 것입니다. 이는 자본차익(capital gain)을 추구하는 투자 방법으로 자본차익은 매수가와 매도가의 차이로 발생하는 시세차익을 말합니다. 100원에 사서 300원에 팔면 200원의 수익이 생깁니다. 이 200원을 자본차익이라고 하고, 이러한 수익을 노리는 사람을 '트레이더(trader)'라고 부르겠습니다.

제가 추천하는 부자가 되는 방법은 트레이더가 되는 것이 아니라 '투자자(investor)'가 되는 것입니다. 투자자는 매도를 가능한 자제하면서 보유 수익과 자산을 늘리는 전략을 추구합니다. 여기서 보유 수익은 임대료나 배당처럼 자산을 보유하면서 발생하는 현금흐름과 가격 상승에 따른 자본차익을 포괄하는 개념입니다. 다만, 현금흐름과 자본차익 중에서 현금흐름이 훨씬 더 중요합니다.

트레이더는 횡보장에서는 낮은 가격에 사서 높은 가격에 팔고 (역추세 전략), 상승장에서는 신고가에 사서 더 높은 가격에 파는 전략(추세추종 전략)을 취하는 경우가 많습니다. 반면에 투자자는 기준이 충족되었을 때 매수하는 방식을 이용합니다. 매수 기준은 부동산이라면 임대수익률과 입지, 주식이라면 배당 수익률과 사업 안정성 등을 예로 들 수 있습니다. 투자자는 가격이 너무 올라 현금흐름 대비 수익률이 현저히 하락했을 때, 혹은 자산의 장점이 변질되었을 때에만 매도합니다. 그 외 경우에는 매도를 자제하고 장기 보유하면서 보유 수익을 극대화하는 전략을 취합니다.

이해를 돕기 위해 투자자의 거래 방식에 대한 예를 들어 보겠습니다.

나열심 씨는 여윳돈이 생겨 주식에 현금흐름 투자 방식을 적용해 보기로 했습니다. 주식 시장은 가격 변동이 심하기 때문에 이를 감내하고 장기적으로 투자를 하려면 최소 5%의 현금흐름 수익률은 필요하다고 판단했습니다. 그래서 연간 배당 수익률이 5% 내외인 A주식(주당 2만 원)에 투자했습니다. A주식을 고른 이유는 매년 주당 1천 원 내외의 배당을 지급하는 데다 A사가 납품하는 물품이 대기업의 주력제품 제조에 필요한 부품이기 때문에 사업도 안정적일 것이라고 판단했기 때문입니다.

투자 후 처음 3년 동안 주가는 제자리 걸음을 했지만 매년 5% 수준의 배당이 들어왔기 때문에 행복했습니다. 그런데 4년 차가 되자 미국 경기가 주춤하면서 대기업의 주문이 감소했고 A주식도 가격이 30%나 하락했습니다. 하지만 지금까지 받은 15%의 배당을 생각하며 매도하고 싶은 마음을 참았습니다. 4년 차에는 배당도 줄어 2%밖에 받지 못했습니다.

다행히 5년 차가 되자 미국 경기가 반등하기 시작했고 A 주식도 가격을 회복했습니다. 배당도 주당 1천 원으로 예전 수준으로 돌아왔습니다. 경기 확장이 지속되면서 6년 차에는 가격이 오르기 시작해 4만 원까지 올랐습니다. 주가가 올라 현금흐름 수익률이 2.5%(= 1천 원 / 4만 원 × 100)로 하락하자, 나열심 씨는 A 주식을 모두 매도하였습니다.

1~3년 차: 배당 수익 15%
4년 차: 배당 수익 2%
5년 차: 배당 수익 5%
6년 차: 배당 수익 5%, 주가 상승 100%(매도)
수익 총합계: 127%

나열심 씨는 주가 상승에 따른 수익률 100% 외에도 6년 동안 배당 수익으로 27%의 수익을 올렸습니다. 주가가 매도 기준(현금흐름 수익률 2.5%)에 도달하지 않았더라도 연간 5% 내외의 수익이 꼬박꼬박 들어왔을 것입니다.

트레이더와 투자자

	트레이더	투자자
목표	매매차익 극대화	포트폴리오 구축(사서 모은다)
수익실현	매수 가격보다 높은 가격에 매도	싼 가격에 매수 보유함으로써 수동적 수익 발생
보유 기간	단기	(초)장기
가격 변동성	큰 것 선호	제한적 하락 방향 변동성에는 둔감 상승 방향 변동성 확대 시 매도 기회 포착
분석 방법	테마 및 뉴스 분석, 기술적 분석	현금흐름 수준 및 사업 영속성
위기 시 대응	매도, 보유량 축소	추가매수
성공한 모습	훌륭한 트레이더 (○○동 ○○선생)	고액자산가 투자 및 매매 필요성 감소 부의 자가증식

⋯ 목적

자본차익 투자가 매매차익을 극대화하는 것을 목표로 하는 데 반해, 투자자는 포트폴리오 구축을 목표로 합니다. 포트폴리오를 구축하기 위해서는 여러 자산이 필요합니다. 한두 자산에 투자금을 집중해서는 안 됩니다. 따라서 기존 자산을 매도해 수익을 내는 것보다는 좋은 조건의 다양한 자산을 매수해 포트폴리오를 완성해 나가는 것에 더욱 집중합니다.

··· 수익실현

트레이더는 매수 가격보다 높은 가격에 매도함으로써 수익을 내지만, 투자자는 자산 보유에 따른 현금흐름 등 수동적 수익을 추구합니다. 가능한 좋은 자산을 싸게 매수해서 현금흐름 수익률을 높이고 자산의 성장 잠재력을 누리는 것이 가장 주된 관심사입니다.

··· 보유 기간

트레이더는 거래가 빈번하지만, 투자자는 가격이 오르거나 떨어져도 현금흐름 수익률이나 자산의 본질에 큰 변화가 발생하지 않는다면 매매하지 않고 보유합니다.

··· 가격 변동성

트레이더는 싸게 사서 비싸게 팔 기회가 많아야 하므로 변동성이 큰 자산을 선호합니다. 하지만 투자자는 좋은 자산을 싸게 사서 보유 수익을 확보하는 것이 주목적이므로 장기 투자에 유리한 변동성이 작은 자산을 선호합니다. 위기가 발생하더라도 현금흐름 수익이 높은 자산은 그 수익이 아까워서라도 쉽사리 매도를 할 수 없습니다. 결국 투자자는 시장이 급락할 때에는 현금흐름 수익을 위안 삼아 기다리고, 상승장에서는 가격 상승으로 현금흐름 수익률이 떨어지거나 과도하게 가격이 오르면 매도하게 됩니다.

⋯ 분석 방법

트레이더가 가격 변동을 유발하는 폭넓은 뉴스에 관심을 가지는데 반해, 보유 수익 투자자는 자산의 현금흐름이나 펀더멘털에 영향을 미칠 뉴스에 집중합니다. 사업의 영속성과 관계가 있거나 대주주 변경으로 배당성향에 변화가 발생하는 경우 등의 뉴스에 더욱 주목합니다.

⋯ 위기 시 대응(리스크 관리)

금융 시장이나 경제에 위기가 발생하면 자산가격이 곤두박질 치게 되고 많은 시장 참가자들이 리스크를 관리하기 위해 매도를 합니다. 하지만 위기 발생 시 투자자는 매도 대신 포트폴리오를 구축할 좋은 기회가 왔다고 생각하고 저평가된 자산을 찾아 매수에 나섭니다.

⋯ 성공한 모습

성공한 트레이더는 이름을 날리게 됩니다. ○○동 ○○ 선생이 투자로 큰돈을 벌어 증권사나 선물회사를 인수했다는 얘기 들어 보신 적 있으시죠? 성공한 투자자는 시장을 움직이거나 단기간에 막대한 수익을 내기 어렵기 때문에 명성을 얻기는 어렵습니다. 하지만 매매를 자주 하지 않더라도 자산에서 발생하는 수동적 수익으로 재산이 스스로 불어납니다. 투자자는 단기간 내 큰돈을 벌지는 못하지만 별다른 노력을 하지 않아도 수동적 수익이 점점 불어나기 때문에 삶이 여유로워집니다.

학창시절에 가장 이상적인 인재관리에 대해 배운 적이 있습니다. 간단히 정리하면 가장 이상적인 인재관리란 철저하게 검증된 최고의 인재를 뽑아 그만두지 않도록 충분한 보상을 하며, 일에 집중할 수 있도록 고용 안전성을 보장하는 것입니다. 그리고 성과를 낼 수 있도록 충분한 권한을 부여하고 성장할 수 있도록 지원해야 합니다.

저는 투자도 이와 같아야 한다고 생각합니다. 심사숙고와 철저한 검증을 통해 최고의 자산을 골라 매입하고 자산에서 발생하는 현금흐름과 가격 상승분을 충분히 누릴 수 있도록 오랜 기간 보유해야 합니다. 최고의 인재에게 충분한 권한과 시간이 필요하듯 좋은 자산도 잠재력을 마음껏 뽑아낼 수 있도록 오래 보유하며 충분한 기회를 주어야 합니다.

2006년 신입사원 시절 어느 VIP 고객의 이야기를 들었던 적이 있습니다. 그분은 1980년대에 매수한 삼성전자 주식을 한 번도 팔지 않고 20년 넘게 보유하고 계셨습니다. 만약 그분이 지금도 그대로 보유하고 계신다면 그에 따른 수익은 아마도 천문학적 수준일 것입니다.

도박이 투자보다 위험하다?
- 대상보다는 태도와 방식

영화 〈타짜〉를 보면 도박으로 인생을 망치는 전형적인 단계를 알 수 있습니다. 아무것도 모르는 순진한 주인공이 불법 도박장에 발을 들입니다. 처음에는 돈을 따면서 점점 출입이 잦아지게 되지요. 그러다 꽤 큰돈을 잃은 후 본전을 찾겠다는 생각에 거액을 빌려 큰 판을 벌이지만, 여기서 사기를 당하게 되고 인생이 나락으로 떨어집니다.

투자에서 회복하기 힘든 큰 손실을 보게 되는 것도 기본 줄거리는 매우 비슷합니다. 처음에는 남들이 돈 번다는 이야기를 듣고 투자에 나서게 됩니다. 소액으로 시작하지만 수익을 내면서 점점 투자금이 커집니다. 수익과 손실이 반복되며 투자를 지속하는 와중에 투자금은 더욱 커집니다. 그러다 갑자기 하락장이 찾아오고, 복구하기 힘든 손실을 경험하게 됩니다.

도박은 위험하고 나쁜 것이라는 것을 알기 때문에 많은 사람들이 조심합니다. 하지만 투자도 도박만큼 위험해질 수 있습니다. 투자가 도박과 구별되는 가장 큰 특징은 투자금을 모조리 날리는 경우가 드물고, 본인이 매도할 때까지 한 판이 끝나지 않는다는 것입니다. 투자로도 얼마든지 실패할 수 있지만 돈을 잃는 속도가 도박보다 느리기 때문에 상대적으로 안전하다고 느끼는 것뿐입니다. 특히,

고수익을 목적으로 거래하는 선물, 옵션 등 파생상품은 만기가 짧고 변동성도 큰 데다 원금도 쉽게 날릴 수 있다는 점에서 도박이라고 해도 무방합니다. 무언가에 베팅을 하고 수익을 기대한다는 점에서 투자와 도박의 본질은 같습니다. 투자는 단지 속도가 느린 도박일지도 모릅니다.

··· 도박과 투자 구별하기

① 여의도의 펀드 매니저 A

아침 일찍 지난밤 뉴욕시장 뉴스를 확인하고, 증권사에서 보내 준 시황을 읽으며 회사로 출근합니다. 장 시작 전에 팀원들과 정보와 전략을 공유합니다. 장이 시작하면 5개의 모니터에서 시장가격과 뉴스, 각종 정보들이 쏟아지기 시작합니다. 중개인이나 리서치 쪽 자료를 살피며 좋은 종목을 찾고, 보유 중인 포트폴리오를 점검합니다. 시장 변동성이 커질 때를 대비해 헤지 및 대응 전략을 미리 세워 놓고 필요하면 바로 실행합니다. 장이 끝나면 그날의 매매와 손익을 정리하고 포트폴리오 구성을 재확인합니다. 이후에는 눈여겨보고 있던 기업을 탐방하러 나섭니다.

② 비버리힐즈의 전문 도박사 B

평소에는 5개의 TV와 모니터로 다섯 경기를 한꺼번에 보며 베팅을 하지만, 오늘은 중요한 경기가 있어 스크린 3개를 한 경기에

할당합니다. 통계 모형과 경기 관련 고급 지식, 뉴스와 직감 등 가능한 모든 정보를 수집합니다. 보조인력을 동원해 여러 팀의 진형과 전술, 선수들의 기사와 트위터를 모두 모니터링합니다. 홈팀의 주장은 최근 아내와 불화를 겪고 있어 컨디션이 난조입니다. 반면, 상대팀의 키플레이어는 FA를 앞두고 있어 팀보다 개인 기록에 신경 쓴다는 사실을 발견했습니다. 경기 전 홈팀 감독이 기본에 충실하겠다는 인터뷰를 하는 것을 보니 수비 위주로 경기를 진행할 것 같습니다. 도박사 B는 시장의 승률과 자신이 예상한 승률이 큰 차이가 있을 때에만 베팅합니다. 경기 전에 승률이 자기에게 유리한 쪽으로 움직이면, 수익을 확정하기 위해 반대팀에 돈을 걸기도 합니다. 새로운 뉴스가 나오면 주식 시장이 움직이는 것처럼, 새로운 정보가 나오면 도박의 승률과 배당률도 이에 반응해 움직입니다.

③ 직장인 C

　　직장인 C는 매월 80만 원을 적금에 붓고 20만 원가량을 투자하고 있습니다. 10만 원은 코스피200 추종 ETF에 매달 넣고, 나머지 10만 원은 국고채 3년 추종 ETF에 넣습니다. 최근 무역분쟁이 심해져 시장 변동성이 커지고 있지만 총자산에서 주식 비중이 낮고 채권도 보유하고 있기 때문에 투자전략을 유지 중입니다. 보너스 등 추가 수입이 생길 때는 70%를 예금하고, 30%는 CMA에 넣었다가 코스피200이 크게 하락할 때마다 매입하고 있습니다. 보너스로 매입한 코스피200은 정해진 수익률에 도달하면 절반 정도를 매도하고 다음 기회를 노립니다.

④ 직장인 D

바이오주에 5백만 원을 투자했습니다. 임상실험 같은 것을 한다는데 어쨌든 계속 상승세를 타고 있어 기분이 좋습니다. 수익도 난 김에 유료 종목 추천 업체에서 추천한 상한가 예상 종목에 2백만 원을 더 넣었습니다. 주식에 총 1천만 원을 투자했고 현재 평가액은 1500만 원입니다. 뿌듯한 마음에 맥주 한잔하고, 치킨을 사서 집에 들어갑니다. 한 달 후 임상실험이 실패했다는 뉴스가 나오면서 바이오주에서 30% 손실을 보았습니다. 하지만 바이오주는 원래 등락이 심하고 30%면 상한가 한 번으로 만회할 수 있으니 일단 더 지켜보기로 합니다. 진짜 문제는 종목추천 서비스에서 추천받은 종목입니다. 50% 손실입니다. 업체에 연락해 보니 캔들 패턴도 깨지지 않았고, 세력이 좀 더 싼 가격에 매집하려고 가격을 낮춘 것 같답니다. 그렇다니 일단 믿어 보기로 합니다. 저번 달에 주식으로 돈 벌었다며 아내에게 자랑을 했던 게 후회가 됩니다.

이들 중에서 누가 투자를 하고 누가 도박을 하고 있나요? 아무리 투자라도 도박처럼 하면 도박이 되고, 도박이라도 위험을 관리하며 심혈을 기울이면 직업이 될 수도 있습니다. 급등주를 찍어 주는 서비스는 화투판에서 다음에 낼 패를 알려 줄 테니 돈을 내라는 것과 같습니다.

··· 즐기며 투자하는 방법

　　여행을 가면 카지노에 재미 삼아 들르는 경우가 있습니다. 카지노에 갈 때는 돈 벌 생각하지 말고, 정해 놓은 금액으로 한두 시간 즐겁게 놀고 온다는 마음으로 가라는 이야기 들어 보셨을 것입니다. 돈 따겠다고 기를 쓰다가는 돈도 잃고, 여행도 망치기 쉽습니다. 같이 간 사람과 이야기도 하고, 구경도 하고, 카지노에서 주는 음료도 마시며 소액으로 천천히 즐기면 재미있는 시간을 보낼 수 있습니다. 이러면 크게 잃지도 않고 운이 좋으면 좀 딸 수도 있지요. 투자도 마찬가지입니다. 중독되어 고생하거나 빈털터리가 되어 쫓겨나지 않으려면 소액으로 여유 있게 해야 합니다.

① 소액 베팅

　　도박을 업으로 삼는 전문 도박사들은 한 번에 얼마의 금액을 베팅할까요? 보통 켈리 공식(Kelly Criterion)이라는 것을 사용합니다. 수학적으로 증명된 이 공식은 한 번에 자본의 몇 %를 베팅해야 하는지 알려 줍니다. 대부분의 모델이 그렇듯 공식에 투입해야 할 변수 자체도 추정해야 하기 때문에 결과값은 사람마다 다를 수밖에 없습니다. 그래도 많은 프로 도박사들이 이 공식을 이용하고 있습니다. 도박사들은 켈리 공식을 이용해 최적의 베팅금액을 계산한 후 나온 값의 절반 정도만 베팅한다고 합니다. 계산에 오류가 있을 수도 있고, 도박에서는 정말 예상하지 못한 일도 종종 발생하기 때문이지요. 도박하는 사람들조차 수학적 방법으로 최적 베팅금액을 구해 놓고도,

안전하게 게임을 하기 위해 베팅 규모를 절반으로 줄입니다.

금융회사에서 오랜 경험을 쌓은 트레이더라도 개인 투자자의 약점을 이해하지 못하고 전업 투자자로 나서면 실패하는 경우가 많습니다. 회사에 속한 트레이더는 손실한도에 도달하지 않는 이상 같은 규모의 금액으로 트레이딩을 계속할 수 있습니다. 하지만 자기 돈을 투입하는 개인 투자자는 손실이 난 만큼 투자금이 줄어듭니다. 기관 트레이더는 몇 억 원의 손실이 나도 다음 날 어제와 같은 규모로 트레이딩할 수 있지만, 개인 투자자는 손실이 나면 트레이딩할 수 있는 가용 자금이 그만큼 줄어듭니다. 같은 금액을 손해 봤더라도 원금을 회복하려면 기관 투자자보다 개인 투자자가 더 높은 수익률을 내야 하는 것입니다. 개인 투자자가 약점을 극복하려면 트레이딩 규모를 줄여야 합니다. 전업 트레이더들은 보통 한 번에 자기자본의 2% 이하를 사용합니다. 그래야 한 번 실패하더라도 49번의 기회가 더 있고 기관 트레이더처럼 계속 같은 규모로 트레이딩을 할 수 있기 때문입니다(《수익률의 함정》 220쪽 참고).

② 장기 투자

카지노 경험이 없는 삼대(할아버지와 아들, 손자)가 동일한 금액으로 각자 다른 테이블에서 카지노 딜러와 일대일로 블랙잭을 합니다. 가장 오랫동안 게임을 즐길 수 있는 사람은 누구일까요? 바로 할아버지입니다. 실력은 비슷하지만 장시간 생각하고 카드를 내는 속도도 느리기 때문에 가장 오래 테이블에 앉아 있을 수 있는 것이지요. 이렇게 시간을 끌다 보면 게임 횟수가 줄어들어 잃는 돈도 적어질 뿐만 아니라, 카지노 딜러가 기다리다 짜증이 나서 실수를 할 수도 있습니다.

도박뿐만 아니라 투자도 긴 호흡을 가져가야 합니다. 거래횟수가 줄어들수록 실수도 줄고 잃는 돈도 적어집니다. 오랫동안 자산을 보유하다 보면 운 좋게 급등세가 찾아오기도 합니다. 소액으로 여유 있게 긴 호흡으로 투자를 즐기면 시장의 급변동에 부화뇌동하지 않고 자신의 페이스를 지킬 수 있습니다. 거래가 빈번해지고 금액이 커질수록 감정에 휘둘리고 실수를 연발하게 됩니다. 적은 금액과 뜸한 매매로 어떻게 돈을 버냐고요? 투자로 얻는 수익은 부수입일 뿐입니다. 투자에 매몰되어 본업에 소홀해지거나 모아 놓은 돈을 날리지 않는 것이 투자로 버는 것보다 훨씬 중요한 일입니다. 잃지 않고 시장에서 살아남는다면 언젠가는 좋은 기회를 포착할 수 있는 안목이 생길 수도 있습니다.

또 한 가지 잊지 말아야 할 것은 거래를 자주 하고 큰 금액을 투자한다고 해서 실력이 느는 것이 아니라는 점입니다. 시도하지 않으면 배울 수 없지만, 무리한 시도만 반복해도 안 됩니다. 큰 규모로 잦은 거래를 할 경우, 매매 행위 자체에만 집중하게 되어 쓸모없는 경험만 쌓일 수도 있습니다. 수년간 투자를 했는데 매매만 하고 공부와 반성이 없다면, 투자 시작 전과 달라진 것은 무용담 외엔 아무것도 없습니다. 아무리 투자 경험이 많아도 거래 방식이나 투자를 대하는 태도가 바뀌지 않는다면 결과도 당연히 달라지지 않습니다.

주식과 부동산을 거래하면 투자고, 트럼프나 화투를 치면 도박이 아닙니다. 투자와 도박을 가르는 기준은 대상 자체가 아니라 대상을 대하는 태도와 방식입니다. 같은 칼을 가지고도 요리를 만드는 사람이 있는가 하면, 범죄를 저지르는 사람이 있습니다. 별다른 고민 없이 실행만 하면, 투자가 아니라 도박이 되기 쉽습니다. 무턱대고 하는 것보다는 차라리 도박이라고 생각하고 조심하는 편이 낫습니다.

경계해야 할 말들이 있습니다. 세력이 붙은 급등주를 찾아 조금만 먹고 나오면 된다거나, 개발호재가 있으니 무조건 뜬다거나, 이것만 사두면 노후가 해결된다는 등의 듣기 좋은 말들은 절대 믿지 말아야 합니다. 투자와 도박의 본질은 크게 다르지 않습니다. 중독되지 않도록 스스로를 단련해야 합니다. 투자가 도박과 다른 점은 판이 돌아가는 속도가 느리다는 것, 죄책감을 느끼지 않고 시작한다는 것 외에는 없습니다. 타짜처럼 판을 장악할 수 있는 사람은 극소수에 지나지 않습니다. 보통 사람이 투자에서 성과를 얻으려면, 하나하나 신중하게 살피고 작은 금액을 베팅하며 판을 보는 눈을 키워 가는 것 외에 다른 방도는 없습니다.

투자와
투기의 구별

나열심 과장과 금현명 차장은 점심 식사를 함께하며 투자 이야기를 나누고 있습니다.

나열심: 차장님, 옆 팀 김 차장님 얘기 들으셨어요?

금현명: 무슨 얘기?

나열심: 김 차장님 아내분이 동네 아주머니들 말만 듣고 경기도 어디에 땅을 사자고 했나 봐요.

금현명: 그래서 샀대?

나열심: 김 차장님이 보기에는 잘 알지도 못하는 곳인데다 주위를 살펴보니 발전 가능성도 없어 보이더래요. 그래서 말도 안 되는 얘기 하지 말라고 거절하셨데요.

금현명: 잘했네. 잘 모르면 안 하는 게 맞지.

나열심: 저도 처음엔 그렇게 생각했는데 최근에 그 말도 안 되는 땅이 말도 안 되게 올랐나 봐요. 김 차장님이 그것 때문에 댁에서 많이 난처하신가 봐요.

금현명: 그래? 그런데 나 과장, 투자와 투기를 구별할 줄 알아?

잘못된 방식이라도 수익이 나면 현명한 투자가 되고, 올바른 방법이라도 실패하면 투기로 치부되는 경우가 많습니다. 사기로 돈 버는 사람이 많다고 해서 사기를 쳐서야 되겠습니까? 중요한 것은 투자와 투기를 구별할 줄 알아야 한다는 점입니다.

··· 투기의 특징

투기가 건전하지 못한 행위라는 것은 누구나 알고 있습니다. 하지만 막상 투기가 무엇이냐고 물어보면 대답할 수 있는 사람은 많지 않습니다. 저는 다음 세 가지 중에서 하나라도 해당된다면 투기라고 생각합니다.

① 투자 판단 능력이 없다

투기의 첫 번째 속성은 판단과 심사숙고 없이 자산을 거래한다는 것입니다. 사례에서 김 차장님 아내가 이에 해당된다고 할 수 있습니다. 잘 모르지만 남들이 좋다고 해서, 주위에서 다들 사니까, 남들이 돈 벌었다니 나도 한 번…. 이런 식의 거래는 한두 번 성공할 수 있을지 몰라도 훗날 돌이킬 수 없는 후회를 가져올 수 있습니다.

초보자라 잘 모르니 전문가의 의견을 구해 투자하는 것은 어떨까요? 투자 대상에 대해 남의 의견을 구하는 것은 잘못된 것이 아닙니다. 하지만 의견을 구하는 것과 맹목적으로 추종하는 것은 전혀 다릅니다. 전문가의 의견을 참고해 감당할 수 있는 범위로 투자하는 것을 나쁘다고 할 수는 없습니다. 하지만 전문가의 견해에 생사를 걸어서는 안 됩니다. 돈을 벌 수밖에 없다고 말하는 사람은 전문가가 아니라 사기꾼입니다. 급등주를 찍어 준다거나 반드시 오른다는 말에 묻지마 투자를 하는 경우가 아직도 많습니다. 이는 눈을 가리고 운전하면서 내비게이션이 있으니 괜찮다고 생각하는 것과 같습니다. 사고의 책임은 운전자에게 있고 투자의 책임도 어디까지나 투자자에게 있습니다. 혼자서는 어디에 투자할지 도무지 갈피를 잡을 수가 없다고요? 그렇다면 아직 투자할 준비가 안 된 것입니다.

② 리스크 관리가 없다

리스크를 생각하지 않고 투자하는 것은 투기이자 도박입니다. 손실 가능성을 망각한 채 수익에만 눈이 멀어 무리한 투자를 하는 경우를 자주 볼 수 있습니다. 더 큰 문제는 자신이 얼마나 위험한 행동을 하고 있는지, 어느 정도의 리스크를 안고 투자하는 것인지 모르는 경우입니다.

투자 전에 무엇보다 먼저 갖춰야 할 것은 투자 대상을 고르는 안목입니다. 위험에 대한 대비 없이 수익만 쫓다 보면 급등주나 파생 상품에 손을 대거나 기획 부동산 사기에 휘말릴 수도 있습니다. 실패할 경우에 대비하는 것이 투자의 가장 첫 단계입니다. 우량 자산으로도 얼마든지 투자에 성공할 수 있습니다.

그다음으로 필요한 덕목은 과도한 레버리지(빚)를 피하는 것입니다. 빚을 내 주식 투자를 하거나 무리한 갭 투자를 하다가 실패하는 경우가 아직도 많습니다. 금융회사에서 빌린 돈만 빚이 아닙니다. 세입자에게 받은 보증금도 빚입니다. 자산이 늘어나는 것에 기뻐하다가 대출과 보증금을 보지 못하면 카드로 만든 집에 살게 됩니다.

한 종목에 인생을 걸거나 빚도 재산이라고 생각하면 위험과 점점 가까워집니다. 모든 위험은 하루빨리 부자가 되겠다는 조급함 때문에 일어납니다. 단기간에 고수익을 노리는 '몰빵' 투자는 과감한 결정이 아니라 참을성과 노력이 없는 시정잡배의 도박입니다. 올인은 회심의 한방이 아니라 무모한 자의 마지막 발악일 뿐입니다.

③ 투자 윤리가 없다

투기의 또 다른 특징은 돈만 벌린다면 무엇이든 한다는 것입니다. 올바르고 정당한 투자를 하기 위해서는 투자 윤리에 대한 인식이 있어야 합니다. 투자를 실행하기 전에 내 행위가 다른 이들에게 어떤 영향을 줄 수 있을지 생각하는 자세가 필요합니다.

잠재력 있는 회사와 함께 성장하겠다는 마음으로 주식에 투자하는 것은 올바른 행동입니다. 그러나 남이야 사기를 당하든 말든 나만 벌면 된다는 마음으로 작전주에 편승하는 것은 투기입니다. 토지의 효율적 활용은 뒤로한 채 알박기를 해서 남에게 뜯어내겠다는 심보는 지탄받아 마땅하지요. 다주택자가 추가로 주택을 구입하는 경우도 스스로에 대한 검열이 필요합니다. 다주택자라 할지라도 내 집 마련이 어렵거나 집을 소유할 계획이 없는 이들에게 합리적인 가격으로 주택을 공급할 목적이라면 투자 윤리에 부합한다 할 수 있습니다.

상업용 부동산 투자도 마찬가지입니다. 가격과 임대료를 올려서 누군가에게 돈만 받아 내겠다는 생각이라면 그 사람은 나쁜 투기자입니다. 그러나 상생을 기본으로 공정한 가격에 사업 공간을 제공하겠다는 마음이라면 기본적인 윤리를 갖춘 임대인이라고 할 수 있습니다.

··· 투기를 피하는 것의 장점

돈을 번 사람들은 자랑을 입에 달고 살지만 실패한 이들은 항상 조용합니다. 투자든 투기든 돈을 번 사람들의 이야기만 들린다는 것을 잊어서는 안 됩니다. 투기가 올바른 투자보다 성공 확률이 높다는 증거는 없습니다. 그리고 무엇이든 성공보다는 실패가 많은 법입니다.

투기를 멀리하면 자연스레 큰 위험을 피할 수 있습니다. 말도 안 되는 투자 대상을 걸러낼 수도 있고 무리한 레버리지도 경계하게 됩니다. 그리고 무엇보다 고수익이나 일확천금의 사탕발림에 속지 않을 수 있습니다. 누가 그런 황당한 사기에 속을까 싶지만 아직도 지하철이나 길거리에는 투기를 조장하는 광고들이 넘쳐납니다. 그런 광고들이 많다는 것은 지금도 속는 이들이 많다는 반증입니다. 특히 자신이 똑똑하다고 믿는 사람일수록 한 번 속아 넘어가면 거짓을 깨닫기 어렵습니다. 자만 때문에 스스로 속았다는 것을 인정하는 데 오랜 시간이 걸리기 때문입니다.

투기를 피하면 규제 불확실성에도 덜 노출됩니다. 정부는 항상 투기 근절을 위해 노력하고, 규제는 투기자들의 사정을 봐주지 않습니다. 파생상품 시장에서 투기 움직임이 발생하자 정부는 증거금을 높이고 필수 교육시간을 늘리는 등 거래 기준을 강화했습니다. 기준을 맞추지 못한 많은 투자자들 일부는 불법 파생상품 시장으로 넘어갔다가 심각한 피해를 입고 말았습니다. 부동산 규제가 나오면 규제를 피한 지역으로 자금이 쏠리는 풍선효과가 종종 나타납니다. 하지만 그곳 역시 과열된다면 다음 규제에 발목을 잡히게 됩니다. 규제를 피해 투기를 하는 것보다는 올바른 투자로 방향을 전환하는 것이 장기적인 관점에서 더 유리한 경우가 많습니다.

···· 투자와 공정성

공정성은 여러 분야에서 가치판단의 중요한 기준이 되고 있습니다. 고용에 대해 이야기할 때 경제 성장, 계층 구조, 기업 경쟁력, 구직자들의 선호도 등 다양한 관점에서 공정성을 확보할 방안을 고민

합니다. 하지만 대부분의 투자 논의는 어떻게 돈을 벌 것인지에만 관심이 한정돼 있습니다. 투자에서는 돈이 곧 선이요, 처음이자 마지막인 것처럼 느껴집니다. 투자 대상 선정, 정책 효과, 투자 방법 등의 논의에서도 공정성이 중심 주제로 등장해야 합니다.

부동산 대책에 대한 논란이 지속되고 있습니다. 해결책이 잘 보이지 않는 이유 중 하나는 공정한 투자에 대한 기준이 없기 때문입니다. 올바른 투자에 대한 사회적 합의가 있다면 그것을 벗어나는 것에 대해 규제를 가하면 됩니다. 하지만 지금은 투기의 범위가 애매하기 때문에 정책에 대한 잡음이 더 많아지는 것 같습니다. 다양한 논의를 바탕으로 공정한 투자에 대한 기준이 정립된다면, 정책 관련 혼란이 줄어들 수 있을 것입니다.

··· 투기와의 이별

'개같이 벌어서 정승같이 쓴다.'는 말이 있습니다. 여기서 개같이 번다는 말의 의미는 남들이 하기 싫어하는 일이나 힘들고 어려운 일을 한다는 뜻이지, 돈만 되면 무엇이든 한다는 의미가 아닙니다. 어떻게든 돈만 벌면 떵떵거리며 살 수 있다는 식으로 해석하면 안 됩니다. 투자와 투기를 구분하는 것은 성과가 아니라 자세와 태도입니다. 돈이 된다면 무엇이든 손대는 것은 투기이고, 적정성을 판단한 후에 실행하는 것은 투자입니다. 돈을 벌기 위해 무엇이든 한다면 그것은 개같이 버는 것이 아니라 개만도 못하게 되는 것일지도 모릅니다.

마켓 타이밍은 없지만
투자 타이밍은 있다

한공부 과장은 얼마 전부터 주식 투자를 시작했습니다. 수익이 좀 나는가 싶었지만 얼마 후 시장 변동성이 커지면서 적지 않은 손실을 보고 말았습니다. 남편에게 사실을 고백했더니 다행히 크게 화를 내지는 않았습니다. 대신 남편의 투자 멘토 금현명 차장을 만나 조언을 구하기로 했습니다.

… 펀더멘털과 수급

> **한공부:** 안녕하세요. 바쁘신데 시간 내 주셔서 감사합니다.
>
> **금현명:** 별 말씀을요. 얘기는 대충 들었어요. 최근에 손실을 좀 봤다고요?
>
> **한공부:** 네. 잘 모르면서 너무 서둘렀나 봐요. 차장님, 펀더멘털이 뭔가요? 정확한 의미는 잘 몰라서요.
>
> **금현명:** 펀더멘털이라는 건 건강이나 기초 체력과 비슷하다고 생각하면 돼요. 건강검진을 할 때 체중, 혈압, 근육량, 간 수치 이런 것들을 재잖아요? 경제도 성장률, 경상수지, 물가 이런 것들을 보면서 건강한지 살피지요. 주식이나 부동산도 마찬가지예요. 주식은 PER, PBR, ROE 같은 지표들을 살펴보고 부동산은 수익률, 레버리지 비율, 공실률 같은 것을 보면서 자산이 건강한지 판단하지요.

한공부: 그럼 수급은 뭔가요? 펀더멘털이 좋아도 수급이 안 받쳐 주면 소용없다고 하던데요.

금현명: 수급이란 말 그대로 수요와 공급을 의미해요. 수요는 자산을 매수하려는 힘이라 할 수 있고, 공급은 시장에서 매도하려는 힘이나 시장에서 유통되는 자산의 양을 뜻해요. 수급이 좋다고 하면 수요는 많고 공급은 상대적으로 적어서 가격이 오를 가능성이 높다는 의미로 해석하죠. 쉽게 얘기하면 한공부 씨처럼 개인 투자자들이 많아지면 수요도 힘을 받게 되는 거예요. 공급은 기존에 주식을 가진 사람들이 팔려고 하면 늘어나지요. 단 공급에는 기업이 주식을 추가로 발행한다거나 상장하는 등 이벤트성 공급도 있어요. 부동산 시장에서는 아파트가 새로 분양되는 것도 공급이 늘어나는 것이라 할 수 있지요.

··· 시장과 버블의 역학

한공부: 그렇다면 펀더멘털하고 수급 중에서 뭐가 더 중요한가요?

금현명: 가격이 등락하는 것은 기본적으로 수급 때문이에요. 수요와 공급이 싸워서 수요가 이기면 가격이 오르고, 공급이 이기면 가격이 내려가는 식이죠. 하지만 펀더멘털 역시 중요해요. 왜냐면 펀더멘털이 수요와 공급에 영향을 미치기 때문이에요. 펀더멘털이 좋아지면 보통 수요가 늘고, 나빠지면 수요보다 공급이 더 많이 늘어나게 되죠. 반도체 경기가 좋아진다는 소식이 들리면 삼성전자 펀더멘털 개선이 예상되고, 관심 없던 사람도 삼성전자 한번 사 볼까 고민하게 되는 것이지요.

펀더멘털과 수급이 서로 영향을 미치기 때문에 뭐가 더 중요하다고 잘라 말하기는 어려워요.

나열심: 차장님, 좋은 실적이 나왔는데 주가가 떨어지거나 나쁜 소식이 나왔는데도 가격이 오르는 경우는 왜 그런 거죠?

금현명: 좋은 질문이에요. 사상 최대 실적이 나왔는데 주가가 떨어지기도 하죠. 기사들 보면 이런 경우 보통 더 이상 실적이 개선되기 어렵기 때문에 하락했다고 설명해요. 이런 경우 수급이 문제입니다. 실적 기대로 많은 사람들이 주식을 이미 사서 더 이상 살 사람이 없다면 호재가 나와도 가격이 오르지 않죠. 가격이 오르려면 누군가는 더 비싼 가격으로 사줘야 하니까요. 호재에도 가격이 오르지 않으면 기존 투자자들이 이익 실현을 하고 싶어지고, 매도가 힘을 받으면서 가격이 내려갈 수 있지요.

한공부: 그러면 나쁜 소식에도 주가가 오를 때는 팔 사람은 이미 다 팔아서 매도세는 없고, 나쁜 소식에도 가격이 떨어지지 않으면 매수에 관심 있던 사람들이 사기 시작해서 주가가 오르겠네요.

금현명: 네, 맞아요. 호재에 오르고 악재에 하락하는 게 기본이지만 반대인 경우도 종종 나와요. 그러니 시장이 어려운 것이죠.

나열심: 그런데 차장님. 버블은 무엇이고 왜 생기죠?

금현명: 버블은 말 그대로 거품이에요. 시장가격이 펀더멘털에 비해 과도하게 오르는 현상을 말해요. 불안한 상승이기 때문에 거품처럼 터지기 쉽지요. 버블은 어떤 산업이나 자산에 대한 장밋빛 전망으로 시작해요.

어느 순간 여러 사람이 장밋빛 전망에 관심을 갖기 시작하고 너도나도 그 자산을 사게 되죠. 그런데 상승세가 반복되고 돈 버는 사람이 많아지면 아무리 비싸도 그 자산을 사려는 사람이 계속 생기는 거예요. 네덜란드 튤립 투기 들어 봤죠? 튤립 뿌리 하나가 아파트 한 채 값 정도까지도 올랐다고 해요.

한공부: 튤립이 뭐 그리 좋다고… 이해가 잘 안 가네요. 버블은 무조건 막아야 되겠어요.

금현명: 버블은 어려운 문제예요. 2000년경 IT 거품으로 많은 사람들이 고생했지요. 하지만 인터넷과 IT기업들은 실제로 우리 생활을 바꿔 놓았어요. 아마존과 네이버도 그 시기에 태어났죠. 버블의 어려운 점은 지금이 버블인지 아닌지 알 수 없다는 점이에요. 그걸 알 수 있다면 무리하게 오르는 것에 대해 조심하면 되는데, 어디서부터가 버블인지 알 도리가 없지요. 그저 버블이 꺼지고 나야 과도했다는 것을 깨달을 수 있을 뿐이죠.

··· 마켓 타이밍은 없지만 투자 타이밍은 있다

한공부: 저는 이번에 손실을 보긴 했지만 열심히 공부해서 실력을 쌓으면 수익을 낼 수 있겠죠?

금현명: 많은 사람이 전설적인 트레이더나 소위 고수라고 불리는 사람들을 보고 꿈을 키워요. 하지만 수많은 기라성 같은 트레이더들도 대부분 나타났다 사라져요. 자신의 철학과 매매 스타일이 시장과 잘 맞았을 때 이들은 스타가 되지요.

좋은 성과가 반복되면 스스로도 시장을 예측할 수 있다고 착각하게 되죠. 하지만 시장에 큰 충격이 발생하거나 흐름이 바뀌면 이들 대부분은 사라지고 말아요. 지금은 애플이나 구글처럼 시장 주도주를 좋아하는 사람들이 성공했어요. 만약 시장이 소형주 중심으로 바뀐다면 지금 성공한 사람 중 상당수는 시장을 떠나게 될 가능성이 높아요.

한공부: 실력자들도 앞날을 알 수 없다면 저 같은 개인은 어떻게 해야 하나요?

금현명: 개인은 개인만의 장점을 최대한 살려야죠. 시장은 대부분이 상승장이나 횡보장이에요. 하락장은 아주 가끔 찾아오지만, 짧은 시간에 수년 동안의 상승폭을 모두 되돌려 버려요. 전업 투자자나 기관 투자자는 상승장이든 하락장이든 줄곧 투자해야 하지만 개인은 그럴 필요가 없어요. 상승장이나 횡보장에서는 소액 투자를 하면서 공부하고, 하락장이 오면 그때마다 보유자산을 늘려가는 게 좋아요. 그렇지만 대부분은 상승장에서 보유량을 늘리다가 실패하고 말지요. 특히 초보자는 수년간 없었던 큰 하락장을 겪은 이후에나 투자금을 늘릴 자격을 얻었다고 생각하는 편이 좋습니다.

한공부: 그래도 하락장을 잘 피해 가면서 성공하는 사람들이 있지 않나요?

금현명: 시장의 상승과 하락을 예측해서 높은 수익을 얻으려고 하는 행위를 마켓 타이밍이라고 해요. 초보자들은 상승장에 투자하고 하락장 이전에 빠져나와야 돈을 벌 수 있다고 생각하죠. 하지만 시장을 예측하는 것은 불가능합니다. 투자로 돈을 버는 것은 예측과 매매를 잘해서가 아니라 시장이 오르면서 그 덕에 돈이 벌린 것이에요.

본격적인 투자에 앞서 Mind set

가격이 낮을 때 사고 높을 때 팔면 돈을 벌 수 있다고 생각하지만 사실 그렇지 않습니다. 지금 가격이 낮은지 높은지에 대한 평가는 지극히 주관적이고 최종 판단은 오랜 시간이 지난 후에야 할 수 있어요. 이 사실을 인정한다면 개인 투자자는 좋은 자산을 찾아 오랫동안 보유하는 방식으로 투자해야 합니다.

금현명: 그래도 너무 실망하지 말아요. 마켓 타이밍은 없지만 투자 타이밍은 있으니까. 기회는 기다리면 다시 찾아와요. 모두가 겁에 질려 팔아 치울 때, 우량자산도 맥없이 떨어질 때, 오히려 자산을 매수해야 합니다.

투자는 무작위의 시장에서 아주 잠시 존재하는 질서를 찾아내려는 시도일지도 모릅니다. 시장에서 수많은 별들이 자신이 찾아낸 방법을 금과옥조로 여기다가 저물고 말았습니다. 내가 찾아낸 질서나 방법이 아주 잠시 존재하거나 아예 우연이었을 가능성을 항상 염두에 두어야 합니다. 시장을 예측할 수 있다면 하락장 끝에 매수하고 상승장 정점에 매도하면 됩니다. 하지만 워런 버핏도 하락장이 오면 손실을 봅니다. 그도 언젠가 다시 올 상승장에 대비할 뿐이지요.

누구나 노력하면 모델 같은 몸은 아니더라도 건강한 몸은 충분히 만들 수 있습니다. 하지만 현실에선 몸짱은커녕 다이어트에 성공하는 사람도 많지 않습니다. 열심히 노력하기만 하면 누구나 이룰 수 있는 것도 실제로 해내는 사람은 소수입니다. 심지어 투자는 노력한 만큼 성과가 나온다는 보장조차 없습니다. 이것이 바로 모두가 겸손한 마음을 가지고 소액 투자를 해야 하는 이유입니다.

2 실패하지 않는 투자를 위해 알아야 할 3가지

수익률의 함정
- 절대 잃어서는 안 된다

2006년은 주식 시장 활황기였습니다. 금융상품을 권유하는 저에게 직접투자로 매년 20~30% 정도 수익을 내고 있으니 상품가입은 필요없다고 말씀하시던 분이 생각납니다. 인터넷상에는 욕심 내지 않고 연간 30% 수익만 내도 노후에 여유로운 생활을 즐길 수 있다는 글이 인기를 끌기도 했습니다. 여러분의 목표 수익률은 얼마인가요?

목표는 수익률이 아니라 저축액(혹은 대출상환액)으로 잡아야 합니다. 수익률을 목표로 하면 위험한 상품이나 종목에 자꾸 눈이 가고 점점 위험한 투자에 빠져들 수 있습니다. 수익률에 집착하면 절약과 저축의 중요성을 등한시하거나 한 방에 인생역전을 꿈꾸며

무리한 투자를 강행하기도 합니다. 투자를 할 때 다음과 같이 말하는 사람들이 있습니다.

> "돈을 벌려면 리스크를 감수해야지. 손실이 좀 나더라도 큰 수익을 내면 되는 것 아닌가?"
>
> "이렇게 낮은 수익으로는 목표 달성이 불가능해. 이런 수익률로 달라지는 게 뭐가 있겠어?"
>
> "좀 잃더라도 벌 때 많이 벌면 돼."

이런 투자 방식의 기대수익률은 얼마나 될까요? 30% 잃더라도 40% 수익을 낸다면 10%는 벌 수 있을 것 같습니다. 좀 더 과감하게 50% 잃더라도 60% 수익을 노릴 수도 있지요. 이런 성과가 반복되면 어떻게 되는지 살펴보겠습니다.

변동성과 수익의 관계

전략1	비고	전략2	비고	전략3	비고	전략4	비고
100	-50%	100	-30%	100	-10%	100	0%
50	60%	70	40%	90	20%	100	10%
80	-50%	98	-30%	108	-10%	110	0%
40	60%	69	40%	97	20%	110	10%
64	-50%	96	-30%	117	-10%	121	0%
32	60%	67	40%	105	20%	121	10%
51	-50%	94	-30%	126	-10%	133	0%
26	60%	66	40%	113	20%	133	10%
41		92		136		146	

평균 수익률은 10%로 모두 같지만 변동성이 작아질수록 수익이 커지고 변동성이 커질수록 손실이 늘어납니다. 변동성이 큰 1번과 2번 전략은 투자를 반복할수록 오히려 손실만 쌓입니다. 1번 전략은 3번만 반복하면 원금의 절반이 날아갑니다. 수익률이 낮더라도 잃지 않는 4번 전략이 가장 우수한 성과를 보여줍니다.

변동성이 커지면 왜 수익이 줄어들까요? 손실을 보면 투자금액이 적어지기 때문입니다. 투자금액이 적어지면 훨씬 높은 수익을 내야 원금을 회복할 수 있습니다. 만약 50% 손실을 보았다면 100의 투자금이 50이 되었을 것이고, 여기서 50%의 수익을 내봐야 결과는 75밖에 되지 않습니다. 원금 100을 회복하려면 50%가 아니라 100%의 수익이 필요합니다. 한 번 손실이 크게 발생하면 상처를 회복하고 목표 진도율을 쫓아가기가 매우 힘들어집니다. 그래서 급등주, 대박주를 노리기보다는 우량주에 분산 투자하는 것이 현명한 선택입니다.

도박이나 파생상품이 위험한 이유는 실패하는 경우 투자금이 줄어드는 정도가 아니라 모두 사라져 버릴 수 있기 때문입니다. 대출을 받아 주식거래를 하거나 미수거래를 하면 안 되는 이유도 실패할 경우 손실 규모가 도박과 별반 다르지 않기 때문입니다.

그런데 전략1을 구사하면서도 10%의 수익률을 낼 수 있는 방법이 있습니다. 분할 투자가 그 방법입니다. 투자금 100 중에서 50만 투자하는 경우를 보겠습니다. 30% 손실 후에 투자금은 50에서 35로 줄어들지만, 투자하지 않은 금액 50 중에서 15를 보태 다시 50을 투자하면 두 번째에는 투자금이 70으로 불어납니다. 첫 번째 거래에서 15만큼 손실이 발생했지만, 두 번째 거래에서는 20만큼 이득을 보았기 때문에 전체 수익은 5가 됩니다. 투자액을 50으로 줄이면 5만큼 이득이 발생하며 10%의 수익을 거둘 수 있습니다.

이것이 종목의 분산뿐만 아니라, 투자금액의 분산이 중요한 이유입니다. 우량종목에 대한 분산, 투자금액 및 시점에 대한 분산을 모두 갖추면 진정한 분산투자의 시너지를 누릴 수 있게 됩니다. 초보자에게 소액 투자를 강조하는 것은 공부와 경험을 쌓기 위해서이기도 하지만, 소액 분할투자가 성공 확률이 더 높기 때문이기도 합니다.

소액 분할투자를 하면 손실과 변동성을 줄이고 안정적인 수익을 낼 가능성이 높아집니다. 하지만, 투자금 자체가 소액이고 그마저도 분산되기 때문에 이 정도의 수익으로 목표를 달성할 수 있을지 의문이 드는 것도 사실입니다. 하지만 조급한 마음을 버려야 합니다. 특히 초보자는 투자 경험을 쌓아야 하기 때문에 100만 원을 한꺼번에 투자하기보다는 10만 원씩 천천히 10번 투자해 보는 것이 좋습니다.

재정 목표를 달성하기 위해 수익률에 집착하고 위험한 자산에 투자하는 것은 성적을 올리기 위해 문제풀이 속도에만 집착하는 것과 같습니다. 문제를 아무리 빨리 푼다 해도 정답을 맞히지 못하면 아무런 소용이 없습니다. 속도에만 집착한 결과는 오답이 가득한 시험지일 뿐입니다. 고수익을 노리고 집중투자를 하면 빨리 갈 수 있을 것 같지만, 손실이라는 장애물이 목표로 가는 길을 막아 버릴 것입니다. 우리의 목표는 재산을 늘리는 것이지 수익률을 높이는 것이 아닙니다.

고수익의 함정에서 빠져나와야 잃지 않는 투자를 할 수 있습니다. 소액 분할투자를 기본으로 해야 목표를 이룰 수 있습니다. 워런 버핏은 다음과 같이 말했습니다.

"제1원칙, 절대 돈을 잃으면 안 된다. 제2원칙, 제1원칙을 절대 잊으면 안 된다."

투자, 게임의 법칙
- 곡선의 게임에서 벗어나자

재산 형성은 다음 3단계로 이루어집니다.

1단계, 돈을 번다. (본업에서 발생하는 소득)

투자의 기본기

2단계, 돈을 모은다. (소비와 저축)

3단계, 돈을 불린다. (투자)

1단계와 2단계는 투입요소(시간, 노력)가 증가하면 그에 따라 성과(수입, 저축)도 증가한다는 특징이 있습니다. 직장인의 경우 소득은 근무연수가 쌓이고 직급이 올라갈수록 늘어나고, 대부분 근무 시간이 길어지면 급여도 증가합니다. 2단계는 가장 정직한 게임으로, 소비를 줄인 만큼 동일한 금액의 저축이 반대급부로 증가합니다. 1단계와 2단계는 시간과 노력을 들일수록 성과가 증가하는 직선의 게임이라는 것을 알 수 있습니다.

그런데 3단계인 투자는 근본적으로 다른 점이 있습니다. 투자는 투입 요소(시간, 노력, 투자금)를 늘린다고 해서 성과(수익)가 어떨지 알 수가 없습니다. 돈과 시간, 노력을 들이는 방향이 올바르냐 그르냐에 따라 결과는 크게 차이가 납니다. 방향이 옳았다고 하더라도 위기가 발생하는 등 시장이 도와주지 않으면 얼마든지 성과가 부진할 수 있습니다. 특히, 투자금을 늘린다고 해서 수익이 반드시 커지는 것도 아닙니다.

투입요소 중 하나인 시간과 성과의 관계를 주식 투자를 통해 살펴보겠습니다. 주식 투자 결과에 대한 전형적인 시나리오는 다음과 같습니다.

실패: 처음부터 승승장구하다 시장이 급락하자 대규모 손실

성공: 수익이 재투자되며 복리효과가 발생해 수익이 기하급수적으로

　　　증가

답보: 수익과 손실이 반복되며 뚜렷한 성과가 나타나지 않음

투자 결과의 대표적 시나리오

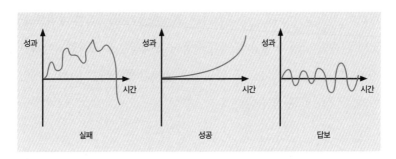

위에서 살펴본 세 가지 외에도 투자성과와 투입요소에는 수없이 다양한 시나리오가 발생할 수 있습니다. 이 둘 사이의 관계에 대한 일반적인 설명은 존재하기 어려울 것입니다.

정리하면 돈을 벌고 모으는 1단계와 2단계는 직선의 게임인데 반해, 3단계 투자는 결과를 예측할 수 없는 곡선의 게임이라는 것을 알 수 있습니다.

개인의 재무성과는 이 세 단계의 성과를 합한 결과물입니다. 결국 직선 두 개와 곡선 한 개의 합이 개인의 재산이 됩니다. 직선과

투자의 기본기

곡선은 다음과 같은 성질을 지닙니다.

직선과 직선의 합은 직선이다.
곡선이 직선을 지배한다(직선과 곡선의 합은 곡선이다).
직선은 예측이 가능하나, 곡선은 예측이 불가능하다.

직선 함수(y = ax + b)끼리는 아무리 더해도 직선의 구조를 벗어나지 않습니다. 반면, 직선과 곡선을 더하면 무조건 곡선이 됩니다. 직선은 기울기(a)와 높이(b)만 알 수 있다면 미래를 예측할 수 있습니다. 하지만 곡선은 드러난 일부 모습만으로는 미래를 예측할 수 없습니다.

직선과 곡선의 성질을 재산형성 단계에 적용해 보겠습니다. 1단계와 2단계에서 시간과 노력을 들여 우상향하는 매끈한 직선을 만들어 놓아도 3단계가 변동이 심한 곡선이 되면 목표 달성에 대해 예측하기가 어려워집니다.

우리는 장기 재정 계획을 세우고 목표를 이루기 위해 노력하는 과정에 있습니다. 이 과정에서 변동이 심한 곡선이 끼어들면 목표를 언제 달성할 수 있을지 또는 목표 달성 여부 자체가 가능한 것인지 파악하기가 힘들어집니다. 예측이 불가능하다는 것은 적절한 계획을 세울 수도 없다는 뜻입니다.

３단계 투자 단계에서 가파르게 상승하는 곡선에 현혹되면 1
단계와 2단계를 등한시하고 3단계에만 집중하게 됩니다. 곡선의 힘에
취하면 쉽고 빠르게 경제적 자유를 얻을 수 있다고 착각하게 됩니다.
이렇게 곡선의 게임에 빠지면 겉으로는 투자를 하는 것 같지만, 실질
적으로는 도박을 하는 것과 다를 바 없는 상황이 됩니다.

재산형성의 올바른 길은 투자 단계를 직선과 최대한 가깝게
만드는 데 있습니다. 이렇게 하려면 곡선의 변동폭을 줄여야 합니
다. 전반적인 기대수익률을 낮추고 변동성이 적은 우량한 자산에 투
자하면 곡선이 예상된 범주 내에서 움직여 직선에 가까운 게임을 할
수 있습니다.

다음 질문에 답해 보시겠습니까?

1. 올해 우리나라 GDP 성장률은 얼마일까요?
2. 삼성전자의 연말 주가는 얼마일까요?
3. 500원짜리 주식의 연말 주가는 얼마일까요?

저라면 1번 2~4%, 2번 6만~10만 원, 3번 모름, 이렇게 답할
것입니다. GDP는 조금만 조사해 보면 꽤 정확한 답을 제시할 수 있
습니다. 우량주의 주가 예측도 GDP만큼은 아니지만 범위 정도는 지
정할 수 있습니다. 하지만 듣보잡 주식에 대해서는 예측을 할 수가

없습니다.

우량자산에 투자하면 재산형성의 3가지 단계 성과의 총합이 직선에 가까워지고 목표에 이르는 시간과 방법을 관리할 수 있게 됩니다. 이 방식을 택하면 손실 역시 일정 수준 이하로 제한되기 때문에 중도에 포기하지 않고 목표를 향해 나아갈 수 있습니다.

변동성 관리와 목표 달성

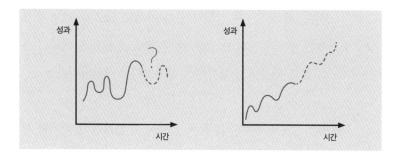

곡선의 속성은 현실에서 득보다는 실이 되는 경우가 훨씬 많습니다. 곡선의 속성을 이용해 사람들을 속이고 자기 배만 채우려는 이들도 많습니다. 재산형성에서 가장 중요한 부분은 곡선의 게임에서 벗어나는 것입니다. 투자를 직선의 게임으로 바꾸면 재산형성 과정 전체가 직선이 됩니다. 직선은 계획할 수 있고 목표를 향해 꾸준히 나아갈 수 있습니다.

어른이의
돈 되는 투자 원칙

… 수익률보다는 수익을 키우자

지금까지 다룬 투자 방법을 5가지 원칙으로 정리해 보겠습니다.

① 우량자산에 투자하라

부자들은 강남 아파트, 삼성전자와 같은 우량자산에 투자하고 소위 재테크 빠꼼이들은 신도시 분양 아파트, 코스닥 개별 종목 등에 투자하는 경우가 많다는 것을 알 수 있습니다. 많은 이들이 부자들은 돈이 많기 때문에 우량자산에 투자한다고 생각합니다.

하지만 실제로 부자들은 돈이 많아서 우량자산에 투자한 것이 아니라 우량자산에 투자했기 때문에 부자가 된 것입니다. 우량자산에 꾸준히 관심을 가지면서 돈을 모아온 사람이라면 2009년에 기회가 왔었고 2012~2014년, 2020년에도 기회가 있었습니다. 앞으로도 기회는 또 올 것이지만 기회를 놓치는 사람이 더 많을 것입니다. 위험한 자산에 자꾸 투자하면서 시행착오를 반복하기보다는 평소에 종잣돈을 모으면서 우량자산에 투자할 기회를 노려야 합니다.

② 장기 투자하라

우량자산에 투자했다 하더라도 자산 가격은 등락을 거듭합니다. 투자했다면 자신의 선택을 믿고 장기 투자해야 합니다. 지금 한 채에 수십억 원 하는 아파트를 보유하고 있는 부자들의 상당수는 2~3년 전에 매수한 사람들이 아닙니다. 10년 혹은 20년 전부터 장기 보유한 이들이 지금의 가격 상승을 온전히 향유하고 있는 것입니다. 오를 것을 사고 떨어질 것을 팔아야 돈을 벌 수 있을 것 같지만, 돈을 쫓아다니는 사람은 돈의 뒷모습만 보게 됩니다. 언젠가 나타날 것을 확신하고 좋은 길목에서 편안한 마음으로 기다리는 사람이 오히려 돈을 쉽게 만날 수 있습니다.

③ 현금흐름이 나오는 자산에 투자하라

집은 주거 안정이라는 큰 효용을 제공하기 때문에 장기 보유할 수 있습니다. 하지만 내 집 마련이 끝났다면 이후에는 현금흐름이 나오는 자산에 투자해야 합니다. 저금리와 고령화로 현금흐름의 가치가 중요해진 데다 현금흐름이 없다면 장기 투자에 성공하기가 어렵기 때문입니다. 현금흐름은 가격이 하락할 때 버틸 수 있는 힘이 되어 주고, 가격이 올라 팔고 싶을 때도 한 번 더 생각할 수 있는 여유를 줍니다.

④ 자산규모를 늘려라(레버리지를 이용하라)

우량자산, 특히 부동산은 투자금이 상대적으로 많이 필요합니다. 자기자본으로 투자금을 모두 충당할 수 있으면 좋겠지만 현실적으로 큰 금액을 모으는 데는 어려움이 따릅니다. 부동산에 투자한다면 변동성이 제한적이기 때문에 대출을 이용할 수 있습니다. 레버리지(대출)는 현명하게 이용할 경우 자산규모를 늘리고 수익률을 제고하는데 도움이 됩니다. 내 집 마련이 끝났다면 수익형 부동산에 관심을 가져 보길 추천합니다. 물론 부동산만이 우량자산은 아닙니다. 다만, 우량자산이라고 해서 주식 등 금융자산에 레버리지(대출, 미수거래 등)를 이용하는 것은 피해야 합니다.

⑤ 수익률보다는 수익(액)을 키워라

1,000% 수익률과 50%의 수익률 중에서 무엇을 고르시겠습니까? 저라면 둘 중에 금액이 큰 것을 고르겠습니다. 투자금 100만 원으로는 1,000%의 수익률을 달성해도 손에 쥘 수 있는 돈이 천만 원입니다. 수익률이 50%라도 투자금이 6억 원이라면 수익은 3억 원이 됩니다. 당신을 부유하게 만드는 것은 수익률이 아니라 수익(액)입니다. 잡주에 100만 원 투자해 천만 원을 버는 것보다 자본금 6억 원에 대출 4억 원을 합쳐 10억 원짜리 부동산을 매수하면 억대의 수익을 기대할 수 있습니다. 3억 원이 있다면 그리고 그 돈에서 4%의 현금흐름이 나온다면 매달 백만 원의 수익을 기대할 수 있습니다. 매달 백만 원의 돈이면 노후생활은 충분히 달라질 수 있습니다.

급등주에 올라타거나, 단기 매매만 잘해도 억대의 수익을 낼 수 있지 않느냐고 반문하시는 분이 있다면 첫 번째 원칙부터 다시 읽어 보시기 바랍니다. 쉽게 이룰 수 있는 성취는 많지 않습니다. 위험한 자산에 투자해 부자가 되겠다는 것은 처절하게 힘든 고비를 여러 번 넘길 자신이 있거나, 파산도 감당할 수 있는 분만 선택하시기 바랍니다. 위험한 투자를 권하는 이들은 금세 부자가 될 수 있다는 장밋빛 미래만 강조할 뿐 위험은 말하지 않습니다. 이런 투자로 부자가 되겠다는 생각은 고교 3학년 1년 동안 매일 24시간씩 공부해서 1학년 때부터 8시간씩 공부한 학생을 따라잡겠다는 것과 같습니다.

다섯 가지 투자 원칙을 한 문장으로 요약하면 '현금흐름이 나오는 우량자산에 장기 투자하라'는 것입니다. 부동산의 경우에는 레버리지를 현명하게 이용하면 수익과 자산의 규모를 늘리는데 도움이 됩니다. 내 집 마련을 하셨다면 수익형 부동산이나 배당주처럼 현금흐름이 나오는 자산을 늘려 가십시오. 그러면 노후를 걱정하지 않아도 되는 시점이 생각보다 빨리 다가올 것입니다. 그리고 일찍 시작할수록 유리하는 점을 꼭 기억하시기 바랍니다.

⋯ 10억 없이 10억 만들기 - 수익률은 낮아도 수익은 키우는 방법

우량자산에 현금흐름을 디딤돌 삼아 장기 투자를 해야 자산 가격 상승세를 제대로 향유할 수 있습니다. 그럼에도 10년 후를 내다보는 투자를 하는 것은 매우 어렵습니다. 그 이유는 성과를 몸소 느끼는 데까지 오랜 시간이 필요하기 때문입니다. 안정적인 투자를 하면서도 성과를 체험할 수 있는 방법에는 무엇이 있을까요?

한때 노후자금 10억 원 만들기가 유행하던 시절이 있었습니다. 10억 원은 당장 어려우니 일단 목표를 5억 원으로 줄이겠습니다. 절반으로 줄였지만 5억 원도 여전히 모으기 힘든 금액입니다. 그래서 한 가지 꼼수를 부려 보겠습니다. '5억 만들기'가 아니라 '5억 자산 만들기'로 목표를 바꾸는 것입니다. 5억 원의 자산은 대출의 도움을 받을 수 있기 때문에 2억~3억 원을 모을 수 있다면 달성할 수 있는 목표입니다.

5억 자산을 매입하고 대출을 상환하다 보면 10억 자산을 보유하는 것도 가능하다는 것을 곧 알게 됩니다. 10억 자산을 갖게 되면 20억~30억 자산가가 되는 것도 충분히 가능하다는 것을 깨닫게 됩니다. 20억 보유자산에서 4%의 현금흐름이 나온다면 연간 8천만 원입니다. 대출 원리금으로 절반 정도를 낸다고 가정하더라도 4천만 원 내외의 수익이 매년 나오게 됩니다.

내 집 마련이 끝났다면 배당이나 임대료처럼 현금흐름이 나오는 자산을 늘려갈 때입니다. 현금흐름이 나오는 자산을 늘려가다 보면 자산 하나하나의 수익률은 높지 않더라도 자산규모에서 나오는 수익을 체감하게 될 것입니다. 자산에서 나오는 현금흐름은 언제 사고 팔지를 고민하지 않아도, 대단한 노력을 들이지 않아도 재산을 불려줍니다. 안정적인 방법으로 자산을 늘려 가면 수익률은 낮아도 수익은 점점 커집니다.

투자의 기본기

그럼 이제 자산을 늘리는 방법에 대해 공부할 차례입니다. 수익을 가져다주는 자산이라는 돈나무를 심으려면 자본금(종잣돈)이라는 토지와 대출이라는 비료가 필요합니다.

먼저 토지인 자본금의 원천은 본업에서 발생하는 소득입니다. 본업에 충실하면 소득이 완만하게나마 증가합니다. 언제 큰돈을 벌 수 있을까 싶지만, 꾸준히 노력하다 보면 가랑비에 옷이 젖듯이 자본금도 늘어납니다. 하지만 성과를 체험하려면 직장생활이든 사업이든 끈기가 있어야 합니다. 본업은 1~2년으로 승패가 나는 게임이 아니기 때문입니다.

따라서 퇴직이나 이직을 고려할 경우에는 신중해야 합니다. 자본금을 쌓아야 하는 30대를 퇴직과 이직을 반복하며 별다른 성과 없이 흘려보내서는 안 됩니다. 막연히 하고 싶은 일을 찾아 이직이나 퇴직을 해서도 안 됩니다. 이직이나 퇴직을 고려할 때는 준비를 철저히 하고 시간을 낭비하지 않도록 해야 합니다. 특히 '더 이상 못 해먹겠다.'는 이유만으로 그만둔다면 시간이 흐른 뒤에는 싫어하는 일을 더 낮은 월급으로 해야 합니다.

본업의 소득을 키우기 어렵다면 지출을 줄여서 자본금을 확보해야 합니다. 저축은 반강제적으로라도 꼭 해야 합니다. 30대에는 저축을 늘려야지 절대 줄여서는 안 됩니다. 40대가 되면 소득도 늘겠지만 지출이 더 빨리 늘 수도 있습니다. 저축은커녕 빚만 자꾸 쌓인다면 빚이 늘어나는 원인을 파악해야 합니다. 자동차 할부금, 쇼핑 할부금, 카드 리볼빙 결제 이런 것들이 많아지면 빚을 줄일 수가 없습니다. 할부는 결제를 나중에 하는 혜택이 아니라, 대출입니다. 할부 대금이 저축을 방해하고 있다면 당장 신용카드는 해지하고 체크카드와 현금으로 생활해야 합니다.

대출은 자산이라는 돈나무를 키우는 데 필요한 비료입니다. 생활비 때문에 대출을 받아서는 절대 안 됩니다. 대출은 상환 부담을 감당할 수 있는 선에서 자산을 늘리기 위해 받는 것입니다. 수익형 부동산을 구매할 때에는 공실이 나도 1년 이상 대출 이자를 감당할 수 있는 수준이 되어야 하고, 임차인이 여럿이라면 절반 정도가 공실이 나도 버틸 수 있는 정도가 돼야 합니다. 평소에 임대수익을 저축해 공실에 대비해야 자산의 안정성을 확보할 수 있습니다.

그런데 종종 수익형 부동산을 구입했는데 대출 이자를 빼고 나니 남는 게 없다는 이야기를 들을 때가 있습니다. 수익형 부동산인데 수익이 남지 않는다면 그 부동산의 정체는 무엇일까요? 그것은 소금을 샀는데 짜지 않다는 이야기와 같습니다. 이런 투자는 결국 가격이 오르길 기대하는 것이고 그렇다면 차라리 유동성 좋은 아파트를 사는 것이 나을 수 있습니다.

투자의 기본기

자본금이라는 토양에 대출이라는 비료를 주고 자산이라는 돈 나무를 심으면 나무가 무럭무럭 자라 수익이라는 열매를 돌려줍니다. 열매를 팔아 다시 묘목을 사서 심고 키우기를 반복하면 더 이상은 나무를 심지 않아도 열매가 풍족하게 열리는 숲이 됩니다. 유의할 것은 숲을 이루기 전에 좋은 나무를 베어 팔아 버리면 안 된다는 점입니다.

MONEY CLASS

나열심 과장은 연간 배당금이 800원 정도인 2만 원짜리 주식을 사서 한 달 후 2만 2천 원에 팔았습니다. 수익률 10%에 기쁜 나머지 금 차장님에게 자랑을 했습니다.

금현명: 나 과장, 잘했네. 대단한데. 근데 우리 집 옆에 20억짜리 건물이 하나 있는데 임대료가 1년에 8천만 원이 나온대. 이런 거 하나 있으면 정말 좋겠지? 그런데 건물주가 얼마 전에 22억에 그 건물을 팔았대.

나열심: 그분 2억이나 벌었네요. 그런데 1년에 8천만 원이나 나오는데 2억 벌자고 건물을 팔았대요? 갖고 있는 게 낫지 않나요?

금현명: 그러게 말이야. 그 건물주가 누군지 알아? 나열심이래.

나열심: 에이, 차장님. 그게 무슨 말씀이세요. 저 건물 없어요. 아…. 그 사람이 저군요. 좋은 말씀 감사합니다.

저는 취업 후 지금까지 대출이 없었던 적이 없습니다. 그럼에도 대출 때문에 불안하거나 답답했던 적도 없습니다. 그 이유는 대출금을 생활비나 소비가 아니라 자산을 사는 데 썼기 때문입니다. 일정 규모 이상의 자산을 갖게 되면 희망과 목표가 훨씬 뚜렷해집니다. 이 과정을 반복하면 어느새 자산 숲에서 과실을 수확하는 나를 발견하게 될 것입니다.

✦✦✦ **투자 사례** ✦✦✦

나에게 맞는 투자는 무엇?

부동산과 주식, 당신의 선택은?

MONEY CLASS

나열심: 차장님은 주식과 부동산 중에서 어떤 걸 더 좋아하시나요? 저는 주식파입니다.

금현명: 재미있는 질문이네. 오늘은 그럼 주식하고 부동산으로 배틀 한번 해 볼까?

나열심: 네, 좋습니다. 저는 초보자에겐 주식이 좋다고 생각해요. 몇천 원으로도 투자가 가능하니까 연습하기에 제격이죠. 변동성이 큰 게 좀 문제긴 하지만 소액으로 하면 별 문제 없고요.

금현명: 맞아. 부동산은 최소 수천만 원은 있어야 투자 가능하니까 바로 시작하기 어렵지. 그런데 투자에 관심을 갖는 것은 좋지만 그렇다고 투자를 너무 가볍게 봐서도 안 돼. 부동산에 투자하기로 결정했다면 일단 종잣돈을 모아야 하는데 나는 그 점이 오히려 부동산의 장점이라 생각해. 종잣돈을 모으려면 아무래도 절약이 필요하고 올바른 소비 습관을 갖는 데 도움이 될 테니까.

나열심: 그렇긴 하네요. 하지만 종잣돈 모으려다 지쳐서 투자는커녕 바로 포기할 수도 있잖아요.

금현명: 나는 끼니를 걱정하는 수준이 아니라면, 누구나 노력해서 수천만 원은 모을 수 있다고 생각해. 어려울 순 있지만 그 과정을 견뎌낼 수 있어야 미래도 준비할 수 있지 않을까? 주식으로 소액 투자부터 시작하면 돈을 모으는 것보다 수익률에 집착하게 될 수 있어. 그 길이 편하거든. 건달들이 돈을 많이 번 후에도 계속 건달 생활을 하는 이유가 뭔지 알아?

나열심: 영화에서 보면 보통 도박이나 사치로 거덜 나는 경우가 많죠. 그래서 싫어도 계속 나쁜 짓을 하게 되고요.

금현명: 맞아. 쉬운 방식으로 돈을 벌기 시작하면 인내심이 없어져 버려. 교도소에서 완전히 반성하고 새사람이 되어도, 나와서 고생하다 보면 쉽게 돈 벌던 시절이 그리울 수밖에 없지. 처음부터 주식 투자로 수익을 보게 되면 저축보단 매매이익이나 트레이딩에 집착하게 될 수 있어. 그럼 저축이나 절약처럼 힘든 길보다는 고수익을 노리는 편한 방법을 택하게 돼. 그렇게 쉬운 수익만 노리다 보면 빚을 내서 주식 투자하는 경우까지 생겨. 그건 고속도로에서 오토바이 타는 것과 다를 바 없지.

나열심: 일리는 있네요. 하지만 종잣돈까지 모아서 부동산에 투자했는데 한 번 실패하면 아예 포기하게 되지 않을까요? 몇 년 치 모은 게 큰 손해를 볼 수도 있잖아요. 주식은 수수료도 낮고 거래도 편리해서 조금 손해 보더라도 팔 수 있는데 부동산은 그런 게 안 되잖아요.

금현명: 거래가 편한 점이 오히려 독이 될 수도 있어. 좋은 주식 사 놓고 기다렸다면 돈 벌었을 사람들 많은데 시장 흔들림에 대응한답시고 자주 거래하다 손실만 늘어난 경우가 더 많아. 오히려 거래가 불편하고 수수료가 높으면 투자 대상을 신중하게 고르고 장기 투자하게 되기 때문에 올바른 투자 방식을 익히기에 더 좋아. 부동산도 거래하기 편했다면 지금보다 손해 본 사람들이 훨씬 많았을 거야. 사람들이 가장 처음 하는 부동산 투자가 뭘까? 대부분 내 집 마련이야. 집값이 떨어진다고 전세로 옮기는 사람은 거의 없어. 반강제적으로 장기 투자를 하게 되기 때문에 오히려 큰 손해가 없는 거야.

나열심: 저도 내 집 마련이 가장 우선이라는 데는 동의해요. 하지만 집을 마련했다면 다음 투자처는 주식도 나쁘지 않은 선택이라 생각합니다.

금현명: 주식보다 부동산을 선호하는 다른 이유는 낮은 변동성이라는 장점 때문이지. 우리나라는 농경문화의 유산인지는 몰라도 부동산에 대한 믿음이 굳건하고, 평지가 적고 인구밀도가 높아서 수요가 풍부해. 그러다 보니 부동산 가격이 하락해도 대기 매수 수요가 많아서 변동성이 줄어들지. 미국은 땅이 넓으니 한 곳이 노후되면 다른 지역을 새로 개발하지만 우리나라는 평지가 적어서 기존 도심을 재개발하게 돼. 미국보다 부동산 장기 투자에 더 적합하지.

나열심: 주식은 올라도 정부에서 상관하지 않는데 부동산은 오르면 규제로 막아서 불리하지 않나요?

금현명: 단기적으로는 그럴 수 있지만 우리나라는 국민들 자산이 대부분 부동산이라 부동산 경기가 심각해지면 정부는 부동산 경기를 방어할 수밖에 없어. 마찬가지로 미국은 금융자산 천국이라 주가를 띄우기 위한 정책에 열심이지.

나열심: 맞네요. 트럼프 대통령은 집권하자마자 법인세 줄이고 주가 띄우기에 나섰죠. 미국은 주식, 우리나라는 부동산이 대세인 거고 정부도 이를 절대 무시할 수가 없겠네요.

금현명: 부동산의 또 다른 장점은 기관과 싸울 필요가 없다는 거야. 주식 시장에서는 개인과 기관이 같은 종목을 두고 눈치싸움을 벌여야 하지만 부동산 시장은 기관과 개인이 분리돼 있어서 서로 싸울 필요가 없지.

나열심: 하긴 법인들이 거래하는 중심지 오피스 건물 같은 물건은 저야 언감생심이죠.

금현명: 사실 나 과장이랑 주식이냐 부동산이냐 얘기하고 있지만 투자의 목적은 미래를 준비하는 데 있어. 그러니까 어느 자산이든 현금흐름이 발생하는 방향으로 검토하는 자세가 먼저여야 한다고 생각해. 우리나라는 배당이나 임대료 같은 안정적인 수익이 있는데도 주식이든 부동산이든 매매차익에만 집중하는 투자문화가 가장 문제일지도 몰라.

저는 주식보다 부동산을 선호합니다. 그렇다고 부동산만이 살 길이라고 부르짖는 부동산당은 아닙니다. 혁신과 일자리는 기업이 담당하고, 기업이 발전하려면 부동산보다는 주식으로 돈이 흘러야 하니까요. 미국에 혁신기업이 많은 것도 발달된 금융 시장이 기업가 정신을 자극하기 때문일 것입니다. 저는 오히려 주식당이 하루빨리 장기 집권하기를 바랍니다.

잊지 말아야 할 것이 있습니다. 주식과 부동산의 선택보다는 절약하는 습관과 올바른 투자 방법을 배우는 것이 먼저입니다. 투자 대상을 고르기 전에 자신이 충분한 공부를 통해 투자 원칙을 제대로 정립했는지 점검해야 합니다. 올바른 투자 방법을 어느 정도 터득했다면 자신의 단점을 극복하고 장점을 살려 줄 수 있는 자산이 무엇인지 고민해 보기 바랍니다.

금융자산

··· 금융투자 상품의 이해 - 초보자를 위한 금융자산 투자

금융상품의 운용 방식은 '액티브', '패시브', '패시브 전략형'의 3가지로 구분이 가능합니다. 이 구분은 일반적으로 통용되는 기준이라고 할 수는 없습니다. 하지만, 운용 방식을 이해하는 데는 의미가 있는 구분이라고 생각합니다.

① 액티브(Active, 초과수익 추구)

운용 성과를 측정하기 위한 기준을 벤치마크(bench-mark)라고 하는데 주식형 펀드의 경우 보통 코스피지수나 코스피200지수 등을 벤치마크로 합니다. 액티브 운용 방식은 벤치마크를 초과하는 수익을 추구하는 가장 전통적인 방식입니다. 초과수익은 주로 펀드매니저의 종목선택 능력, 마켓타이밍, 분석능력 등에 좌우됩니다. 매니저의 결정에 따라 초과수익이 발생하기도 하고 벤치마크 대비 부진한 성과를 기록하기도 합니다. 유명 펀드매니저를 고용하거나 리서치 팀을 운영하는 등 초과수익을 위한 비용이 많이 들기 때문에 수수료나 보수가 상대적으로 비싼 편입니다.

② 패시브(Passive, 벤치마크 추종)

벤치마크 수익률을 추종하는 것이 목표입니다. 종목을 특별히 선택하지 않고 벤치마크와 최대한 유사하게 구성하여 벤치마크의 수익률을 내도록 설계합니다. 코스피200지수가 벤치마크라면 지수를 구성하는 200 종목을 지수와 동일한 가중치로 담아 벤치마크의 수익률을 따라가도록 합니다. 매니저의 능력에 영향을 받지 않고 운용 방식이 변하지 않기 때문에 수수료나 보수가 저렴합니다. 액티브 운용 방식이 장기간 벤치마크 수익을 초과하기가 어렵다는 것이 정설인 데다, 비용도 저렴하기 때문에 금융 시장의 주류로 자리매김하였습니다.

③ 패시브 전략형(초과수익 전략 추종)

정해진 방식대로 운용한다는 점에서 패시브의 한 형태로 볼수 있습니다. 하지만 벤치마크의 수익률을 그대로 추종하는 것이 아니라 초과수익이 발생할 것으로 예상되는 전략을 가미한 방식입니다. 단기간에 갑자기 하락한 주식들만 매입한다거나, 배당 수익률이 높은 주식들만 매입할 수도 있고, 기본적으로 지수를 추종하되 일정부분 초과수익을 노릴 수도 있습니다. ETF로 출시되는 경우가 많고 '가격조정', '로우볼', '레버리지', '커버드콜' 등 전략의 특성을 상품 이름에 표기하는 경우가 많습니다.

지금까지 알아본 운용 방식을 토대로 다양한 투자 상품이 개발되어 판매되는데 그중 많은 분들이 자주 들어 보셨을 펀드, ETF, ELS에 대해 말씀드리겠습니다. 단, 개별 주식이나 채권도 당연히 금융상품에 포함되고 너무나도 중요한 상품이지만, 초보자가 처음부터 다루기에는 어려운 면이 있어 이번에는 제외합니다.

④ 펀드(Fund)

초기에는 액티브 주식형 펀드가 주류였지만 지금은 상품이 매우 다양해졌습니다. 전통적인 액티브 펀드부터 패시브형, 패시브 전략형 등 모든 운용 방식의 상품이 판매되고 있고, 운용대상도 주식, 채권, 원자재, 파생상품 등으로 가장 폭넓은 상품군을 자랑합니다. 다만, 국내 액티브 펀드의 경우 펀드매니저가 자주 교체되거나 한 명의 펀드매니저가 10개가 넘는 펀드를 운용하는 경우도 비일비재하기 때문에 관리가 잘되고 있는지 유심히 보아야 합니다. 비용 측면에서도 판매수수료, 운용보수, 환매수수료 등이 부과되기 때문에 상대적으로 비싼 편입니다. 총 수수료가 2%를 넘는 펀드도 꽤 있으니 주의가 필요합니다. 다양한 상품군 외에 펀드의 가장 큰 장점이 하나 더 있는데, 자동이체가 가능하다는 것입니다. 적금처럼 자동이체 방식으로 투자하고 계좌를 유지할 수 있습니다.

⑤ ETF(Exchange Traded Fund)

ETF는 펀드를 상장시킨 것이라고 보면 됩니다. 주식처럼 장중에 사고파는 것이 가능하며 일반적으로 펀드보다 수수료가 저렴합니다(총보수 보통 0.5% 이하, 펀드는 0.5~2% 수준). 대부분 패시브 혹은 패시브 전략형이라 관리비용이 펀드보다 낮습니다. 상품군도 다양하기 때문에 포트폴리오를 구축하는 데 무리가 없습니다.

⑥ ELS(Equity-Linked Securities, 주가연계증권)

특정 주식이나 지수가 일정 수준 이상 상승 혹은 하락하거나, 일정한 범위를 벗어나지 않을 경우 계약한 수익을 지급하는 상품입니다. 중위험 중수익 상품으로 알려져 있어 많은 분들이 마음 편히 가입해도 되는 상품으로 생각하는 경우가 많습니다. 하지만 ELS도 손실이 발생하는 경우가 있습니다. 막연히 안전할 것이라 생각하고 투자하는 것은 바람직하지 않습니다. 드물지만 손실이 발생할 경우에는 개별 주식만큼 손실이 발생하기도 합니다. 최소한 최대 손실률 정도는 파악하고 가입해야 합니다.

　　금융투자 상품의 운용 방식은 액티브에서 패시브로, 다시 패시브 전략형으로 진화해 가고 있습니다. 패시브 방식이 금융 시장의 주류로 떠오른 것은 패시브형이 액티브형보다 장기적으로 더 우수하다는 것이 검증되었기 때문입니다. 벤치마크 수익률로 만족할 수 없는 투자자들은 액티브에서 패시브 전략형으로 전환하고 있습니다. 그렇다고 패시브 전략형이 가장 우수하다는 뜻은 아닙니다. 패시브 전략형은 검증 기간을 거치고 있을 뿐입니다. 유명한 액티브 운용자들이 시장의 구루 역할을 계속하고 있다는 점을 감안하면 액티브 방식이 곧 저물 것이라고 단정하기는 어렵습니다.

　　마지막으로 초보자에게 적합한 금융자산 투자법에 대해 알아보겠습니다. 초보자에게 가장 중요한 것은 투자기법이 아니라 변동성이 큰 상품(주식, 원자재, 파생상품 관련 등)에 대한 투자금액을 설정하고 지키는 것입니다. 초보자는 투자자금의 대부분을 예적금이나 채권형 상품으로 운용해야 합니다. 상당 부분을 주식형 상품으로 운용하는 것은 장기 투자가 가능할 경우에나 고려할 수 있는 것입니다. 결혼, 내 집 마련, 은퇴 등 중요한 시기를 앞둔 경우에는 변동성이 큰 상품의 비중을 현저히 낮춰야 합니다. 시장이 급변할 경우 투자보다 중요한 계획이 틀어질 수 있기 때문입니다. 본인이 계획한 저축액을

달성하고 남은 금액 중에서 일부만을 주식형 등의 상품에 투자해야
합니다.

소액의 적립식 펀드는 나쁜 선택이라 할 수는 없지만 투자 공
부에는 별로 도움이 되지 않습니다. 아무런 생각 없이 불입하다 보면
왜 손실이나 이익이 났는지 알 수가 없고, 심한 경우에는 계좌가 있
다는 사실을 잊어버리기도 합니다. 저는 남는 여윳돈으로 ETF에 투
자하기를 추천합니다. 지수형 투자로 시작해도 좋고 투자전략의 원리
를 공부해 가며 패시브 전략형에 투자하는 것도 좋습니다. 소액으로
도 분산 투자가 가능하니 나만의 포트폴리오를 구축하는 것도 좋은
방법입니다.

중요한 점은 소액을 꾸준히 투자하며 학습을 지속하는 것입
니다. 피해야 할 것은 원칙 없이 수시로 투자 패턴을 바꾸는 일입니
다. 주식 시장 상승기에 수익을 올렸다고 저축액을 줄이고 투자금을
늘려서는 안 됩니다. 투자금을 늘리는 것은 최소한 주식 시장의 호황
기와 위기를 모두 겪은 후에 시도해야 합니다. 오랜 기간 성과가 좋지
못해도 투자와 시장의 위험성을 몸소 느끼는 것만으로도 큰 공부가
됩니다. 많이 얻고자 할 때 큰 손실이 온다는 것을 잊지 마십시오. 투
자에 있어서는 잃지 않는 것이 가장 중요하다는 점을 진정으로 깨달
아야 합니다. 그 후에 투자의 다음 단계로 나아갈 수 있습니다.

투자의 기본기

··· 채권 사용설명서

주식과 채권은 가장 대표적인 금융상품입니다. 많은 개인 투자자들이 채권의 중요성을 모른 채 투자를 지속하고 있습니다. 주식 시장에서는 개인이 한 축을 담당하고 있지만 채권 시장은 아직 기관 투자자가 주를 이룹니다. 채권은 장외거래가 큰 비중을 차지하는 데다 보통 100억 원 단위로 거래되기 때문에 개인이 채권 시장에 직접 참여하기에는 어려움이 있습니다. 따라서 개인은 채권형 상품에 관심을 가질 필요가 있습니다.

① 예금과 채권의 차이

예금과 채권의 상품 구조는 거의 동일합니다. 두 상품 모두 원금과 이자로 구성됩니다. 예금은 은행에 돈을 빌려주고 이자를 받는 것이고 채권은 정부나 기업에 돈을 빌려주고 이자를 받는 것입니다. 다만, 예금은 만기에 원금과 이자를 동시에 지급하는 데 반해 채권은 이자지급 주기가 좀 더 다양합니다. 이표채는 정해진 주기(보통 분기, 반기, 연간)마다 이자를 지급하고 할인채는 예금처럼 만기에 이자와 원금을 한꺼번에 지급합니다. 예금과 채권의 가장 큰 차이는 예금은 확정수익이 보장되는데 채권은 이익이나 손실이 발생한다는 점입니다. 상품구조가 거의 동일한데 채권은 왜 손익이 변동하는 것일까요?

그 이유는 채권은 예금과 달리 시장에서 거래되기 때문입니다. 주식은 가격으로 거래되지만 채권은 금리로 거래됩니다. 나열심 과장은 공부 삼아 증권사 MTS(Mobile Trading System)로 만기 1년에 유통수익률 3% 채권을 100만 원어치 매수했습니다. 나 과장은 1년 후 103만 원의 현금흐름을 기대할 수 있습니다(103 / 100 - 1 = 3%). 그런데 매수한 다음 날 동일 채권금리가 2%에 거래됩니다 (실제로는 하루에 0.01~0.05% 수준으로 변동하는 경우가 대부분입니다). 채권 수요가 많아져 더 낮은 금리에도 사겠다는 사람이 나타난 것입니다. 이렇게 되면 나 과장은 100만 원에 산 채권을 101만 원에 팔아 1만 원 차익을 남길 수 있습니다(103 / 101 - 1 = 2%). 반대로 매수한 다음 날 금리가 4%가 되면 1만 원의 손해가 발생하겠지요. 따라서 채권 매수자는 금리가 하락하면 이득을 보고, 금리가 상승하면 손해를 보게 됩니다.

MONEY CLASS

금리가 자꾸만 올라 나 과장은 걱정이 많습니다. 결국 옆자리 금현명 차장에게 고민을 털어놓습니다.

나열심: 차장님, 저 공부 삼아 채권 100만 원 샀는데 금리가 자꾸 올라 걱정이에요.

금현명: 아, 채권을 샀구나. 만기가 언제야?

나열심: 1년 남았네요.

투자의 기본기

금현명: 1년? 그럼 괜찮네. 걱정하지 말고 만기까지 보유해. 손해 안 나니까.

나열심: 무슨 말씀이세요. 금리 더 오르면 어떡하죠? 지금도 손해 보고 있는데.

금현명: 만기까지 보유하면 채권 발행한 기업이 부도나지 않는 이상 손해 안 나. 만기에 받을 돈이 이미 정해져 있으니까.

나열심: 100만 원어치 샀으니까…. 103만 원 받겠네요.

금현명: 1년 지나면 3만 원 이득이네. 뭐가 문제야?

나열심: 어? 이상하다.

만기 이전에는 금리등락에 따라 채권가격이 움직이기 때문에 채권 보유자는 손익이 변동합니다. 하지만 채권은 만기에 확정된 원리금을 지급하기 때문에 만기까지 보유한다면 사실상 예금과 다를 바가 없게 됩니다. 예금도 거래가 된다면 손익이 변동하겠지요. 하지만 예금은 거래가 되지 않기 때문에 중도 해지만 가능하고, 중도 해지하더라도 약간의 이자를 받을 수 있습니다. 그럼에도 채권을 거래하는 이유는 예금보다 높은 이자를 기대할 수 있고 금리가 하락하면 예금보다 높은 수익을 낼 수 있기 때문입니다. 특히, 금리는 경기가 좋지 않을 때 하락하므로 주식에서 발생하는 손해를 방어할 수 있습니다. 예금은 금리가 하락한다고 해서 초과수익이 발생하지 않기 때문에 채권에 비해 주식에 대한 방어능력이 덜합니다.

② 채권거래 방법

채권도 증권사 MTS나 HTS로 거래할 수 있습니다. 하지만 채권은 주식만큼 소액거래 유동성이 좋지 않기 때문에 일반인이 접근하기가 쉽지 않습니다. 따라서 일반 개인은 ETF나 펀드로 시작하는 것을 추천합니다. 주식형 ETF를 코스피200부터 시작하듯이 채권형 상품도 국고채(기획재정부 발행)나 통안채(통화안정증권, 한국은행 발행) 관련 상품부터 시작하면 됩니다.

채권형 상품 사용법 1. 포트폴리오 구성

채권형 상품은 포트폴리오 구성에 요긴하게 쓸 수 있습니다. 저는 개인의 금융투자에서 가장 큰 문제가 주식형 상품에 대한 편중이라고 생각합니다. 주식형 상품을 국가별이나 산업별로 분산해 놓고 포트폴리오가 완성됐다고 생각하시는 분들이 많습니다. 초보자는 금융자산의 70% 이상, 경험 많은 투자자도 최소 30% 이상 채권형 상품에 투자해야 합니다. 주식형 상품으로만 투자하는 것이야말로 금융 시장에서 실패하는 가장 빠른 방법입니다. 시장에서 오래 살아남아 투자를 지속하려면 변동성을 줄이는 것이 필수입니다. 치고 빠지는 식의 투자는 도박으로 변질되기 쉽습니다. 개인의 금융자산 포트폴리오에 채권형 상품의 비중을 충분히 확보해야 주식 시장의 변동을 버텨 내고 장기 투자를 실천할 수 있습니다.

투자의 기본기

금융자산 포트폴리오를 구성하는 가장 기본은 주식형 상품에 국내 우량채권 상품을 혼합하는 것입니다. 주식과 채권에 동시에 투자하는 혼합형 상품도 있지만, 자산배분과 분산효과 등을 공부하려면 채권형 상품에 따로 가입하는 것을 추천합니다. 그래야 포트폴리오 비율 조정을 직접 해 볼 수 있습니다. 주식형 펀드에 투자하시는 분은 채권형 펀드를 추천하고, 개별 주식이나 주식형 ETF에 투자하시는 분은 채권형 ETF를 추천합니다. 그래야 하나의 계좌나 시스템(App)에서 포트폴리오 현황을 한꺼번에 조회하고 관리할 수 있기 때문입니다.

다시 강조하지만 초보자는 최소 70% 이상을 채권형 상품에 투자해야 합니다. 특히 투자금의 대부분을 금융자산에 투자하는 분이라면 아무리 절대고수라도 채권편입 비율을 30% 미만으로 떨어뜨려서는 안 됩니다. 채권형 상품을 선택함에 있어 고수익, 하이일드(high yield), 고금리, 이머징(emerging), 신흥국 등의 단어가 포함되는 상품에는 주의가 필요합니다. 이런 상품들은 수익률은 높지만 주식 시장이 급락할 때 같이 하락할 수 있기 때문에 주식형과의 포트폴리오 구축용으로는 적합하지 않습니다.

저는 일반적으로 환위험을 내포하는 자산을 추천하지 않습니다. 다만, 주식형 상품의 변동성을 관리하기 위해서라면 달러 우량채권 상품을 포함할 수 있습니다. 채권형 상품을 전혀 보유하고 있지 않다면 절반 정도는 달러 우량채권으로 투자하는 것도 괜찮습니다. 마찬가지로 달러 채권형 상품도 주식형 상품과 포트폴리오를 구성할 경우에는 고수익, 하이일드 등이 들어가는 상품은 피해야 합니다.

채권형 상품 사용법 2. 수익 노리기

요새 국고채와 통안채 중에서 금리가 2%를 상회하는 것은 별로 없습니다. 채권은 그저 주식형 상품의 들러리로만 쓸 수밖에 없는 것일까요? 다행히 해외로 눈을 돌리면 고금리 채권들이 있습니다. 가장 대표적인 것이 브라질 채권입니다. 그렇지만 브라질 채권에 투자하면 달러화도 아닌 헤알화 환위험에 노출됩니다. 안전한 고수익 채권이 어디 없을까요? 환위험을 줄이면서도 고수익채권에 투자할 수 있는 방법이 있습니다. 바로 여러 나라의 고금리 채권에 분산투자하는 펀드에 가입하는 것입니다. 이러한 펀드에 가입하면 통화 분산에 따라 환위험이 경감되는 가운데, 고금리 채권의 수익을 누릴 수 있습니다. 다만 펀드에 편입된 종목들이 위기에 강한 종목들이 아니기 때문에 주식형 상품과의 분산효과를 노리기보다는 중위험·중수익 상품으로 접근해야 합니다. (주식형 상품의 비중이 30% 이하인 분들에게 추천합니다.) 이런 목적이라면 고수익, 고금리, 하이일드, 이머징 등의 단어가 포함된 상품이라도 옥석을 가려 투자할 수 있습니다.

주식 투자에 실패해 시장에서 은퇴한다는 어느 개인 투자자의 글을 읽은 적이 있습니다. 주식 관련 책을 수백 권 섭렵했고 투자 경험도 많은 분이었습니다. 그분은 레버리지 투자를 후회하고 있었지만 주식에 대한 편중 문제는 인식하지 못한 듯했습니다. 균형 잡힌 자산배분은 투자의 기본 중의 기본입니다. 금융투자 포트폴리오에 채권형 상품을 다량 편입하려면 우선 높은 수익에 대한 욕심을 버려야 합니다. 많은 분들이 매년 20~30% 이상의 수익률을 목표로 주식 시장에서 활동합니다. 워런 버핏의 수익률이 연 20% 수준이라는 것을 꼭 기억합시다.

⋯ 기본적 분석과 기술적 분석 - 투자의 주관성은 피할 수 없다

투자 대상의 분석 방법은 크게 '기본적 분석'과 '기술적 분석'으로 나눌 수 있습니다. 기본적 분석과 기술적 분석이 무엇일까요? 기본적 분석은 투자 대상의 가격이 내재가치보다 낮을 때 매수하여 내재가치와 가격이 수렴할 때 매도하는 방식입니다. 기본적 분석의 대가로는 워런 버핏이 있고 기관 투자자와 증권가 애널리스트들이 주로 사용하는 방식입니다. 가격은 시장에서 확인이 가능하므로 내재가치를 어떻게 산정하는가가 이 기법의 핵심입니다. 애널리스트가 제시하는 목표주가가 바로 그 내재가치의 추정치입니다.

기본적 분석은 투자 대상 자체부터 관련 거시환경까지 모두가 분석 대상입니다. 주식을 예로 들면 기업의 향후 이익이 얼마나 될지, 보유한 자산의 가치는 얼마인지 등을 추정해야 합니다. 이런 것들을 추정하려면 경기 및 업황, 기업의 수익창출 능력 등을 모두 예측해야 합니다. 특히 기업의 수익성과 안정성을 알아보기 위해서는 재무제표 분석이 필수입니다. 그리고 현재 가격이 고평가인지 저평가인지 판단하기 위해 각종 지표(PER, ROE 등)를 사용합니다. 이러한 여러 정보를 이용해 수익가치와 자산가치를 추정하고 이를 바탕으로 내재가치를 산출하는 것입니다.

기술적 분석은 가격 움직임을 바탕으로 매매하는 방법을 말합니다. 시시각각으로 변하는 가격 데이터 외에 다른 정보는 필요하지 않습니다. 여러 헤지펀드들이 이 방법을 사용하고 있고, AI를 이용한 트레이딩에도 주요 전략으로 이용되고 있습니다. 기술적 분석은 보통 다음과 같은 가정을 전제로 합니다.

1. 가격은 모든 정보와 수급을 반영한다.
2. 가격은 추세를 이루며 움직인다.
3. 과거의 역사(패턴)는 반복된다.

첫 번째 가정은 시장에 어떤 뉴스가 나오더라도 가격이 이를 반영한다는 것입니다. 새로운 정보의 내용이 무엇인지는 몰라도 그에 반응해 가격이 오르거나 내리기 때문에 가격만 잘 분석해도 투자 판단이 가능하다는 뜻입니다. 두 번째 가정은 가격이 관성을 지니고 있다는 의미입니다. 상승국면에서는 악재가 나와도 단기간 조정 후 재차 상승하고 하락 국면에서는 호재가 나와도 반응하지 않는 경우

투자의 기본기

를 보신 적 있으실 겁니다. 이런 성질을 이용해 상승 추세인지 하락 추세인지 판단할 수 있다면 투자가 가능해집니다. 세 번째 가정은 과거에 발생한 가격 움직임으로부터 미래를 예측할 수 있다는 것입니다. 과거에 나타났던 차트의 형태나 기술적 지표의 움직임을 바탕으로 미래를 가늠해 볼 수 있다는 뜻이지요.

기술적 분석은 크게 추세추종 전략과 역추세 전략으로 구분할 수 있습니다. 추세추종 전략은 상승 추세라면 자산을 계속 보유하고 상승 추세가 확실하지 않다면 자산을 매도합니다. 반면 역추세 전략은 추세전환이 예상될 때 추세의 반대 방향으로 투자하는 것을 말합니다. 가격이 하락하고 있지만 조만간 상승 전환이 예상될 때 매수하는 방식을 예로 들 수 있습니다. 소위 오르면 팔고 내리면 사는 전략입니다. 기술적 분석에서는 매매 타이밍을 잡기 위해 이동평균선, 볼린저밴드, RSI 등 여러 기술적 지표들을 사용합니다.

① 각각의 장단점은 무엇인가요?

기본적 분석은 부실한 자산에 투자하는 것을 막아주는 동시에 이론적 기반이 탄탄하다는 장점이 있습니다. 분석 결과가 건실하지 않다면 투자 대상에서 제외되기 때문입니다. 기본적으로 싼 가격에 사서 제값 받기를 기다리는 방식으로, 애널리스트 보고서 등 참고할 자료가 많습니다. 하지만 언제 가격이 내재가치에 수렴할지(목표 가격에 도달할지) 알 수가 없고 분식회계 등으로 재무제표가 조

작되었을 경우 대처가 어렵다는 단점이 있습니다. 또한, 신생 벤처기업이나 고속성장 기업의 경우 미래 수익에 대한 예측이 제각각이기 때문에 내재가치 산정이 어렵다는 문제가 있습니다.

기술적 분석은 정보 비대칭과 거짓 데이터가 없고 모든 자산에 적용이 가능하다는 장점이 있습니다. 가격 정보는 모두에게 똑같이 주어지기 때문에 기관이나 개인이나 사용하는 데이터는 큰 차이가 없습니다. 그리고 일정 시간 이상의 가격 데이터만 존재한다면 주식, 부동산, 원자재, 채권, 파생상품 등 거의 모든 투자 대상에 적용할 수 있습니다. 그러나 기술적 분석에만 집중하다 보면 작전주 등 부실한 자산에 투자하게 될 수도 있고, 투자가 단기간의 수익을 목적으로 하는 트레이딩으로 변질될 수도 있지요. 또한 상장이나 인수합병 등 이례적인 사건이 발생하는 경우에는 가격 데이터가 부족해 기술적 분석만으로는 투자 판단이 쉽지 않다는 한계가 있습니다.

② 기본적 분석과 기술적 분석 중에 무엇이 좋은가요?

기본적 분석을 옹호하는 편에서는 기술적 분석을 근거가 빈약한 비과학적인 방법이라고 폄하하기도 하고, 기술적 분석 옹호자들은 기본적 분석에만 집중하면 수많은 수익 기회를 놓치게 된다고 비판하기도 합니다. 다음의 예를 보면서 각각이 기본적 분석인지 기술적 분석인지 판별해 보기 바랍니다.

1. 기업분석 결과 적정주가 5만 원으로 판단된 주식을 2만 원에 매입 하였으나 별다른 이유 없이 주가가 1만 원까지 하락하여 손절매

2. 영업이익이 지난해까지 수년간 적자였다가 올해부터 흑자전환하여 해당 기업 주식 매수

3. 코스피200의 PER과 PBR이 역사적 저점 수준으로 하락하여 코 스피200 매수

4. 개별 종목은 상장 폐지, 변동성 확대, 시세조종 등의 우려가 있어, 기술적 지표를 이용해 코스피200만 거래

위의 예시 중에 기본적 분석과 기술적 분석은 각각 몇 개일까 요? 제가 보기에는 4가지 예시 모두 기본적 분석과 기술적 분석을 함께 이용하고 있습니다.

1번의 경우 내재가치(적정주가)를 하향 조정해야 할 별다른 이유 없이 주가가 하락했다면 이는 손절매를 할 것이 아니라 추가 매 수를 해야 합니다. 기본적 분석에서는 손절매 기준이 없습니다. 내재 가치보다 가격이 싸면 매수할 뿐입니다. 기본적 분석에서 매도를 실 행할 때는 가격이 올라 내재가치에 수렴하였거나 펀더멘털에 변화가 발생해 내재가치가 훼손되었을 때뿐입니다. 기본적 분석만으로는 손 절매 기준을 마련할 수 없습니다.

2번과 3번의 경우는 기본적 분석에서 주로 이용하는 지표(영

업이익, PER, PBR)가 역사상 저점이거나 반등할 때 매수한 경우입니다. 하지만 무엇이든 역사상 저점이나 반등세를 보고 매수하는 것은 기술적 분석의 영역입니다. 기본적 분석가라면 단순히 지표가 역사상 저점이라고 매수해서는 안 됩니다. 거시환경이나 업황, 기업실적 예측 등을 통해 내재가치를 산정하고 현재 가격이 그보다 쌀 경우에만 매수해야 하는 것입니다.

마지막 4번은 기술적 지표를 이용하기 때문에 기술적 분석의 예라고 할 수 있습니다. 하지만 거래 대상을 선택함에 있어 상장 폐지나 변동성 확대를 고려한다는 것은 부실자산을 피하겠다는 뜻입니다. 이는 어느 정도 기본적 분석을 가미한 것이라 볼 수 있습니다. 기술적 분석의 가정을 엄밀하게 적용한다면 가격에 모든 정보가 반영되기 때문에 상장 폐지 등의 위험도 가격 움직임을 통해 판별해 낼 수 있어야 하기 때문입니다.

예시가 모두 잘못된 투자 방식은 아닙니다. 위와 같은 종합적 판단이 투자에 유용할 때도 있고, 자신도 모르게 기본적 분석과 기술적 분석을 동시에 사용하고 있는 경우도 많습니다. 따라서 한 가지 방법만이 정도이고 나머지는 사이비라고 매도할 필요는 전혀 없습니다. 두 방법 모두 나름의 철학과 의미가 있는 것입니다.

투자의 기본기

··· 분석의 공통분모, 주관성

　　기본적 분석과 기술적 분석은 각각 다른 토양에 뿌리를 내리고 있습니다. 하지만 두 가지 분석 방법 모두 완벽한 객관성을 확보하는 것은 불가능합니다. 기본적 분석이든 기술적 분석이든 같은 데이터와 정보를 가지고도 사람마다 해석이 다르기 때문입니다. 만약 동일한 데이터로 모두가 같은 판단을 내릴 수 있다면 시장에서 수익을 내는 것 자체가 불가능합니다. 어떤 자산에 대해 모든 투자자가 동일한 적정가격을 예상한다면 매수가 몰려 가격이 금세 그 적정가격에 도달해 있을 것이기 때문입니다. 주관성은 투자를 해답이 없는 어려운 문제로 만들지만 그 주관성이 없다면 투자로 수익을 내는 것 자체가 불가능합니다. 투자에서 성공한다는 것은 온갖 다른 의견이 서로 부딪히는 가운데 판단을 내리고 훗날 그중에서 내 의견이 맞는 것으로 밝혀질 때 수익이 나는 게임입니다. 따라서 투자에 있어 다른 견해는 당연한 것이고 자신이나 누군가가 반드시 옳을 것이라는 생각을 버려야 합니다.

　　기본적 분석이 실패했을 경우, 내재가치를 잘못 산정한 것인지 아니면 주가가 내재가치에 도달하지 못한 것인지 알 수 있는 방법은 없습니다. 성공했다 할지라도 판단이 옳았던 것이 아니라 내가 모르는 정보가 반영되어 내 분석이 결과적으로만 맞았을지도 모릅니다. 기술적 분석 역시 지표상 과열 신호가 나타나면 누군가는 하락을 예상하고 누군가는 진정한 상승 추세의 시작이라고 이야기합니다. 기본적 분석에서 가격이 내재가치에 수렴한다는 가정도 결국 역사의 반복이며 패턴입니다. 하지만 역사의 반복이나 패턴은 기술적 분석의 기본 가정이기도 합니다. 결국 내재가치보다 쌀 때 매수하여 내재가치에 수렴하기를 기다리는 것이나, 이동평균선을 돌파했을 때 매수하여 다시 이동평균선에 도달했을 때(수렴했을 때) 매도하는 것 모두 자의적이기는 마찬가지입니다.

기본적 분석과 기술적 분석도 각각의 용도가 있습니다. 자신에게 잘 맞는 방법을 골라 연마하되 다른 방법에도 관심을 갖는 것은 문제가 될 이유가 없습니다. 하지만 원칙을 어기기 위해 다른 방법을 끌어들이는 것은 절대로 하지 말아야 합니다. 손절매 기준 이하로 가격이 떨어졌을 때 갑자기 투자철학을 바꿔 내재가치보다 가격이 싸졌으니 더 보유하겠다는 결정은 분명히 잘못입니다. 초보자에게 가장 중요한 것은 처음에 정한 원칙을 지키는 일입니다.

부동산

··· 부동산을 고르는 기준

처음부터 마음에 드는 부동산을 찾기는 어렵겠지만 여러 번 거래하고 경험을 쌓다 보면 나만의 기준을 가질 수 있습니다. 이번에는 부동산을 고르는 기준에 대해 알아보겠습니다.

① 입지는 능력

부동산에서 입지는 매우 중요합니다. 입지가 좋다면 가격이나 임대료 수준이 높게 형성되어 있거나 향후 상승할 가능성이 높습니다. 부동산 칼럼니스트 '아기곰'은 주택의 입지로 교통, 교육, 환경을 꼽았습니다. 교통은 직장이 몰려 있는 곳까지 걸리는 시간과 경로의 편의성을 뜻합니다. 서울을 예로 들자면 종로나 중구, 여의도, 강남이나 서초까지 얼마나 빠르고 편리하게 갈 수 있는지를 뜻합니다. 교육은 배정되는 학교와 학교까지의 도보 경로는 편리한지 등을 살피면 됩니다. 환경은 집 안의 조망과 공장, 공원 혹은 산책로의 유무 등등입니다. 투자 목적이라도 교육까지 고려하는 것이 좋습니다. 가격이나 가치는 내가 아니라 다른 사람들이 높이 평가해야 오르기 때문입니다.

상업용 부동산에서 가장 중요한 것은 상권입니다. 상권이란 개업을 했을 때 잠재 고객의 규모나 사무실의 임차수요를 뜻합니다. 교통이 편리해 유동인구가 많고 주변에 업무 단지나 주거 단지가 있어 상업시설 수요가 풍부하면 상권이 좋다고 합니다. 다만 교통이 편리하다고 무조건 좋은 것은 아닙니다. 신도시 상가의 경우 교통이 좋다면 근거리의 대형 상업시설 쪽으로 고객을 뺏길 수 있기 때문에 주의가 필요합니다. 때로는 교통이 불편한 것이 도움이 될 때도 있습니다. 교통이 불편한 거주지의 상업시설은 주민들이 집 근처에서 소비를 하기 때문에 상권이 안정적인 경우도 있습니다.

가로수길, 홍대, 익선동, 경리단길처럼 소위 뜨는 곳들은 유명해진 후에 접근하려면 투자금도 많이 필요하고 투자 이후 안정성이 떨어질 수 있습니다. 이런 상권은 유행이 옮겨 가면 쇠락하기도 하고 임대료 상승으로 임차인과 임대인 간 분쟁이 발생할 소지도 많습니다. 한때 압구정 로데오는 대한민국 최고의 상권이었습니다. 하지만 지금의 압구정 거리를 보면 압구정이 과거의 영광을 언제 되찾을 수 있을지는 예상하기 어렵습니다. 저는 주목을 끌거나 유명하지는 않아도 주거지와 상업지가 골고루 발달되어 있는 곳의 사무실 위주 물건을 선호합니다. 예를 들면 대형 아파트 단지 근처 일정 규모 이상의 상업지역은 아파트 덕에 기본수요와 교통이 어느 정도 확보되어 있고 주말에도 인근 주민들이 찾기 때문에 일주일 내내 영업이 가능하기 때문입니다.

② 땅(대지지분)

아파트나 오피스텔에서 대지면적을 세대 수로 나눈 것을 대지지분이라고 합니다. 자리 잡은 땅이나 대지지분이 넓다면 입지의 장점이 극대화되고 부동산의 가치가 올라갑니다. 강남의 아파트가 다른 곳보다 몇 배 비싼 이유는 땅값 때문이지 고급 건축자재를 써서가 아닙니다. 아파트의 대지지분이 크다면 재건축 시에는 아파트 두 채를 받는 것도 가능합니다. 작은 꼬마빌딩이 낡고 허름해도 비싼 이유는 아파트나 오피스텔보다 자리 잡고 있는 땅이 훨씬 크기 때문입니다. 오래된 단독주택이라도 그곳에 아파트가 들어선다면 단독주택의 가치는 크게 오르게 됩니다.

③ 신축 프리미엄은 감가상각 대상

　　새로운 아파트나 건물이 들어서면 개선된 구조와 아름다운 디자인에 감탄하며 비싼 가격을 지불하게 됩니다. 아파트는 신축 프리미엄이 붙고 새 건물은 주위보다 비싼 가격이나 임대료를 받을 수 있습니다.

　　훌륭한 구조와 디자인도 시간이 지나면 헌것이 됩니다. 압구정 현대아파트는 1970년대에는 보기 드문 고층(15층)에 최첨단 공법을 사용한 최신식 아파트였습니다. 대형 평형에는 가정부를 위한 작은방이 따로 있을 정도로 호화로운 저택이었습니다. 지금도 대한민국에서 비싼 아파트로 손꼽히고 있지만 구조와 디자인 때문에 현재 현대아파트의 가치를 높게 보는 사람은 아무도 없습니다.

　　그럼에도 불구하고 압구정 현대아파트가 지금도 비싼 이유는 입지와 대지지분(땅 크기) 때문입니다. 오래된 건축물은 용도에 상관없이 땅의 가치로만 평가합니다. 20년이 지나면 현재 훌륭해 보이는 디자인과 구조가 가격에서 차지하는 비중은 0%로 수렴합니다. 시간이 갈수록 이렇게 건물의 가치가 감소하는 것을 감가상각이라고 합니다. 다만 기본 골격이 튼튼하고 보기 좋다면 리모델링을 통해 얼마든지 되살릴 수 있습니다.

④ 관리비용

　　부동산에서 간과하기 쉽지만 매우 중요한 것이 바로 관리비용입니다. 관리비용은 관리비, 유지보수비, 세금 등을 아우르는 개념입니다. 대출 이자 외에도 관리비용을 꼭 고려해야 합니다. 아파트, 오피스텔, 구분상가는 관리비가 지출됩니다. 주거용으로는 오피스텔이 아파트보다 관리비가 비싼 편입니다. 아파트와 오피스텔, 구분상가는 임차인이 관리비를 부담하지만 공실이 발생하면 임대인이 관리비를 내야 하기 때문에 주의가 필요합니다. 상가건물은 임대인이 관리비를 임차인에게 징수합니다. 따라서 튼튼하게 잘 지은 건물은 관리비가 임대인의 부수입이 되지만, 허약한 건물은 관리비보다 훨씬 큰 비용이 수리비로 나가기 때문에 건물 상태를 반드시 확인해야 합니다.

특히 주택은 정부의 부동산 규제로 관련 세금이 대폭 인상되고 있어서 투자할 때 이를 반드시 감안해야 합니다. 오피스텔이나 상가와 같은 상업용 부동산 역시 연간 세금 부담이 보통 한두 달 임대료와 맞먹기 때문에 임대료만 고려해 수익률을 계산할 경우 낭패를 볼 수도 있습니다.

투자 스타일과 기간에 맞춰 적합한 물건을 찾아내려면 발품이 필요합니다. 물건마다 특징이 모두 다르므로 답사에 앞서 말씀드린 4가지 측면을 면밀히 검토해 보시기 바랍니다.

··· 수익형 부동산의 비밀 - 핵심은 임대수익

나열심 과장 내외는 지금까지 둘이 알뜰하게 모아 종잣돈 2.5

억 원을 마련하는 데 성공했습니다. 이 돈에 신용대출 5천만 원과 주택 담보대출 2억 원을 더해 5억 원짜리 아파트를 사기로 결정했습니다. 나열심 과장은 이에 앞서 금현명 차장에게 조언을 구하기로 했습니다.

나열심: 차장님, 저 집 사기로 결정했습니다. 5억짜리고요. 대출이 2.5억이지만 열심히 갚아 보려고요.

금현명: 잘 생각했어. 축하해. 내 집 마련이 무조건 첫 번째야. 막연히 저축하는 것보다 훨씬 낫지.

나열심: 감사합니다. 최근 15년 기준으로 살펴보니 서울 아파트는 연간 4% 정도 오르는 걸 기대할 수 있겠더라고요. 담보대출은 금리 3.5%, 신용대출은 금리 5%인데 신용대출은 2년 안에 갚으려고 해요. 제가 계산한 내용인데 보실래요?

연 저축액	0.36억 원	예금 2%
신용대출	0.5억 원	5.0%
담보대출	2억 원	3.5%
아파트	5억 원	상승률 4%

단위: 억 원	저축	신용대출	담보대출	예금	아파트	총합계
0	0	-0.50	-2.0		5.0	2.5
1	0.36	-0.24	-2.0	0	5.2	2.9
2	0.36	0	-2.0	0	5.4	3.4
3	0.36	0	-1.7	0	5.6	3.9
5	0.36	0	-1.1	0	6.1	5.0
7	0.36	0	-0.4	0	6.6	6.2
9	0.36	0	0.0	0.31	7.1	7.4
11	0.36	0	0.0	1.05	7.7	8.7
13	0.36	0	0.0	1.82	8.3	10.1
15	0.36	0	0.0	2.62	9.0	11.6

금현명: 제대로 했네. 대출 이자 부담이 있지만 주택 가격이 장기적으로 오르면서 발생하는 수익이 더 클 거야. 대출이 물가상승률을 방어해 주는 것도 알고 있지?

나열심: 네, 그럼요. 의외로 예금하면 물가 때문에 손해라고 걱정하면서 위험한 상품에 손대는 경우가 많더라고요. 대출로 물가상승률을 방어할 수 있다는 점은 잘 모르고 있는 것 같아요. 근데 차장님은 투자 새로 안 하시나요?

금현명: 나야 집은 이미 있으니까 더 살 필요는 없을 것 같고 모아 놓은 돈이 좀 있어서 수익형 부동산에 투자하려고 해. 상가 보러 다니고 있어.

나열심: 상가요? 상가도 아파트만큼 오르나요?

금현명: 수익형 부동산은 경험상 인기 지역 아파트만큼 빠르게 오르지는 않아. 하지만 직장인 입장에서는 퇴직 이전에 현금흐름을 만들어 놓는 게 중요하지 않겠어?

나열심: 그래도 언젠가 가격 쭉쭉 오를 만한 똘똘한 아파트 한 채 더 하시는 게 낫지 않나요?

금현명: 내가 아파트 하나 더 사면 1가구 2주택이라 양도세 부담이 크고 요새는 보유세 부담도 있어서 좋은 선택이 아닌 것 같아. 무엇보다 퇴직하면 모아 놓은 돈을 허물어 써야 하는데 성격상 마음이 너무 불편할 것 같아. 그래서 퇴직 후에 필요한 생활비 정도는 자산에서 나오는 현금흐름으로 준비해 놓으려고 해.

나열심: 저는 이번에 대출 다 갚고 나면 세금 문제도 있으니 집을 하나 더 사기보다는 큰 집으로 이사해서 자산을 키워 볼까 해요.

금현명: 그것도 물론 좋지. 그런데 대출 다 갚으려면 나 과장 계산해 놓은 거 보니 10년이 걸리네. 나 과장도 마흔이 넘으면 은퇴 준비해야지. 그리고 가격 상승만 생각하는 거 보니 수익형 부동산의 비밀을 모르는 것 같네.

나열심: 수익형 부동산에 비밀이 있나요?

금현명: 내가 아끼는 후배니까 알려 주는 거야. 내가 시뮬레이션한 거 보여 줄게. 임대수익 4%에 상가 가격 상승률 2%로 잡았어.

연 저축액	0.36억 원	예금이율 2%
신용대출	0.5억 원	5%
담보대출	2억 원	4%
상가	5억 원	가격 상승률 2%
	임대료 연 0.2억 원	임대료 상승률 2%

단위:억원	저축	임대료	신용대출	담보대출	예금	상가가격	총합계
0	0.00	0.00	-0.5	-2.0	0.0	5.0	2.5
1	0.36	0.20	-0.5	-2.0	0.5	5.1	3.1
2	0.36	0.20	-0.5	-2.0	0.9	5.2	3.6
3	0.36	0.21	-0.5	-2.0	1.4	5.3	4.2
5	0.36	0.22	-0.5	-2.0	2.4	5.5	5.4
7	0.36	0.22	-0.5	-2.0	3.5	5.7	6.7
9	0.36	0.23	-0.5	-2.0	4.6	6.0	8.1
11	0.36	0.24	-0.5	-2.0	5.8	6.2	9.5
13	0.36	0.25	-0.5	-2.0	7.0	6.5	11.0
15	0.36	0.26	-0.5	-2.0	8.3	6.7	12.6

나열심: 근데 이상하네요. 제가 살 아파트나 차장님 상가나 다 5억이고 대출도 2.5억으로 같은데 차장님 수익이 더 많아요.

담보대출 금리도 3.5%로 제가 더 낮고 가격 상승률도 아파트가 4%로 상가보다 2배인데 왜 이런 거죠?

금현명: 이상하지? 이게 수익형 부동산의 비밀이야. 주택하고 달리 상가의 본질은 임대료 거든. 가격 상승률은 2%밖에 안 되지만 임대수익이 연간 4%라는 점을 간과하는 경우가 많아. 결국 초년도 연간수익률이 6%인 거지.

나열심: 임대료도 조금씩 오르니까 실제로 수익률은 6%로 시작해서 조금씩 계속 올라가겠네요.

금현명: 그렇지. 사람들이 매각차익만 생각하기 때문에 수익형 부동산의 본질인 임대료를 인지하지 못하는 경우가 많아. 그리고 방금 보여 준 건 대출을 상환하지 않는 가정인데 대출상환을 고려하면 계산은 이렇게 달라져.

연 저축액	0.36억 원	예금이율 2%
신용대출	0.5억 원	5%
담보대출	2억 원	4%
상가	5억 원	가격 상승률 2%
	임대료 연 0.2억 원	임대료 상승률 2%

단위:억원	저축	임대료	신용대출	담보대출	예금	상가가치	총합계
0	0.00	0.00	-0.5	-2.0	0.0	5.0	2.5
1	0.36	0.20	0.0	-2.0	0.0	5.1	3.1
2	0.36	0.20	0.0	-1.6	0.0	5.2	3.6
3	0.36	0.21	0.0	-1.1	0.0	5.3	4.2
5	0.36	0.22	0.0	0.0	0.0	5.5	5.5
7	0.36	0.22	0.0	0.0	1.2	5.7	6.9
9	0.36	0.23	0.0	0.0	2.4	6.0	8.4
11	0.36	0.24	0.0	0.0	3.7	6.2	10.0
13	0.36	0.25	0.0	0.0	5.1	6.5	11.6
15	0.36	0.26	0.0	0.0	6.6	6.7	13.3

투자의 기본기

나열심: 당연한 얘기지만 대출상환을 하니 수익이 늘어나네요. 대출상환을 하지 않을 때보다 7천만 원 정도 수익이 늘어나는데 생각보다는 차이가 크지 않네요. 대출 안 갚는 시뮬레이션에서는 6~7년 정도면 3억 정도 예금이 생기더라고요. 대출 안 갚고 있다가 3억 정도 모이면 다른 곳에 또 투자하는 게 낫지 않나요?

금현명: 옳은 지적이야. 대출을 갚지 않으면 더 빨리 자산을 늘릴 수 있지. 그래도 대출을 갚는 게 더 좋다고 생각해. 왜냐하면 공실에 대비하기 위해서야. 대출 이자가 1년에 1천만 원이 넘게 나가는데 공실이 나서 이자만 낸다고 생각하면 속이 많이 상하겠지. 그리고 대출을 갚아도 3~4년 정도면 금방 3억가량을 모을 수 있기 때문에 그때 마음 편하게 자산을 늘리는 게 낫다고 생각해.

나열심: 차장님은 지금 아파트도 한 채 보유하고 계시니 10년 후면 상가에서 10억 정도 더 생겨서 20억 자산 꾸리시겠네요. 부럽습니다, 차장님.

금현명: 나 과장도 착실하니까 잘 모을 수 있을 거야. 근데 이 시뮬레이션에서 가장 중요한 것이 뭘까? 한 달에 3백만 원씩 계속 저축을 해야 이 시나리오를 완성할 수 있다는 거야. 그래서 내가 자꾸 소비 습관을 강조하는 거지.

수익형 부동산의 비밀은 바로 임대료입니다. 많은 이들이 가격 상승에만 집착하기 때문에 수익형 부동산의 임대수익에 무관심한 경우가 많습니다. 수익형 부동산은 가격 상승 외에 임대수익과 임대수익의 증가라는 딴 주머니가 있습니다. 건물주가 되고 싶어 하는 사람은 많습니다. 그런데 다들 큰돈을 모아야 건물을 살 수 있다고 생각합니다. 건물의 한 층, 한 층을 사 모은다는 심정으로 현금흐름이 나오는 자산을 늘리다 보면 진짜 건물주가 될 수 있습니다.

대출은 자산을 늘리고 인플레(물가)를 방어해 주는 장점이 있습니다. 하지만 공실 우려와 재무 안정성을 위해서 당연히 갚는 것이 좋습니다. 특히 금리가 높은 신용대출은 가장 먼저 상환해야 합니다. 평소에 신용대출의 여력을 확보해 두어야 비상시에 대비할 수 있고 좋은 투자처가 나타났을 때도 놓치지 않을 수 있습니다.

시뮬레이션을 언뜻 보면 금현명 차장이 투자에 성공해서 10억 원 넘게 모은 것 같지만 절반 정도는 저축으로 달성한 것입니다. 매달 3백만 원씩 15년 동안 저축하면 6억 원이 넘는 큰돈을 모을 수 있습니다. 물론 매월 3백만 원을 저축하는 것은 쉬운 일이 아닙니다. 그래도 저축을 포기해서는 안 됩니다. 종잣돈을 모아야 자산을 늘릴 수 있기 때문입니다.

⋯ 정책에 대한 오해와 환상 버리기

뉴스에서 주식 시장을 전망하는 기사를 많이 볼 수 있습니다. 주식 시장이 장밋빛이라는 기사를 보자마자 바로 주식 매수에 나서는 투자자는 별로 없습니다. 투자자 대부분은 그 기사가 여러 의견 중 하나일 뿐이라는 것을 잘 알기 때문입니다. 반면에 경제 정책에 관한 기사는 무비판적으로 받아들이는 경우가 많습니다. 아무리 기자가 자신감에 넘쳐 쓴 글이라 할지라도 주식 전망을 100% 믿을 수 없는 것처럼 경제 정책에 대한 기사도 하나의 의견일 뿐입니다.

① 정책 효과

정부 정책에 따라 경제가 좌우될 것처럼 이야기하는 경우가 많습니다. 이것이 진실이라면 경제가 좋을 때는 정부를 칭찬하고, 경제가 나쁠 때는 정부만 비판하면 될 일입니다. 하지만 정책은 절대 만능일 수 없습니다. 정부가 경기진작을 위해서 정책자금을 집행하고 추가로 예산을 편성해서 아무리 큰 사업을 벌여도 그 기대효과가 성장률 0.5%를 넘는 것을 본 적이 별로 없습니다. 물론 작은 변화라 할 수는 없겠지만 정책으로 경기의 흐름을 바꾸는 것은 매우 어렵습니다. 대부분의 정책은 성장률을 0.1~0.2% 정도밖에 올리지 못합니다. 기사에서 어떤 정책이 세상을 바꿀 것처럼 호들갑을 떨더라도 수치로 예상한 기대효과를 잘 살펴보십시오. 2020년 기준 우리나라 명목 GDP는 1,924조 원입니다. 2조 원 정도의 경제효과가 있는 정책도 성장률을 0.1% 정도 올릴 수 있을 뿐입니다.

② 정부 주도의 한계

예전에는 정부가 길도 닦고 공장도 지었습니다. 아무것도 없었기 때문에 실행이 중요했고 공무원의 권위는 높았으며 중복투자 같은 건 고려할 필요도 없었습니다. 하지만 지금은 상황이 다릅니다. 중복이나 불필요한 투자로 세금이 낭비되지 않도록 관리해야 하고 특정 기업을 섣불리 지원하다가는 특혜 시비에 휘말릴 수 있습니다. 공무원이 소신만 가지고 일하다가는 화를 입을 수도 있지요. 그러다 보니 발전 가능성이 높은 기업보다는 지원 요건을 잘 갖춘 기업에 지원을 하게 됩니다. 심지어 지원 요건 갖추기의 달인이 되면 사업을 할 생각이 없어도 정부 지원금으로 연명하며 사장님 노릇을 계속할 수 있다고 합니다.

③ 성공한 정책 본받기의 함정

일각에서는 특정 국가의 성공한 경제 정책을 예로 들며 우리 정부도 이를 본받아야 한다고 합니다. 성공한 정책에는 분명히 참고할 만한 점이 있습니다. 하지만 그 정책들이 그대로 실행 가능하다고 생각해서는 안 됩니다. 본받을 만한 정책을 펼친 국가들을 보면 북유럽 국가인 경우가 많습니다. 북유럽은 터가 좋은 걸까요? 아니면 국민들이 의식이 높고 훌륭해서 그런 걸까요?

저는 규모가 중요한 요소라고 생각합니다. 북유럽 국가들은 인구가 보통 5백만 명 정도고 많아야 1천만 명 정도입니다. 규모가 작으면 설득과 합의도 쉽고 관리도 용이합니다. 기업도 직원이 30명 정도면 사장님이 어려운 직원이 생기면 개인적으로 도와줄 수도 있고 모두가 한 몸처럼 움직일 수 있습니다. 그런데 이 기업이 성장해서 직원이 천 명이 되면 더 이상 예전 방법이 통하지 않습니다. 사장이

투자의 기본기

아는 직원을 개인적으로 도와줬다가는 주변의 따가운 시선을 견디기 어려울 것입니다. 북유럽이나 홍콩, 싱가포르에서 할 수 있는 것이니 우리도 할 수 있다고 생각해서는 안 됩니다. 그런 식이라면 대통령도 훌륭한 도지사나 대도시 시장 중에서 뽑으면 그만이겠지요. 북유럽의 정책이 아무리 좋아도 미국은 물론 같은 유럽인 영국이나 프랑스도 그대로 따라 하기란 쉽지 않습니다. 모델이 입었을 때 멋있는 옷이라고 해서 나한테도 어울릴 것이라고 착각해서는 안 됩니다.

④ 정책에 대한 환상 버리기

대한민국은 국가 주도로 눈부신 경제 발전을 이룩했습니다. 짧은 기간에 고속성장을 하다 보니, 정부 주도 성장의 고정관념이 아직 우리 생각을 지배하고 있는 것 같습니다. 정부만 잘하면 다시금 5%나 7% 성장할 수 있다고 믿는 것은 신기루에 가깝습니다. 일본 경제가 한창 호황이던 시절, 일본 경제관료들은 '대장성(현재 일본 재무성)의 마법사'로 불렸습니다. 선진국들도 일본 경제관료의 비법을 캐내기 위해 혈안이었습니다. 하지만 버블 이후 일본 경제가 수십 년간 불황을 겪는 동안 그 마법사들은 다 어디로 간 것일까요?

··· 부동산 대책은 투자자에게 꽃놀이패 - 정책은 나무, 경기는 숲

부동산 대책이 새로 나오면 언론들은 기사를 쏟아 내기 바쁘고, 부동산 고수들은 새 정책의 효과에 대해 이야기하느라 난리입니다. 이렇다 보니 부동산 정책이 부동산 시장을 좌우한다는 생각이 은연중에 널리 퍼져 있는 것 같습니다. 특히 정책이 부동산 시장의 팔 할이라는 생각은 버려야 합니다.

2019년 초에 주택 가격이 주춤하자 9.13 부동산 대책이 효과를 나타냈다는 견해가 힘을 받았습니다. 하지만 연초 주택 가격 하락이 9.13 대책 때문이라는 명확한 증거는 없습니다. 단지 시간 순서상 부동산 가격이 주춤하기 전 마지막에 발표된 정책이 9.13 대책일 뿐입니다. 2019년 9월, 서울에 신고가를 기록하는 아파트들이 등장하자 9.13 부동산 대책이 약발이 다했다는 이야기가 나옵니다. 이런 주장들을 비판 없이 수용하다 보면 부동산 시장은 정책이 결정한다는 편견을 갖게 됩니다. 현 정부는 코스닥 활성화 정책 기조를 이어가고 있습니다. 하지만 코스닥이 부진한 이유를 정책에서 찾는 사람은 보지 못했습니다. 주식 시장 참가자들은 정부 정책이 주식 시장에 영향을 미치는 여러 변수 중 하나일 뿐이라는 점을 잘 알고 있습니다.

만약 부동산 시장에서 정책의 영향력이 정말로 막강하다면 '보수가 집권하면 부동산이 오르고 진보가 집권하면 하락'해야 합니다. 실제로 이명박 대통령과 박근혜 대통령 재임 기간 중 정부는 부동산 부양책을 많이 내놓았고, 현 정부에서는 부동산 안정 대책을 내놓고 있습니다. 하지만 부동산 가격이 급등세를 보인 것은 최근의 일입니다. 그 이전 부동산 급등기 역시 노무현 대통령의 참여정부 시

투자의 기본기

절이었습니다. 결과만 놓고 보면 오히려 진보가 집권하면 부동산 가격이 오른다고 해야 할 정도입니다. 실제로 정권별 부동산 가격 상승률을 살펴보면 다음과 같습니다.

정권별 부동산 가격 상승률

대통령	김영삼	김대중	노무현	이명박	박근혜	문재인
재임 기간*	1993~1997	1998~2002	2003~2007	2008~2012	2013~2016	2017~2020**
연평균 아파트 가격 상승률 (서울, %, CAGR)	1.47	9.66	9.20	-0.41	2.34	8.60

* 계산편의상 취임은 1월, 퇴임은 12월로 가정
** 문재인 대통령 재임 기간 데이터는 2017년~2020년으로 한정
자료: KB

　　노무현 정부에서는 여러 번 부동산 안정 대책을 내놓았지만 주택 가격 상승을 막을 수는 없었습니다. 주택 가격을 잡은 것은 정책이 아니라 2008년 글로벌 금융 위기였습니다. 이명박 정부와 박근혜 정부는 부동산 시장 부양에 힘썼지만 글로벌 금융 위기 이후 전 세계적인 저성장으로 주택 가격은 제자리걸음이었습니다. 결국 정부가 어떤 정책을 쓰든 우리나라 부동산 시장의 큰 흐름을 만들어 낸 것은 글로벌 경기였습니다. 다음 자료를 살펴보겠습니다.

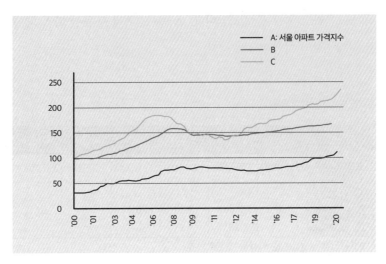

A: 서울 아파트 가격지수
B
C

자료: KB, 블룸버그

A는 우리나라 서울 아파트 가격지수입니다. 그런데 A와 유사한 흐름을 보이는 B와 C는 무엇일까요? B는 글로벌 주택 가격지수이고 C는 전미 주택 가격지수입니다. 우리나라 주택 가격은 글로벌 주택 가격과 너무나도 흡사한 모습을 보이고 있습니다. 이것만 봐도 우리나라 주택 가격은 정부 정책만으로 설명할 수 없다는 것을 쉽게 알 수 있습니다. 주식 투자자들은 아침에 일어나면 간밤에 미국 증시가 어땠는지 확인하며 우리나라 증시 향방을 생각합니다. 부동산 투자자들도 해외 부동산 시장 및 글로벌 경기에 대해 관심을 가져야 합니다. 우리 경제는 대외의존도가 높기 때문에 글로벌 경기에서 절대 자유로울 수 없기 때문입니다.

부동산 정책이 부동산 경기의 흐름을 바꾸지 못한다면 부동산 정책은 무용지물인 걸까요? 그렇지 않습니다. 부동산 정책은 부동산 시장에서 매우 중요한 역할을 수행하고 있습니다.

　　노무현 정부에서 내놓은 LTV, DTI 등 여러 부동산 규제가 부동산 가격 상승을 막지는 못했습니다. 하지만 정책의 진가는 글로벌 금융 위기 이후에 나타났습니다. 미국과 유럽이 부동산 시장 폭락으로 시름할 때 우리나라 부동산 시장은 상대적으로 견조한 모습을 보였습니다. 하락폭도 얕았고 하락 기간도 짧았습니다. 산이 높아야 골이 깊고 폭등이 있어야 폭락도 있는 법입니다. 정부의 부동산 가격 억제로 폭등이 제한되었기 때문에 고통의 정도와 기간도 줄어든 것입니다.

　　공교롭게도 우리나라는 2000년대 이후로 부동산 급등기에는 진보가, 부동산 침체기에는 보수가 집권하며 주택 가격의 폭등과 폭락을 막아 왔습니다. 그 결과 주택 가격이 급변동 없이 꾸준히 상승하는 소위 '골디락스' 국면이 장기간 연출되었습니다. 이런 배경으로 인해 언제 집을 사도 큰 손해를 보지 않는 부동산 불패론이 자리 잡게 되었는지도 모릅니다.

　　부동산 정책은 부동산 경기를 이끌지 못합니다. 부동산 대책으로 부동산 경기가 꺾이는 것이 아니라 부동산 경기가 꺾일 때까지 부동산 대책이 계속 나온다고 보는 편이 더 정확합니다. 부동산 억

제 정책이 나온다는 것은 역설적으로 부동산 열기가 아직 뜨겁다는 뜻입니다. 마찬가지로 부동산 부양 정책이 나온다는 것은 부동산 시장이 살아나지 않는다는 반증입니다. 정책은 부동산 시장에 영향을 주는 여러 변수 중 하나일 뿐입니다. 부동산 시장의 흐름을 파악하려면 국내외 경기를 먼저 살펴야 합니다. 주식 시장은 반응속도가 빠르기 때문에 해외 뉴스가 국내 주식 시장에 실시간으로 영향을 미칩니다. 하지만 부동산 시장은 반응이 느리기 때문에 대외요인과 상관이 없다고 생각하기 쉽습니다. 하지만 속도는 느릴지 몰라도 국내 부동산 시장의 향방은 대외 경기에 큰 영향을 받습니다. 정책은 나무, 글로벌 경기는 숲입니다. 나무만 쳐다보면 숲을 볼 수 없습니다.

정책은 부동산 경기의 흐름을 바꿔 놓지는 못해도 중요한 역할이 있습니다. 부동산 정책은 주택 가격의 급등과 급락을 막아 시장을 안정시키는 역할을 합니다. 부동산 활황기의 억제 정책은 당장은 방해꾼처럼 보일지 몰라도 미래의 폭락 발생 가능성을 낮춰 주기 때문에 투자자에겐 꽃놀이패입니다. 부동산 경기가 과열되는데도 정부가 아무런 조치를 취하지 않거나 2008년 이전 미국처럼 오히려 부양 정책을 사용할 때, 그때가 투자자가 진짜 긴장해야 할 시기입니다.

··· 강남은 불패? - 부동산에 대한 오해와 진실

부동산 관련 정보가 넘쳐 나는 세상입니다. 검증되지 않은 정보 역시 매우 많습니다. 투자자라면 데이터를 바탕으로 우리나라 부동산 시장의 현황을 제대로 파악할 줄 알아야 합니다. 떠도는 이야기, 어렴풋이 알고 있는 지식이 진실인지 아니면 단순한 편견인지 확인해 보겠습니다.

먼저 주택 시장 전체를 조망해 봅시다. 2006년부터 2020년까지 15년간 그리고 1986년부터 2020년까지 35년간 주택 가격이 얼마나 올랐는지 살펴보겠습니다.

주택 가격 변동 추이

전국 기준		주택 매매가격 종합지수	아파트 매매가격지수
2006~2020	상승폭(배)	1.61	1.69
(15년)	연복리 수익률	3.21%	3.54%
1986~2020	상승폭(배)	3.26	5.21
(35년)	연복리 수익률	3.43%	4.83%

자료: KB

주택 매매가격 종합지수는 아파트와 단독 및 연립 주택의 가격을 지수화한 것으로서 우리나라 주택 시장이 얼마나 상승했는지 알려 주는 지수입니다. 예상했겠지만 아파트는 다른 주택보다 가격 상승률이 높았습니다. 아파트를 살펴보면 예전 고도성장기만은 못하지만 그래도 최근 15년간 연복리 3.5% 수준의 괜찮은 수익률을 올리고 있습니다. 추세대로라면 보수적으로 생각하더라도 주택 가격에 대해서는 당분간 3% 정도의 수익률은 기대할 수 있겠습니다.

다음으로 지역별 수익률 편차에 대해 살펴보겠습니다.

서울과 6대 광역시의 아파트 매매가격 상승률

특별시 / 광역시 아파트		서울	부산	대구	인천	광주	대전	울산
2006~2020	상승폭(배)	1.91	1.85	1.71	1.49	1.76	1.65	1.73
(15년)	연복리 수익률	4.39%	4.20%	3.63%	2.71%	3.83%	3.40%	3.71%
1986~2020	상승폭(배)	6.77	5.33	4.44	4.13	3.34	3.69	4.07
(35년)	연복리 수익률	5.62%	4.90%	4.35%	4.14%	3.51%	3.80%	4.09%

자료: KB

최근 15년간 상승폭이 가장 컸던 곳은 서울, 부산, 광주입니다. 35년으로 시계열을 넓히면 가장 많이 오른 곳은 서울, 부산, 대구입니다. 최근에는 인천이 가장 덜 올랐고 긴 시계열에서는 광주의 상승률이 가장 낮습니다. 서울은 예상대로 상승률 1등을 고수하면서 대도시 중 수요가 가장 많은 지역임을 확인할 수 있습니다. 과거와 같은 흐름이 지속된다고 가정하면 대부분의 대도시에서는 연간 3.5%~4% 정도의 수익률을 기대할 수 있을 것으로 보입니다. 다만 인천과 광주의 경우 지금까지는 상대적으로 부진했지만 향후에도 이러한 경향이 지속될지는 알 수 없습니다. 시장에 가격부담이 발생하면 상대적으로 오르지 않은 곳으로 돈이 몰려 전에 오른 곳들을 따라잡는 경우도 종종 발생하기 때문입니다.

이번에는 서울 아파트 가격을 구별로 나누어 자세히 들여다 보겠습니다.

2003~2020년 서울 아파트 가격 상승률

03~20(18년)	서울	강북	강남				
상승폭(배)	2.3	2.1	2.4				
연복리 수익률	4.8%	4.3%	5.1%				
강북 구 단위	강북구	광진구	노원구	도봉구	동대문구	마포구	서대문구
상승폭(배)	2.1	1.9	2.1	2.4	1.8	1.9	2.4
연복리 수익률	4.3%	3.5%	4.3%	**4.9%**	3.4%	3.7%	**4.9%**
	성동구	성북구	용산구	은평구	종로구	중구	중랑구
	2.0	2.4	1.9	2.3	1.9	1.7	1.8
	3.8%	**4.9%**	3.8%	**4.8%**	3.7%	3.0%	3.2%
강남 구 단위	강남구	강동구	강서구	관악구	구로구	금천구	동작구
상승폭(배)	2.6	2.4	2.1	2.0	2.1	2.2	2.3
연복리 수익률	**5.5%**	5.0%	4.1%	4.0%	4.3%	4.4%	4.7%
	서초구	송파구	양천구	영등포구			
	2.5	2.6	2.5	2.7			
	5.3%	**5.5%**	5.2%	5.6%			

자료: KB

서울이 18년간 2.3배로 오르는 동안 강북은 2.1배, 강남은 2.4배 올라서 강남의 상승폭이 더 컸습니다. 강북에서 18년간 가장 많이 오른 곳은 도봉구, 서대문구, 성북구, 은평구입니다. 강남에서 가장 많이 오른 곳은 강남구, 송파구, 영등포구입니다. 특징적인 점은 주목받았던 마용성(마포구, 용산구, 성동구)이 강북에서 가장 높은 상승률을 기록하지는 않았다는 것입니다.

서울에서 아파트 가격 상승률이 가장 낮은 곳은 의외로 서울의 중심인 중구입니다. 오래전부터 상업지구로 워낙 발달한 곳이기 때문에 거주용으로는 관심이 덜했을 수 있습니다. 하지만 최근 직주근접(직장과 주거를 가까운 곳에 두려는 현상)이 테마로 떠오르는 만큼 앞으로의 변화가 궁금해지는 지역이기도 합니다.

부동산과 관련해 많이 언급되는 말 중 하나가 '강남 불패'입니다. 위 표에서 보듯이 강남구는 높은 수익률을 기록하고 있습니다. 부동산 시장에서 '강남'이라는 단어가 갖는 상징성 역시 누구나 인정하는 바입니다. 그런데 투자 관점에서 강남은 정말 불패일까요? 데이터를 통해 확인해 보겠습니다.

2004~2020년 서울 아파트 가격 상승률

04~20(17년간)	서울	강북	강남				
YoY 최고	25.2%	22.1%	27.6%				
YoY 최저	-4.9%	-4.2%	-5.4%				
강북 구단위	강북구	광진구	노원구	도봉구	동대문구	마포구	서대문구
YoY 최고	22.1%	21.5%	**29.3%**	**29.8%**	20.9%	14.4%	**27.4%**
YoY 최저	-4.2%	-6.2%	-5.6%	-5.4%	-6.5%	-3.0%	-4.1%
	성동구	성북구	용산구	은평구	종로구	중구	중랑구
	14.6%	24.4%	19.0%	26.4%	19.8%	14.1%	16.4%
	-3.0%	-4.2%	-3.8%	-5.0%	-4.7%	-2.5%	-2.8%
강남 구단위	강남구	강동구	강서구	관악구	구로구	금천구	동작구
YoY 최고	27.7%	29.0%	**36.4%**	24.7%	23.6%	18.2%	**30.4%**
YoY 최저	-8.7%	-8.8%	-5.9%	-4.3%	-3.0%	-4.1%	-5.2%
	서초구	송파구	양천구	영등포구			
	30.9%	27.0%	**37.2%**	24.1%			
	-8.3%	-10.5%	-6.7%	-4.8%			

자료: KB

위 표는 최근 17년 동안 서울 아파트 가격의 전년동월 대비 상승률(YoY) 최고값과 최젓값을 구별로 보여 주고 있습니다. 서울 아파트의 가격이 최대 25% 수준의 상승과 5% 수준의 하락을 겪은 데 반해 강남구는 약 28%의 상승과 9%가량의 하락을 겪으며 더 큰 변동성을 보이고 있습니다. 강남구의 변동성은 강남 지역 전체와 비교해도 더 큰 수준입니다. 불패라는 말이 심각한 하락 없이 꾸준히 상승한다거나 다른 지역보다 하락폭이 작다는 의미를 포함한다면 강남은 불패가 아니라는 것을 명확하게 알 수 있습니다. 강남구 아파트가 절대적으로 값어치가 높은 것은 확실하지만 수익률의 관점에서 평가한다면 가격 상승폭이 큰 만큼 하락폭 역시 큰 투자자산입니다. 실제로 강남구보다 하락폭은 낮고 상승폭은 높았던 지역을 얼마든지 찾아볼 수 있습니다.

강남구 외 강남 3구로 불리는 반포를 포함한 서초구와 잠실로 대표되는 송파구 역시 변동성이 높기는 마찬가지 입니다. 그러므로 강남 3구라고 해서 무턱대고 신봉하는 태도는 경계해야 합니다. 참고로 표본 기간 중 서울에서 가장 큰 하락률을 기록한 곳은 송파구입니다. 그리고 강남이 강북보다 무조건 좋다고 생각하시는 분들이 꽤 있는데 강북은 강남보다 상승폭이 낮은 대신 하락장에는 강한 모습을 보입니다. 가격 변동성을 생각하면 진입 시점 측면에 대한 고려는 강북보다 강남이 더 중요하다고 할 수 있습니다. 따라서 "강남에 진입하기 가장 좋은 시점은 항상 바로 지금이다."와 같은 말은 강남구의 가격 상승률이 높다는 사실에만 경도된 사람들이 만들어 낸 편견일 가능성이 높습니다.

실제로 데이터로 확인해 보니 강남 불패라는 말에는 동조하기 어렵습니다. 하지만 부동산 불패라는 말은 일리가 있다는 생각이 듭니다. 주위에 주식 투자를 하시는 분들에게 "장기 투자가 필수기는 한데 최대 수익은 25% 정도 가능하고 최대 손실은 5% 정도인 투자처가 있어. 관심 있어?"라고 물으면, 그 종목이 무엇인지 알려 달라고 하시는 분이 정말 많을 것입니다. 그런 분들에게는 서울 아파트라고 귀띔하면 되겠습니다. 물론 집합적인 데이터로 본 것이기 때문에 개별 아파트 단지의 변동성은 이보다 더 큽니다. 코스피지수보다 개별 종목의 변동성이 더 큰 것과 같은 이치입니다. 하지만 좋은 주식을 고르는 것보다 좋은 아파트를 고르는 것이 훨씬 쉽습니다. 주식은 동일 업종 내에서도 어느 주식이 좋은지 전문가들도 의견이 갈리지만 아파트는 부동산 중개소 한두 군데만 들러도 주변에서 어디가 좋은 아파트인지 감을 잡을 수 있습니다.

직접 데이터를 읽고 해석하는 사람은 뉴스나 시장에 떠도는 속설에 속을 위험이 적습니다. 꾸준한 공부와 검증으로 시장에 대한 오해를 줄이다 보면 진실에 좀 더 가까운 해석과 해결책을 찾을 수 있을 것입니다.

⋯ 내 집 마련과 강남 별곡 - 내 집 마련은 종착지가 아니다

내 월급은 그대로인데 물가가 올라 돈의 가치가 하락하고 있습니다. 경기도 별로인데 풍부한 자금 때문에 자산 가격은 자꾸만 오릅니다. 노동 소득으로는 자산 가격을 따라잡기 어려운 환경입니다.

저축과 검소한 생활로 은퇴 준비는 가능합니다만, 부자를 목표로 한다면 사실상 투자 없이 목표를 달성하기는 쉽지 않습니다. 주거를 중시하는 우리나라 사람들의 특성과 부동산 불패 신화가 깨지지 않고 있다는 점을 감안하면 내 집 마련은 필수라고 할 수 있습니다.

① 내 집 마련, 또 다른 시작

요새 '똘똘한 한 채'가 화두입니다. 집 한 채 잘 마련해서 노후 준비를 한 번에 끝내는 경우도 꽤 있습니다. 하지만 많은 이가 간과하는 중요한 사실이 있습니다. 재산이 집 한 채가 전부인 사람은 그 집을 팔지 않는 이상 빠듯하기는 마찬가지라는 점입니다. 삶의 터전을 옮길 생각이 없다면 자신의 삶을 바꾸는 것은 내 집 마련 이후의 성과입니다. 내 집 마련에 성공했다는 것은 주거 문제를 해결하고 자산증식의 기반을 마련한 것이므로 분명히 축하할 일이지만 그것만으로 목표가 달성됐다고 단언할 수는 없습니다. 내 집 마련 후, 이전에 저축하던 것 이상으로 대출을 갚아야 할 수도 있고, 모아 놓은 돈을 집을 사는 데 다 썼다면 여유가 없기는 마찬가지입니다. 내 삶을 풍요롭게 하려면 또 다른 준비를 해야 합니다.

집값이 너무 올라서 내 집 마련은 다음 생에서나 가능하다고 생각할 수 있습니다. 사회 초년생이 15년가량을 한 푼도 쓰지 않고 모아야 서울에 집을 마련할 수 있다고 하니 그렇게 생각하는 것도 무리는 아닙니다. 계산대로라면 은퇴할 때쯤에나 집 한 채 마련하는 것이 가능할지도 모릅니다. 하지만 이 계산에서는 대출과 서울 중심지 아파트 이외의 집을 간과하고 있습니다. 소득과 지역에 따라 다르겠지만 절약과 저축을 생활화한다면 보통 10~15년 정도면 내 집 마련이 가능합니다. 또한 도심의 아파트만 고집하지 않는다면 다양한 선택을 할 수 있습니다. 모두 가질 수 없다면 일부를 포기하고 중요한 것을 선택해야 합니다.

② 주거 만족 vs 재산 증식, 당신의 선택은?

집은 투자자산이기도 하지만 기본적으로 주거 안정이라는 목적을 지니고 있습니다. 투자와 거주의 두 가지 목적에 각각 어느 정도의 비중을 두어야 하는지 고민이 필요합니다. 자신이 둘 중에 무엇을 더 중시하는지, 포기할 수 있는 것은 무엇인지 먼저 생각해 보아야 합니다.

넓은 마당에 자연과 벗 삼은 집을 꿈꾼다면 교통이 불편한 것을 감수해야 하고, 직장 가까운 곳을 원한다면 큰 집은 포기해야 합니다. 학군이 가장 중요하다면 낡은 아파트에 사는 불편함 정도는 참아야 하지요.

전부 포기할 수 없다면 주거만족을 누리는 시기라도 양보해야 합니다. 주거만족을 중시하는 경우 전원주택에 사는 것을 목표로 하는 분들이 꽤 있습니다. 주의할 것은 이상적인 전원주택만을 목표로 오랜 기간 노력하는 것은 재산 증식 관점에서는 추천하기 어려운 선택이라는 것입니다. 전원주택은 사람마다 취향이 다르고 가치평가 기준도 모호합니다. 수요도 도심의 주택보다 부족하기 때문에 매도할 때 제값을 받으리라는 보장도 없습니다. 따라서 재산이 늘어난 후에 전원의 삶을 누리는 것은 추천할 만한 일이지만 전원주택을 위해 평생 모은 돈을 다 써 버린다면 부의 순위는 뒤처지기 쉽습니다. 그보다는 젊은 시절에 직장에 가까운 도심에서 편의성을 누리며 부를 키우고, 은퇴 후에 전원생활을 즐기는 것이 재산 증식 관점에서는 유리합니다.

③ 주거의 질, 투자에 양보하세요

주거 만족보다 재산 증식과 은퇴 준비가 중요하다면 투자에 무게를 두고 내 집 마련을 바라보는 것이 바람직합니다. 투자에 중점을 둔다면 많은 이가 살고 싶어 하는 집을 목표로 하면 됩니다. 직장이 많은 곳과 가깝고 교통이 편리하며 학군도 뒤처지지 않는 곳이 당연히 가장 좋죠. 하지만 이 경우에도 우선순위가 뒤바뀌어서는 안 됩니다. 내 집 마련 자체에만 집중하다 보면 기본 목표를 잊고 가장 인기 있는 아파트와 평수에만 집착할 수 있습니다. 투자를 중시하는 사람이 인기 있는 집을 위해 모든 것을 쏟아붓는 것은 옳지 않습니다. 주거 안정이 필요한 시점에 매수 가능한 집들 중에서 가장 투자 가치가 높은 것을 고르면 됩니다. 처음부터 목표를 너무 높게 잡으면 내 집 마련 시기가 너무 늦어지거나 그 사이에 집값이 급등해 계획이 틀어질 수도 있습니다.

주거의 질은 분명 중요한 문제입니다. 그러나 재산 증식을 중시하는 경우 주거 만족을 일부 포기한다면, 다양한 길을 시도할 수 있습니다. 새 아파트 대신 유망한 지역의 오래된 아파트를 선택할 수도 있고, 방 한 개를 포기하는 대신 잠재력 있는 기업의 주주가 될 수도 있습니다. 호화로운 인테리어와 베란다 확장을 포기하면 월세를 받을 수 있는 작은 상가를 소유할 수도 있지요. 때로는 넓은 공간과 지하주차장, 커뮤니티 시설과 엘리베이터를 포기하면 건물주가 되는 것도 가능합니다. 허풍이 심하다고요? 전혀 그렇지 않습니다. 조금만 발품을 팔고 공부한다면 사실이라는 것을 알 수 있습니다. 제가 자산을 늘려 온 비법 중 하나가 바로 이것입니다.

④ 강남에는 부자만 산다?

많은 이들이 강남에 집이 있는 사람을 부러워합니다. 그런데 최근에 흥미로운 이야기를 들었습니다. 강남에 집 한 채 있는 사람이 제일 별로라는 이야기였습니다. 강남에 집 있다고 자랑하며 은근히 남을 무시하면서 평소에 밥 한 번 안 사는 사람들이 꽤 있다고 합니다. 그도 그럴 것이 강남에 집이 있어도 빡빡하기는 마찬가지이기 때문입니다. 연봉 1.5억인 외벌이 4인 가족이 25억 강남 아파트에 거주한다고 가정해 보겠습니다.

연간 실수령액:	+1.1억 원(세전 1.5억 원)
대출 이자:	-0.4억 원(원금 15억 원)
보유세:	-0.15억 원(2021년 예상)
교육비:	-0.3억 원(자녀 한 명당 0.15억 원)
생활비(합계):	= 2천5백만 원

대출 이자와 세금, 높은 생활비를 감안하면 다른 지역보다 여유가 없는 경우도 많습니다. 강남의 주택 가격을 생각하면 집 한 채로 노후 준비가 끝났다고 생각할 수도 있지만 그것은 언제까지나 그 집을 팔고 다른 곳으로 이사했을 때의 이야기입니다. 은퇴 후에도 강남에 거주하는 것은 쉽지 않습니다. 강남에 집이 없어지는 순간 그 사람은 자기가 무시하던 비강남 지역 사람이 됩니다. 오히려 강남에 집이 없어도 은퇴 준비를 착실히 해 온 사람이 노후의 삶은 훨씬 더 여유로울 수 있습니다.

강남에 산다고 모두 부자는 아닙니다. 강남 부자보다는 강남 주민이 훨씬 많습니다. 경험적으로 볼 때 강남 부자와 강남 주민의 차이는 강남 주민과 비강남 주민과의 차이보다 훨씬 큽니다. 강남에 거주하면 편리한 교통과 각종 편의시설의 혜택을 누릴 수 있습니다. 하지만 주중이나 주말 할 것 없이 늘 차가 막히고, 생활비와 교육비도 높으며 상대적 빈곤감에 자주 노출됩니다. 주변에 부자들이 많다 보니 그들의 흉내라도 내고 살려면 허리가 휘어집니다. 외출용 명품도 몇 개는 갖춰야 하고 눈치가 보여 무리해서 장만하는 경우도 많습니다. 강남 밖에서는 어깨에 힘 좀 줄지 모르지만 삶의 터전으로 들어오면 기운이 빠집니다.

은퇴 전에는 대출 이자와 교육비에 시달리고 은퇴 후에는 높은 생활비에 고생한다면 아무리 강남에 산다 해도 부러워할 이유가 전혀 없습니다. 자랑하기 위해 강남에 살고 돋보이기 위해 소비를 한다면 허울 좋은 빈 껍데기일 뿐입니다. 내 집 마련이 중요하다는 것은 두말할 필요가 없습니다. 하지만 내 집 마련이 인생의 목표가 될 수는 없습니다. 삶의 질을 바꾸는 것은 강남 주민이라도 내 집 마련 이후의 성과입니다. 은퇴 후에 강남에 살 수 있을지 자신할 수 없다면 지금의 강남부심은 미래에 독으로 돌아올 가능성이 더 큽니다.

투자 전략
세우기

⋯ 투자에서 실패하지 않는 가장 쉬운 방법 - 투자규모 정하기

투자에서 성공하는 것보다 더 중요한 것은 실패하지 않는 것입니다. 여기서 실패는 다음 투자를 기약할 수 없는 재기불능의 상태를 말합니다. 실패는 큰 손실 때문에 주로 발생하지만, 정신적인 충격이나 상처 때문에 나타나기도 합니다. 많은 투자자들이 실패를 경험하고도 깨닫지 못하는 중요한 사실이 하나 있습니다. 바로 투자 규모의 중요성입니다. 이 점을 모른다면 지금까지 성공한 투자자라도 언젠가 시장을 떠날 가능성이 높습니다. 투자에서 가장 중요한 것은 투자 규모를 정하는 것입니다. 그다음이 자산 배분과 투자전략입니다. 종목선택이나 매매기법은 우선순위를 가장 마지막에 두어도 무리가 없습니다.

투자에 실패하지 않는 방법을 알아보기 위해 사례를 살펴보겠습니다. 첫 번째는 초보 주식 투자자의 이야기입니다. 투자에 관심도 있고 공부도 했지만 실행으로 옮기지 못하던 사람이 주위에서 돈 벌었다는 이야기가 자주 들리자 투자에 뛰어듭니다. 배운 지식을 적용해보니 잘 들어맞고 돈이 벌리기 시작합니다. 점점 자신감이 붙고 투자금도 커집니다. 한데 투자금을 늘리고 나니 꽤 큰 손실이 발생합니다. 손절을 할지 말지 며칠 고민을 하는 중에 다행히 시장이 회복되며 손실을 만회합니다. 잠시 흔들렸지만 자신의 판단이 결국 맞았다는 사실에 만족하며 더욱 자신감을 갖게 됩니다. 이후에도 몇 차례 손실이 발생하지만 버티면 결국 매수 가격보다 오르는 시기가 꼭 온다는 것을 발견합니다. 버티기의 달인이 된 그는 스스로 배짱 있는 투자자가 됐다고 자부합니다. 그러던 어느 날 하락장이 길어진다 싶더니 어느덧 40% 손실을 기록합니다. 회복할 거라고 버티던 그는 결국 70%의 손실을 입고 투자를 접게 됩니다.

두 번째는 상승장과 하락장을 모두 겪고 투자를 지속해 온 베테랑의 이야기입니다. 초보 시절 하락장에 고생을 했지만 지금은 실력과 매매 원칙이 있기 때문에 큰 실수는 하지 않는다고 자부합니다. 예전에는 하락장 초반에 손절하지 못하고 머뭇거리다가 투자금이 반 토막 나기도 했습니다. 지금은 30% 손실이 나면, 무조건 정리하는 원칙을 고수하고 있습니다. 지난 5년간 30% 이상의 손실을 기록한 적은 한 번밖에 없습니다. 대형주에 투자하는 대신 수익률을 높이기 위해 스탁론을 사용하고 있고 최근 3년간 연평균 23% 수익률을 기록 중입니다. 그런데 좋지 않은 뉴스들이 겹치더니 3일 만에 수익률이 -32%가 되었습니다. 손절을 해야 하는데 차트를 보니 상승장 전환은 어렵지만 기술적 반등이 거의 확실한 자리입니다. 하루만 더 기다려 보기로 합니다. 다행히 예상대로 반등이 나타나 -28%가 됩니다. 30% 손실은 넘지 않았으니 오늘은 마음 편히 넘어가도 되겠군요. 하지만 다음 날이 되니 아예 다른 세상이 되어 버렸습니다. 30% 손절 기준이 아니라 반대매매를 걱정해야 하는 순간이 와 버린 것입니다.

세 번째는 아파트 한 채를 가지고 있는 직장인의 이야기입니다. 갭 투자가 유행이라는 말을 듣고 동네 부동산에 들렀습니다. 옆 단지 아파트 매매가와 전세가가 2천만 원밖에 차이가 나지 않습니다. 부동산 사장님이 추천하는 매물을 2천만 원에 매수했습니다. 세 달 후에 아파트 가격이 2천만 원 올랐습니다. 석 달 만에 100% 수익을 본 것이지요. 고민하던 그는 아내를 설득해 8천만 원을 대출 받아 두 채를 더 삽니다. 1년이 지나고 나니 아파트 가격은 2억 원이 올랐고 전세금은 3천만 원이 올랐습니다. 총 수익은 6억 2천만 원이고 오른 전세금 총액은 9천만 원입니다. 오른 전세금으로 대출을 갚고도 통장에 1천만 원이 남았습니다. 1년 남짓 하는 기간 만에 큰돈을 벌었고 서울 아파트 3채를 가진 갑부가 되었습니다. 3년이 지났습니다. 아파트 가격이 이후에 1억 원 더 오르기도 했지만 지금은 매수 시점보다 1억 원가량 하락했습니다. 더 큰 문제는 세입자가 잘 구해지지 않는다는 것입니다. 세입자를 구하지 못한다면 3억 원의 손실에 수억 원에 달하는 빚까지 안고 살아야 할 생각에 잠이 오지 않습니다.

첫 번째 사례는 상승장에서 볼 수 있는 전형적인 실패사례입니다. 상승장에서 수익이 나는 것은 실력이 아니라 시장이 도와준 결과일 가능성이 높습니다. 특히나 손실을 보면 수익이 날 때까지 막연히 기다린다는 자세는 아주 위험합니다. 상승장에서는 하락했거나 덜 오른 종목에 투자하려는 자금이 많기 때문에 기다리면 수익이 나는 경우가 많습니다. 하지만, 시장이 하락장으로 돌변하면 버티는 전략은 처참한 피해를 남깁니다.

두 번째 사례는 레버리지가 화근입니다. 얌전한 시장에서는 레버리지가 수익 확대로 이어질 수 있지만, 하락장에서는 손익 변동폭을 예상보다 훨씬 크게 만듭니다. 손익 변동폭이 커지면 당황해서

투자의 기본기

정확한 판단을 내리기 어렵습니다. -32%를 기록한 날 정리를 하거나 늦어도 -28%에서는 정리를 했어야 합니다. 상승장 전환이 어렵다는 사실은 이미 알고 있었기 때문입니다.

세 번째 사례는 소액으로 큰돈을 벌게 되자 아파트 3채가 모두 자기 것이라고 착각하게 된 경우입니다. 대출뿐만 아니라 전세금도 부채입니다. 아파트 3채가 모두 자기 명의라도 실제로는 그중 일부분만을 소유하고 있다는 점을 항상 기억해야 합니다.

3가지 실패를 살펴보면 모두 성공에 취해 투자금을 계속 늘렸고, 투자를 지속하다 하락장을 만났다는 공통점이 있습니다. 실패를 피하려면 하락장에도 감당할 수 있는 투자규모를 유지하는 것이 기본입니다. 적당한 투자규모를 유지하면 최악의 상황에서도 손실이 관리 가능하기 때문에 다음을 기약할 수 있습니다. 투자금은 없어져도 무리가 없는 여유자금 수준을 넘어서는 안 됩니다. 특히, 금융투자에서는 대출 등 레버리지를 절대 사용해서는 안 됩니다. 초보자는 수익이 일정 수준을 넘으면 일부를 정리해서 투자규모를 유지하는 것이 바람직합니다. 투자규모가 적정 수준을 넘어서면 벌면 버는 대로 잃으면 잃는 대로 이성적인 판단이 어려워집니다.

투자금을 늘려도 하락장이 오기 전에 빠져나오면 된다고 생각하는 분들이 있습니다. 이런 분들은 작전주에 투자해도 욕심만 부리지 않으면 수익을 얻을 수 있다고 생각합니다. 언제 급락이 올지 예측할 수 있는 사람은 없습니다. 투자금이 커지면 판단이 흐려지고 어떤 경우에는 빠져나올 겨를도 없이 손실이 확정됩니다. 일반적으로 상승장이나 횡보장이 투자 기간의 대부분을 차지합니다. 하락장은 지나고 보면 짧았던 것처럼 보입니다. 그래서 경험이 쌓일수록 자신도 모르게 버티는 투자를 체득하게 됩니다. 하지만 하락장은 겪어 봐야 알 수 있습니다.

투자규모를 키우고 싶은 유혹에 빠지지 않으려면 조급한 마음을 버리고 주변에 흔들려서는 안 됩니다. 소액 투자로 언제 부자가 되느냐고 반문하실 수도 있습니다. 하지만 빨리 부자가 되려면 투자가 아니라 사업을 해야 합니다. 투자에 성공해서 짧은 시간에 1억~2억 원을 번다고 절대 인생이 바뀌지 않습니다. 상승장에서 돈을 좀 벌었다고 섣불리 전업 투자자로 나서는 것은 반드시 경계해야 합니다. 하지만 제대로 된 투자법을 익힌다면 노후는 충분히 바꿀 수 있습니다. 5분 먼저 가려다가 50년 먼저 간다는 운전자 표어는 투자 세계에서도 통합니다. 10년 먼저 은퇴하려다 평생을 궁핍하게 지내야 할 수도 있습니다.

투자에서 실패하는 가장 큰 이유는 조급한 마음에 과도하게 투자규모를 늘리기 때문입니다. 일반 개인 투자자가 기관보다 우월한 점은 투자규모와 투자 시기를 조절할 수 있다는 것밖에 없습니다. 기관들은 하락장이라도 투자를 해야 합니다. 전업 투자자들도 상승장이 오기를 마냥 기다릴 수 없기 때문에 사정은 마찬가지입니다. 하지만 일반 개인은 조금만 투자해도 되고 불안하거나 바쁘면 투자활동을 쉬어도 됩니다. 항상 투자금 전액을 투입하는 것은 개인의 유일한 장점을 걷어차 버리는 일입니다. 개인 투자자는 언제든지 투자를 쉬어도 됩니다. 무리하지 않는 것이 성공적인 투자의 첫걸음입니다.

··· 계란 바구니는 몇 개가 필요할까요? - 분산 제대로 하기

계란을 한 바구니에 담지 말라는 말, 들어 보셨을 것입니다. 그럼 두 개의 계란 바구니로 나누면 될까요? 아니면 모두 개별 포장하는 것이 맞을까요? 투자에 분산이 필요하다는 것은 알지만 어떻게 하는 것이 옳은지는 잘 알지 못하는 경우가 많습니다. 빨리 부자가 되겠다는 욕심에 위험자산에만 투자하는 경우도 많고, 포트폴리오에 쏠림이 심한데도 단순히 여러 종류에 투자했다는 사실만으로 분산을 잘했다고 착각하는 경우도 있습니다. 이번에는 분산을 제대로 하기 위한 방법에 대해 알아보겠습니다.

① 가장 먼저, 위험자산 - 안전자산 분산

주식 투자를 하면서 여러 종목으로 포트폴리오를 구성했으니 분산이 잘돼 있다고 생각하는 분들이 꽤 있습니다. 하지만 투자 포트폴리오의 대부분이 주식으로만 구성되어 있다면 분산 측면에서는 빵점입니다. 분산의 가장 기본은 '위험자산-안전자산' 분산입니다.

위험자산 및 안전자산을 균형 있게 가져가려면 다음 단계를 거쳐야 합니다.

연말결산을 해 본 투자자라면 자산군별 보유 총액을 파악하는 과정이 매우 수월할 것입니다. 가계의 자산군은 부동산, 주식형, 채권형으로 분류할 수 있습니다. 연말결산이 되어 있지 않다면 가계의 보유자산 목록을 꼼꼼히 작성해야 합니다.

부동산은 보유 중인 주택과 상가, 오피스텔, 토지 등의 총액을 파악하면 됩니다. 매입가로 해도 큰 무리는 없지만 정확성을 위해서는 매도 가능한 가격으로 평가하는 것을 추천합니다. 주식형 자산에는 개별 주식, 주식형 펀드 및 ETF, ELS 등 주식을 기초로 하는 자산을 모두 집계하면 됩니다. 채권형 자산은 생각보다 범위가 넓습니다. 개인이 직접 보유하고 있는 채권과 채권형 펀드, 채권을 기초자산으로 하는 ETF, 연금저축, 저축보험 등이 모두 채권형 자산입니다. 또한, 지갑과 장롱에 있는 현금, 은행 계좌의 잔액, 예금과 적금, CMA, MMF, 집주인에게 준 전세보증금 등도 모두 채권형 자산입니다. 주식과 채권에 동시에 투자되는 혼합형 펀드는 투자비율대로 나누거나, 보수적으로 주식형 자산에 포함시키면 됩니다. 퇴직연금이나 변액보험은 투자되는 대상을 잘 살펴보고 주식형과 채권형으로 분류하기 바랍니다.

집을 투자 포트폴리오에 포함할 것인가?

내가 보유하고 있는 집은 분명히 부동산이고, 가계 포트폴리오에서 대부분 가장 큰 비중을 차지하고 있습니다. 그런 측면에서 본다면 포트폴리오에 집을 포함하는 것이 당연해 보입니다. 하지만 집은 투자자산의 성격만을 지니고 있는 것이 아닙니다. 투자 외에도 거주 안정이라는 중요한 목적을 지니고 있습니다. 게다가 투자 대상이라면 포트폴리오 내에서 비중 조절이 가능해야 하는데, 집은 비중 조절이 어렵습니다. 부동산 비중이 높다고 집을 30%만 팔 수도 없고, 10%만 더 살 수도 없기 때문입니다. 따라서 집을 투자 포트폴리오에 포함시킬지 여부는 스스로 결정해야 할 중요한 문제입니다.

저는 집을 투자 포트폴리오에 포함하는 것을 추천하지 않습니다. 집값 하락이 예상된다고 집을 팔고 전세로 옮기거나, 부동산 비중을 줄이기 위해 지금보다 싼 지역으로 옮겨 살기는 어렵습니다. 출퇴근이나 자녀교육, 거래 및 이사 비용, 새로운 환경에 대한 적응 등을 고려하면 투자 때문에 거주를 변경하는 것은 실익을 기대하기가 매우 어렵기 때문입니다.

집을 투자자산으로 파악한다면 대부분은 내 집 마련 이후에 포트폴리오에서 부동산 편중이 심해지기 때문에 이론적으로는 금융자산 투자에 전념해야 합니다. 실제로 미국의 많은 가구가 이런 방식으로 가계 포트폴리오를 운영하고 있습니다. 미국은 401K처럼 장기 주식 투자를 독려하기 위한 제도가 잘 갖춰져 있고 기업들의 배당 성향도 높아 우리나라와 단순 비교하는 것은 무리가 있습니다. 우리나라에서 이러한 투자철학을 유지하는 것은 어렵습니다. 부동산 광풍이 불 때도 흔들리지 않아야 하고 금융 시장에 충격이 와도 견뎌낼 만한 능력과 경험이 있어야 하기 때문에 초보자들에게 추천하기는 더욱 어렵습니다.

결국 자신의 성향을 잘 판단해 결정해야 합니다. 보유주택 가격을 수시로 확인하고 집값 등락에 울고 웃는 성격이라면 투자 포트폴리오에 집을 포함시키고 예금 등 안전자산을 모으십시오. 집값에 크게 연연하지 않는다면 집을 제외한 자신만의 포트폴리오를 구축을 위해 노력하면 됩니다. 장기적인 관점에서는 집값에 초연할 수 있는 사람이 시장의 풍파를 견뎌 낼 가능성이 높기 때문에 재산 증식에 더 유리한 경우가 많습니다.

위험자산-안전자산 비율 결정하기

앞의 두 단계를 거치면 보유 포트폴리오의 자산군별 비중(부동산, 주식형, 채권형의 비중)을 확인할 수 있습니다. 여기서 집을 포트폴리오에 포함할지 결정하면 가계의 투자 포트폴리오가 확정됩니다. 이후 분산에서 가장 중요한 것은 위험자산과 안전자산의 비율을 지키는 것입니다. 간단히 말해 위험자산은 부동산과 주식형 자산을 뜻하고, 안전자산은 채권형 자산을 말합니다. 금이나 달러 예적금을 상당량 보유하고 있다면 이들은 안전자산에 포함해야 합니다.

위험자산은 보통 경기가 좋을 때 가격이 상승하고 안전자산은 경기가 안 좋을 때 가격이 상승합니다. 따라서 부동산과 주식형, 채권형 자산을 고루 가져가는 것도 좋지만 주식형과 채권형 또는 부동산과 채권형 자산으로만 포트폴리오를 구성해도 괜찮습니다. 다시 강조하지만 분산에서 가장 중요한 것은 위험자산과 안전자산의 비율을 관리하는 것입니다. 초보자는 투자 포트폴리오에서 최소 50% 이상을 안전자산으로 보유해야 합니다. 수천만 원어치 주식 투자를 하면서도 채권형 자산(현금 등)은 100만 원도 가지고 있지 않은 경우가 허다합니다. 부동산은 주식형 자산보다는 변동성이 낮지만 그래도 전체 비중이 50%를 넘어가면 주의해야 합니다. 자산 평가금액이 크게 흔들릴 수 있다는 것을 감내할 준비가 되어 있어야 합니다. 내 집 마련 이후에 대출을 빨리 갚고 저축을 늘려야 하는 것도 큰 맥락에서 보면 위험자산과 안전자산 비율을 맞추려는 노력의 일환입니다. 채권형 자산이 많은 것은 괜찮습니다. 문제는 늘 채권형 자산이 부족할 때 생깁니다.

위험자산-안전자산 분산의 예시

〈연말정산? 연말결산!〉(43쪽) 편에서 사용했던 대차대조표의 자산 부분을 이용해 자산군 분산을 실제로 해 보겠습니다. 이 가계는 주택을 보유하고 있지만 거주는 전세로 다른 곳에서 하고 있습니다.

자산 목록   (단위: 원)

자산					
분류	구분	상품	금액	분류1	분류2
은행	A은행	급여 계좌	0	채권형	안전
	A은행	정기 적금	1,200,000	채권형	안전
	A은행	어서커라 국내 주식형	500,000	주식형	위험
	B은행	개인형 IRP	9,000,000	채권형	안전
	A은행	유동성계좌	1,500,000	채권형	안전
	A은행	정기 예금1	3,000,000	채권형	안전
	A은행	정기 예금2	2,000,000	채권형	안전
	A은행	쑥쑥커라 국내 주식형	1,470,000	주식형	위험
	B은행	마이커라 글로벌 자산배분	1,650,000	주식형	위험
증권	C증권	CMA	950,000	채권형	안전
	C증권	보유주식 포트폴리오	1,210,000	주식형	위험
보험	D보험	연금저축	6,000,000	채권형	안전
금융자산 총계			28,480,000		
부동산	아파트	가나 아파트(투자용)	800,000,000	부동산	위험
	상가	다라 상가	100,000,000	부동산	위험
	보증금	마바 아파트(거주용)	380,000,000	채권형	안전
부동산 총계			1,280,000,000		
자산 총계			1,308,480,000		

투자의 기본기

먼저 자산 목록을 오른쪽 표와 같이 주식형, 부동산, 채권형으로 분류합니다. 그리고 주식형과 부동산은 위험자산으로 채권형은 안전자산으로 또다시 분류합니다. 이 작업을 마치면 주식형, 부동산, 채권형 자산 각각의 규모와 비중을 알 수 있습니다. 예시의 가계 포트폴리오는 주식형 자산의 비중이 낮고 대부분 부동산과 채권형 자산으로 구성되어 있습니다.

위험자산-안전자산분류 (단위:원)

<집을 포함할 경우>

분류	총 보유량
채권형	403,650,000
주식형	4,830,000
부동산	900,000,000
포트폴리오 합계	1,308,480,000
안전자산(A)	403,650,000
위험자산(B)	904,830,000
위험자산 비중, B / (A + B)	69.15%

집을 포트폴리오에 포함할 경우, 투자 포트폴리오 총액은 약 13억 원입니다. 부동산과 채권형 자산이 9:4 정도의 비율을 보이고 있고, 전체에서 위험자산의 비중은 대략 70%입니다. 부동산의 비중이 높기 때문에 저축을 늘려 안전자산의 비중을 높이거나, 상가를 매도해 부동산 비중을 낮추는 방향을 고려해 볼 수 있습니다.

<집을 제외할 경우>

분류	총 보유량
채권형	403,650,000
주식형	4,830,000
부동산	100,000,000
포트폴리오 합계	508,480,000
안전자산(A)	403,650,000
위험자산(B)	104,830,000
위험자산 비중, B / (A + B)	20.62%

집을 포트폴리오에서 제외할 경우, 투자 포트폴리오 총액은

약 5억 원입니다. 위험자산은 20%가량을 차지합니다. 안전자산이 80%에 육박하기 때문에 매우 안정적인 포트폴리오라 할 수 있습니다. 이런 구성이라면 매력적인 투자자산이 나타날 경우 매입을 고려해 볼 수 있습니다.

같은 포트폴리오지만 집을 포트폴리오에 넣느냐 빼느냐에 따라 구성과 처방이 완전히 달라집니다. 집을 포함시킬 때는 부동산 비중이 높으므로 안전자산 확보에 신경 써야 하며 추가적인 위험자산 매입에는 신중해야 합니다. 집을 제외할 경우에는 주택 가격 하락에 초연해야 하며 주택 가격이 오르더라도 매도하기 전까지는 수익을 낸 것이라고 생각해서는 안 됩니다.

② 위험자산(부동산 및 주식형 자산) 내 분산

대부분의 가계에서 위험자산은 부동산이나 주식형 자산으로 구성되어 있습니다. 두 자산군의 비중을 어떻게 운영할지는 자산에 대한 선호도나 투자철학, 투자계획에 따라 얼마든지 달라질 수 있습니다. 단순히 부동산 비중이 높으니 주식형 자산을 늘리는 방법은 옳지 않습니다. 이론적으로는 주식형 자산보다 부동산의 비중이 높은 것이 좋습니다. 변동성이 큰 자산의 비중이 더 낮아야 하기 때문입니다.

분산이 필요한 이유는 자산의 안전성을 확보하기 위해서입니

투자의 기본기

다. 투자에 대해 잘 모른다면 부동산이나 주식형 자산에 무턱대고 투자하기보다 예금과 같은 안전자산만 보유하는 것이 낫습니다. 초보일수록 안전자산의 비중을 높게 유지해야 하며 투자 경험과 실력이 쌓이면 위험자산의 비중을 높여 가는 것이 바람직합니다. 분산의 근본 목적인 안전성 확보를 망각하고 분산 자체에만 매몰되면 잘 알지도 못하는 주식형 자산이나 부동산을 보유하면서 분산투자를 잘하고 있다고 생각하기 쉽습니다.

주식과 부동산이라는 두 마리 토끼를 한 번에 잡는 일은 매우 어렵습니다. 초보자는 안전자산을 중심에 두고 자신의 성향과 여건을 감안해 주식형 자산과 부동산 중에서 먼저 집중할 자산군을 선택하는 편이 낫습니다. 위 예시로 든 가계를 살펴보면 부동산에 비해 주식형 자산의 비중이 매우 미미합니다. 단순히 주식형 자산이 부족하다고 생각하면 안 됩니다. 투자 공부와 실행의 방향을 주식보다는 부동산 쪽에 두고 있는 것입니다.

주식형 자산(금융투자)

개별 주식과 펀드, ETF와 ELS를 보유하고 있다면 분산이 잘된 것일까요? 여러 상품을 가지고 있다 해도 각 상품이 모두 삼성전자에 투자되고 있다면 분산 점수는 빵점입니다. 금융투자에서는 상품의 종류보다 상품의 투자 대상 분산이 훨씬 중요합니다.

주식형 자산을 분산하려면 몇 가지 기준을 이용해 분산 정도를 알아볼 수 있습니다. 투자 대상을 산업별(IT, 반도체, 철강, 식료품, 금융, 자동차 등)로 또는 지역별(국내, 선진국, 신흥국 등)로 파악하면 포트폴리오의 분산 정도를 가늠할 수 있습니다. 이런 방식을 이용하면 코카콜라와 네이버를 보유하고 있는 사람이 별생각 없이 펩시나 카카오에 추가로 투자하는 실수를 방지할 수 있습니다.

부동산

내 집 마련이 끝난 투자자라면 현금흐름 확보를 목표로 부동산에 관심을 가져 보길 추천합니다. 임대 사업자 등록을 하고 월세 수입을 목표로 주택이나 원룸 등을 알아보는 것도 나쁘지 않습니다. 다만, 분산 측면에서는 주택에 편중하는 것보다는 오피스텔이나 상가와 같은 상업용 부동산에 관심을 가져보는 것도 좋습니다. 단숨에 건물주가 될 수는 없겠지만 한 층, 한 층 또는 몇 평씩 사 모은다는 마음가짐으로 투자 경험을 쌓다 보면 성과를 실감하게 되는 순간이 찾아올 것입니다.

③ 놓치지 말아야 할 투자 시점과 투자금액 분산

주식형 자산이든 부동산이든 올바르게 분산투자를 하려면 투자 시점과 투자금액에 대한 분산도 놓쳐서는 안 됩니다. 위험자산 투자에 대한 기본은 안전자산을 충분히 확보한 상태에서 위험자산을 조금씩 사 모으는 것입니다. 이렇게 하면 투자에 대한 경험과 실력을 쌓으면서 투자 시점과 투자금에 대한 분산도 자연히 달성됩니다. 하지만 투자를 하기로 마음먹고 나면 급한 마음에 투자금 전부를 한 번에 써 버리는 경우를 자주 볼 수 있습니다. 이런 방식은 경험이 부족한 상황에서 잘못된 결정을 내릴 가능성도 높고, 이후에 더 좋은 기회가 나타났을 때 투자 여력이 없어 후회하기 일쑤입니다. 서두르지 않는 것이 초보자가 지켜야 할 첫 번째 덕목입니다.

주식형 자산에 투자하는 경우에는 우량주나 배당주를 쌀 때마다 조금씩 사 모으는 방식을 추천합니다. 분기나 연간 단위로 투자 금액 상한을 정해 놓고 그 기준을 꼭 지켜야 합니다. 아무리 쉽게 오지 않을 좋은 기회처럼 보이더라도 긴 호흡으로 여유 있게 투자를 집행하다 보면 좋은 기회는 또다시 찾아온다는 것을 알게 됩니다. 초보자일수록 여유를 가져야 합니다.

부동산 투자도 마찬가지입니다. 투자금을 한 번에 모두 소진하는 투자는 바람직하지 않습니다. 투자를 집행할 때는 수익률만 보지 말고 분산도 꼭 고려해야 합니다. 투자금 10억 원이 있는 투자자가 수익률 5%의 1층 구분상가와 수익률 4%의 3층짜리 꼬마빌딩 중에서 고민을 하고 있습니다. 분산 측면에서 본다면 수익률이 낮아도 저라면 꼬마빌딩을 택하겠습니다. 수익률은 구분상가가 1%p나 높지만 공실이 발생할 경우에는 고스란히 부담을 떠안아야 하기 때문입니다. 반면 꼬마빌딩은 임차인이 셋으로 나누어져 있어 3개 층이 동시에 공실이 날 가능성은 매우 낮습니다.

　　분산투자를 고려하기에는 투자금이 적다고 생각하거나, 빨리 돈을 모으기 위해 분산을 건너 뛰는 투자자들이 많습니다. 하지만 분산에 대해 인지하고 투자를 시작하는 것과 그렇지 않은 것은 분명히 차이가 있습니다. 분산에서 주의해야 할 점은 먼저 안전자산을 충분히 확보해야 하고, 그 이후에도 여러 가지를 한꺼번에 담는 것이 아니라 유망해 보이는 자산이 보일 때마다 조금씩 채워 나가야 합니다. 확신이 드는 자산이 없다면 나타날 때까지 안전자산만 보유해도 됩니다. 빨리 부자가 되겠다는 욕심에 정신없이 투자하다 보면 위험에 취약해집니다. 한 번의 투자로 은퇴 준비가 끝나는 게 아닙니다. 주식이나 부동산은 투자의 실력과 경험이 쌓인 후에 늘려야 한다는 점 반드시 명심하기 바랍니다.

··· 부동산, 주식, 예금 중 승자는? - 자산군별 수익률 분석

　　이번에는 부동산, 주식, 예금의 과거 수익률을 알아보고 투자 전략에 따라 수익률이 어떻게 변하는지 살펴보겠습니다. 이는 투자를 시작하기 전에 꼭 한 번 점검해야 하는 주제임에도 많은 투자자들이 간과하고 지나가는 경우가 많습니다.

　　다음 3가지 시나리오를 통해 자산수익률과 투자전략을 알아보겠습니다. 참고로 정기 예금 금리 데이터 확보가 가능한 1996년부터 2018년까지를 분석 대상 기간으로 정하고 시뮬레이션을 진행하였습니다.

시나리오 1. 정기 예금, 코스피, 서울 아파트에 동일 금액 투자

부동산과 주식, 예금 중에서 가장 높은 수익률을 올린 자산이 무엇일까요? 이론적으로는 위험부담이 클수록 기대수익률이 높아야 하므로 주식, 부동산, 예금의 순서로 수익률이 높아야 할 것입니다. 시나리오 1은 1996년에 동일 금액을 정기 예금, 코스피, 서울 아파트에 각각 투자했을 때의 결과를 시뮬레이션해 본 것입니다.

정기 예금, 코스피, 서울 아파트 수익률 비교　　　　　　　　　(단위: %)

	정기 예금*	코스피	서울APT
1996	1.0	1.0	1.0
1997	1.1	0.6	1.1
2000	1.4	0.8	1.1
2001	1.5	1.0	1.3
2003	1.7	1.2	1.8
2005	1.8	1.9	2.0
2007	1.9	2.8	2.5
2008	2.1	1.6	2.6
2009	2.1	2.4	2.7
2011	2.3	2.7	2.6

	정기 예금*	코스피	서울APT
2013	2.4	**2.9**	2.4
2014	2.5	**2.8**	2.5
2015	2.5	**2.9**	2.6
2016	2.6	**2.9**	2.7
2017	2.6	**3.6**	2.8
2018	2.6	3.0	**3.2**
2019	2.7	3.1	**3.3**
2020	2.7	**4.0**	3.8

* 정기 예금 금리는 해당연도 월별 정기 예금 금리의 산술평균 적용

자료: KB, 한국부동산원

최종 결과는 예상대로 주식, 부동산, 예금의 순서로 수익이 높았습니다. 하지만 이 결과는 절대적이지 않습니다. 코스피가 최근 급등해서 2020년에 1등으로 올라섰을 뿐, 2018~2019년에는 서울 아파트가 1등이었습니다. 특히, 2016년만 보더라도 정기 예금이 2.6, 코스피가 2.9, 서울 아파트가 2.7을 기록해 각 자산군별 차이가 크지 않았습니다. 2016년에 투자를 종료했다면 리스크를 감안할 때 정기 예금이 가장 훌륭한 자산이라는 결론을 내렸을 것입니다. 시뮬레이션 결과를 세심하게 살펴보면 5년이나 10년 뒤에도 코스피가 가장 높은 수익을 기록할 것이라고 장담할 수는 없다는 것을 쉽게 알 수 있습니다.

투자의 기본기

2000년이나 2008년과 같이 위기에 취약하다는 측면에서 수익이 높다는 점만으로 코스피가 가장 우월한 자산이라고 단언하기는 어렵습니다. 변동성을 감안한다면 부동산이 가장 우월한 자산인 것으로 보인다는 점은 부인하기 어려울 것 같습니다. 그러나 한 가지 함정이 있습니다. 정기 예금과 코스피는 예금과 주식이라는 자산 군을 대표할 수 있지만 서울 아파트가 부동산을 대표할 수 있을지 의문입니다. 부동산 전체를 아우르는 투자처가 마땅치 않기 때문에 서울 아파트를 예시로 들었습니다. 서울 외 다른 광역시로 부동산 투자 대상을 확대해 보겠습니다.

정기 예금, 코스피, 주요 도시 아파트 수익률 비교 (단위: %)

	정기 예금*	코스피	서울APT	부산APT	대구APT	인천APT	광주APT	대전APT
1996	1.0	1.0	1.0	1.0	1.0	1.0	1.0	1.0
1997	1.1	0.6	1.1	1.0	1.0	1.1	1.0	1.1
2000	1.4	0.8	1.1	1.0	0.9	1.0	0.8	1.1
2003	1.7	1.2	1.8	1.4	1.3	1.7	0.9	1.8
2006	1.9	2.1	2.4	1.3	1.5	1.9	1.0	1.8
2008	2.1	1.6	2.6	1.4	1.4	2.3	1.1	1.8
2011	2.3	2.7	2.6	2.1	1.6	2.2	1.4	2.4
2013	2.4	2.9	2.4	2.1	1.9	2.0	1.5	2.4
2015	2.5	2.9	2.6	2.2	2.3	2.2	1.6	2.4
2017	2.6	3.6	2.8	2.4	2.2	2.3	1.6	2.5

	정기예금*	코스피	서울APT	부산APT	대구APT	인천APT	광주APT	대전APT
2019	2.7	3.1	3.3	2.3	2.3	2.3	1.7	2.7
2020	2.7	4.0	3.8	2.5	2.5	2.5	1.8	3.0

* 정기 예금 금리는 해당연도 월별 정기 예금 금리의 산술평균 적용

자료: KB, 한국부동산원

광역시 아파트 가격까지 포함하고 보니 정기 예금보다 수익률이 낮은 경우가 대부분이라는 것을 알 수 있습니다. 서울 아파트로 부동산을 대표한다는 것은 무리가 따를 수도 있겠다는 생각이 듭니다. 표를 보니 예금이 매우 훌륭한 투자자산인 것으로 판단됩니다. 놀랍게도 서울 아파트와 코스피를 제외하면 정기 예금의 수익을 능가하는 대도시 아파트는 많지 않습니다.

시나리오 2. 정기 예금, 코스피, 서울 아파트에 투자 후 2008년 말에 동일 금액 추가 투자

시나리오 2는 리먼 브라더스 파산으로 글로벌 금융 위기가 발생해 자산가격이 폭락했던 2008년에 투자금을 추가 투입한 경우의 시뮬레이션 결과입니다. 남들이 두려움에 떨며 자산을 매도할 때, 적정가치보다 자산가격이 하락했을 때 투자 원칙을 지키며 매수할 수 있었다면 결과가 어떻게 달라지는지 살펴보겠습니다.

정기 예금, 코스피, 서울 아파트 수익률 비교 (단위: %)

	정기 예금*	코스피	서울APT
1996	1.0	1.0	1.0
1997	1.1	0.6	1.1
2007	1.9	2.8	2.5
2008	**3.1**	**2.6**	**3.6**
2009	3.2	3.9	3.7
2011	3.4	4.4	3.6
2013	3.6	4.7	3.4
2015	3.7	4.6	3.6
2017	3.8	5.8	3.9
2018	3.9	4.9	4.5
2019	4.0	5.0	4.6
2020	4.0	6.5	5.2

* 정기 예금 금리는 해당연도 월별 정기 예금 금리의 산술평균 적용

자료: KB, 한국부동산원

우선 투자성과 순위는 코스피, 서울 아파트, 정기 예금 순서
가 유지되며 순위의 변동은 없습니다. 시나리오 1과 2를 연복리 수익
률 관점에서 비교해 보겠습니다.

정기 예금, 코스피, 서울 아파트 연복리 수익률 비교

	정기 예금*	코스피	서울APT
시나리오1	4.1%	5.7%	5.4%
시나리오2	5.7%	7.7%	6.8%
차이	+1.7%p	+2.1%p	+1.4%p

* 정기 예금 금리는 해당연도 월별 정기 예금 금리의 산술평균 적용

자료: KB, 한국부동산원

낮은 가격에 투자금을 추가로 투입함에 따라 모든 자산의 수익률이 개선되었습니다. 하지만 위 표에서 알 수 있듯이 코스피의 수익률 개선 효과가 두드러집니다. 이는 코스피가 금융 위기 당시 가장 많이 하락했기 때문입니다. 서울 아파트는 2008에도 하락하지 않았기 때문에 추가 매수에도 수익률 개선폭이 가장 낮았습니다. 자산가격이 크게 하락했을 때 매수할 수 있는 용기의 중요성을 시나리오 2를 통해 확인할 수 있었습니다. 예금은 손실이 없기 때문에 저가매수의 기회는 딱히 없었지만 장기 투자에 따른 복리효과로 수익률이 개선되었습니다.

지금까지 살펴본 내용을 자산별로 정리하면, 부동산(아파트)은 서울 아파트의 경우 수익률도 높고 변동성도 낮아 매우 훌륭한 자산이라는 것을 알 수 있었습니다. 코스피가 수익률은 더 높지만, 일반적으로 대출을 이용해 투자하는 부동산의 특성을 고려한다면, 실질적으로는 부동산의 수익률이 더 높을 수도 있습니다. 그러나 지

역에 따라 성과의 편차가 클 수 있기 때문에 투자에는 항상 주의가 필요합니다.

주식(코스피)은 변동성이 높지만 수익률도 높고 가격이 하락했을 때마다 추가로 매수하면 훌륭한 성과를 기대할 수 있습니다. 다만, 이는 개별 종목이 아닌 지수에 장기 투자를 한다는 가정하에서만 적용됩니다. 1997년 외환위기와 2008년 글로벌 금융위기 당시 코스피의 성과가 -40% 수준이었다는 점을 늘 기억해야 합니다.

예금(정기 예금)은 손실 걱정을 할 필요가 없고 장기 투자하면 생각보다 괜찮은 수익을 거둘 수 있지만 수익 증가를 도모할 별다른 방법이 없고, 저금리가 장기화되고 있다는 것이 약점입니다. 그러나 손실이 없다는 점에서 종잣돈을 모으기에는 최적의 자산입니다.

··· 투자의 호흡

① 기본편 - 투자 기간 정하기

투자자들이 투자의 원칙을 지키지 못하는 가장 큰 이유는 투자규모가 과도하기 때문입니다. 투자규모가 크면 이익이나 손실 금액을 감당하기 어려워져 이성보다 감정에 휘둘리게 됩니다. 하지만 투자규모가 적정하다 할지라도 투자의 원칙을 지키는 것은 쉬운 일이 아닙니다. 금액이 적어도 손실이 나면 스트레스를 받기 마련이고 그러다가 손실이 줄어들면 장기 투자 계획은 잊어버리고 매도하게 됩니다. 감정에 휘둘리지 않으려면 투자의 호흡을 조절할 수 있어야 합니다. 투자의 호흡이 무엇인지, 적절한 투자 기간은 어느 정도인지 알아보도록 하겠습니다.

투자에서 호흡이란?

호흡 주기가 짧으면 숨이 깊지 못하고 잦아지고 숨 쉬기만으로도 벅차게 됩니다. 스트레스를 받으면 얕고 거친 호흡을 반복하게 되고, 씩씩거리게 됩니다. 반면, 호흡이 깊고 고르면 몸속 구석구석까지 산소가 잘 전달되고 근육의 긴장이 풀어집니다. 심박수가 느려지고 고조됐던 감정도 안정되지요. 투자에서 호흡은 시간을 다루는 방법을 말합니다. 투자도 깊은 호흡으로 움직여야 실수가 줄어들고 감정을 제어할 수 있습니다.

일반적으로 초보자는 주식 투자를 할 때보다 내 집 마련을 할 때 실수가 적습니다. 그 이유는 내 집 마련이 주식 투자보다 호흡이 길기 때문입니다. 주식 투자를 할 때는 증권사 계좌만 트면 바로 매매를 시작할 수 있고 수수료도 낮습니다. 사거나 팔 때도 핸드폰에서 버튼만 누르면 끝나기 때문에 아주 쉽고 간편합니다. 그래서 지인에게 소문을 듣고 사기도 하고, 신문에서 어느 기업이 뜬다고 하면 바로 매수하기도 합니다. 이렇게 충동적으로 투자를 하다 보면, 주식 시장이 상승장인지 하락장인지 판단해 볼 겨를도 없이 종목에 매몰되어 매매를 반복하게 됩니다.

집은 여러 부동산에 들러 매물과 시세도 확인해야 하고, 마음에 드는 물건이 있어도 사기 전에 직접 방문해 자기 눈으로 살펴보는 것이 일반적입니다. 계약 절차도 계약금, 중도금, 잔금으로 나눠 내고 매도인과 매수자가 만나 계약서도 써야 합니다. 대출도 받아야 하고 잔금을 치르고 나도 전입신고, 확정일자, 세금 납부 등 할 것이 태산입니다. 한 번 거래하는 데 수개월이 걸리지만, 집 가격은 주식처럼 초나 분 단위로 가격 변동을 알 수 없기 때문에 시세도 매일 확인하지 않습니다. 또, 한 번 매수하면 절차도 복잡하고 거래비용도 많이 드는데다 대출도 갚아야 하기 때문에 장기 투자를 하게 됩니다. 따라서 한 번 결정하면 다음 매매까지 자연스레 호흡이 길어지고 특별한 노력을 기울이지 않아도 주택 시장 상승 흐름의 수혜를 입게 됩니다.

투자 기간 정하기

투자 기간을 기준으로 투자 방식을 단기, 중장기, 초장기로 나누어 보겠습니다. 투자하기 전에 아래 표를 참고해 투자 기간을 먼저 결정하고 투자를 시작해야 합니다.

	자산 보유 기간	설명
단기 투자	한두 달 이하	스캘핑 등 장중 트레이딩 포함 단기간 수익 및 시세분출을 노리는 전략
중장기 투자	몇 달~수년	가치 투자 및 장기 투자(투자자의 투자 방법)*, 본업과 병행 가능
초장기 투자	10년 이상	매도는 생각하지 않고 평생 보유할 자산을 조금씩 사 모으는 방식

* 이전 글 〈투자자에서 자산가로〉 참고

단기 투자는 시장을 움직일 수 있는 기관은 물론, 인간보다 훨씬 빠른 속도로 감정 없이 매매하는 컴퓨터들의 진입이 늘어나고 있어 투자자들의 주의가 필요합니다. 저는 이런 방식이 일반 개인에게 바람직하지 않은 방법이라고 생각합니다. 매매 시점이 중요하기 때문에 장중 거래가 가능한 전업 투자자가 아니라면 본업과 단기 투자를 병행하는 것은 무리가 따르기 쉽습니다.

제가 추천하는 방식은 바로 중장기 투자입니다. 평소에 공부를 하면서 포트폴리오를 만들어 투자하거나 기회가 왔다 싶을 때 투자에 나서는 방법입니다. 소액으로 하면 본업에 별다른 지장 없이 취미생활처럼 투자를 즐길 수도 있고 실력이 쌓이면 노후 걱정을 덜 수도 있습니다.

초장기 투자는 10년 이상을 내다보고 하는 투자입니다. 사회 초년생부터 시작한다면 은퇴할 때까지 오랜 기간 투자할 수 있기 때문에, 복리효과를 누리기에 더할 나위 없이 좋습니다. 장기적으로 유망할 것으로 예상되는 포트폴리오나 자산에 투자금을 묻어 두고 시간의 힘을 믿고 기다리는 것입니다. 매매를 자주 할 필요도 없고 저축하듯이 투자금을 조금씩 쌓아 가면 됩니다.

하지만 초장기 투자는 주의해야 할 점이 몇 가지 있습니다. 첫 번째는 먼 미래 즉, 은퇴시기까지 계속 유망할 포트폴리오나 자산을 알아내기가 매우 어렵다는 것입니다. 2000년대 중반 수많은 사람들이 비상하는 중국의 잠재력을 믿고 평생 투자를 위해 적금처럼 중국 펀드에 매달 돈을 넣었습니다. 미국보다 서너 배의 성장률을 기록하는 중국이 있는데, 미국 주식에 투자하는 것은 너무나도 바보 같은 일이었습니다. 이들의 판단은 지금까지 틀리지 않았습니다. 지금도 중국의 성장률은 미국의 3배에 달하고 경제규모는 세계 2위가 되었습니다. 그런데 도대체 왜 중국 주식은 제자리걸음을 하고, 미국 주식은 계속 오르는 것일까요? 우리 부모님들은 왜 젊은 시절, 삼성전자 주식이나 강남 아파트를 미리 사 놓지 않은 것일까요? 먼 미래까지 유망할 자산을 찾는 것은 생각보다 매우 어려운 일입니다. 사실 더 큰 문제는 유망한 자산을 놓치는 것이 아니라 엉뚱한 자산을 유망하다고 생각하고 덜컥 투자하는 것입니다.

초장기 투자가 어려운 또 한 가지 이유는 지속하기가 어렵다는 사실입니다. 복리효과를 제대로 누리려면 말 그대로 아주 긴 시간을 투자해야 합니다. 하지만 현실은 결혼도 해야 하고, 집도 사야 하고, 아이도 생기기 때문에 투자금을 회수해야 하는 시점이 생각보다 빈번하게 찾아옵니다. 또 심혈을 기울여 만든 포트폴리오가 수년째 손실을 기록할 경우, 자신의 원칙을 굳게 믿고 10년 더 유지하기란 말처럼 쉽지 않습니다. 자기 나이에서 100을 뺀 만큼 주식에 투자하라는 식의 조언(30세면 주식에 70% 투자)도 맹목적으로 따라서는 안 됩니다. 하필 주식 시장이 급락했을 때 목돈이 필요해서 울며 겨자 먹기로 투자금을 인출하는 경우를 저는 많이 봐 왔습니다. 투자 경험이 부족한 젊은 시절에는 오히려 더 안정적인 투자를 해야 합니다. 채권형 상품의 비중을 높이고 주식형은 펀드나 인덱스에 투자하는 것이 좋습니다. 개별 주식부터 시작하다가는 자칫 종잣돈 형성이 남들보다 수년 넘게 뒤처질 수 있습니다.

투자의 호흡과 기간 측면에서 단기 투자에 빠지는 것은 피해야 합니다. 너무 원대한 목표를 갖고 초장기 투자를 하는 것도 현실의 벽에 부딪혀 무산되거나 성과가 부진할 가능성이 높습니다. 초보자는 작은 규모(여유자금)로 중장기 투자를 하며 실력을 쌓는 것이 우선입니다. 초장기 투자가 가장 이상적이기는 하지만, 평생 투자할 자산이나 포트폴리오를 결정하는 것은 충분한 준비와 경험을 쌓은 이후에 고민하는 것이 바람직합니다.

② 적용편 - 시간을 다루는 기술

투자 기간을 정하고 아무리 굳은 결심을 해도 실제로 이를 지키는 것은 쉬운 일이 아닙니다. 특히 초보자는 오를 때에는 한없이 오를 것 같아 팔지 못하다가 하락장이 오면 공포를 참지 못하고 팔아 버리는 경우가 많습니다. 이런 패턴을 반복하면 하락장에서만 정리를 하게 되기 때문에 투자를 계속할수록 손실만 쌓여갑니다. 가격이 상승할 때 들뜬 기분에 돈부터 쓰다가는 훗날 손실이 찾아왔을 때 두 배로 후회할 수 있습니다. 이런 후회를 피하려면 원칙을 지켜

투자의 기본기

야 하고, 원칙을 지키려면 투자의 호흡을 알아야 합니다. 이번에는 시간간격을 다루는 기술에 대해 이야기해 보겠습니다.

시세 확인 시점의 기술

몇 달 투자해서 휴가비를 마련하겠다는 사람과 10년을 보유할 종목에 투자한 사람의 투자 방식은 분명 달라야 합니다. 하지만 막상 매수를 한 이후 투자자들의 모습을 보면 단기 투자를 한 것인지 장기 투자를 한 것인지 구분할 수 없는 경우가 많습니다. 초보자들은 투자를 시작하면 틈이 날 때마다 시세를 확인하기 바쁩니다. 이렇게 자주 시세를 확인하다 보면 시장과 투자를 공부하는 것이 아니라, 가격만 쳐다보다 울고 웃게 됩니다. 결국 슬픔과 기쁨을 반복하다 보면 너무나 피곤해져서 처음의 계획은 온데간데없고 엉뚱한 시점에 투자를 종료하게 됩니다. 투자를 제대로 하려면 시세를 확인하는 방법부터 배워야 합니다.

코스피가 꾸준히 상승해 많은 투자자들을 기쁘게 했던 2017년을 예로 들어 시세 확인 방법의 중요성에 대해 알아보겠습니다. 2017년에는 코스피지수가 20%나 올랐기 때문에 이때 코스피지수에 투자한 이들은 행복한 날이 참 많았을 것 같습니다. 주가가 올라 기쁠 때는 +1점을 주고 주가가 하락해 슬플 때는 -1점을 주기로 하고 집계한 결과입니다.

시세 확인 주기별 점수 비교

2017년	코스피지수	코스피 수익률 (월간, %)	기쁨 / 슬픔 점수 (월간)	기쁨 / 슬픔 점수 (일간점수 월합계)
1월	2,068	2.0	1	0
2월	2,092	1.2	1	4
3월	2,160	3.3	1	4
4월	2,205	2.1	1	2
5월	2,347	6.4	1	7
6월	2,392	1.9	1	1
7월	2,403	0.5	1	7
8월	2,363	-1.6	-1	2
9월	2,394	1.3	1	-5
10월	2,523	5.4	1	8
11월	2,476	-1.9	-1	-6
12월	2,467	-0.4	-1	-1
집계	+400 포인트	+19% 상승	6달 / 12달	23일 / 243일

자료: KRX, 필자

　　'기쁨 / 슬픔 점수(월간)'는 월말에만 시세를 확인하는 투자자의 점수입니다. 월중에는 어떻게 움직였는지 몰라도 월초보다 월말이 오르면 기쁨(+1점)을 느끼고 월말에 하락하면 슬픔(-1점)을 느끼게 됩니다. 12개월 중에 8월, 11월, 12월만 슬픔을 느꼈군요. 이분의 2017년 총점은 6점(= 9점 - 3점)으로 12개월 동안 6개월치의 기쁨을 느꼈다고 볼 수 있습니다. 반면에 '기쁨 / 슬픔 점수(일간 점수월 합계)'는 매일 종가를 확인하는 투자자의 점수입니다. 주말을 제외하고 한 달이 22일이라면, 15일간 상승하고 7일간 하락할 경우 +8점(= 15점 – 7점)을 받게 됩니다. 이분은 2017년 개장일 243일 중에 단지 23일의 기쁨밖에 누리지 못했습니다. 월 단위로 봐도 10점을 넘는 달이 한 달도 없습니다. 이것은 아무리 상승장이라도 상승한 날이 하락한 날보다 월등히 많지는 않다는 뜻입니다. 상승장은 하락폭보다 상승폭이 크다고 보는 게 맞습니다. 매일 종가를 확인한 투자자는 243일 중 무려 110일이나 슬픔을 맛봐야 했습니다. 슬플 때마다 투자종료를 고려했다면 무려 110번의 고비를 넘겨야 1년 동안 투자를 지속할 수 있었다는 뜻이기도 합니다.

초보자가 자주 시세를 확인하는 것은 독이 됩니다. 중장기 투자자라면 일 단위로 시세를 확인할 필요가 전혀 없습니다. 주 단위로 시세를 확인하는 것만으로 충분하며, 시세 확인은 장 종료 이후에 하는 것이 좋습니다. 장중에 시세를 확인했다가는 자신도 모르게 매매 버튼을 누를지도 모릅니다. 느긋하고 자신의 원칙에 확신이 있는 투자자라면 월 단위로만 시세를 확인해도 충분합니다. 시세에 휘둘리게 되면 중장기 투자는 반드시 실패합니다. 투자규모가 적정하다면 당연히 훨씬 느긋한 마음으로 시세를 대할 수 있습니다.

매수 시점의 기술

소액 투자로 시세 확인 시점을 조절하는 것이 가능해지면 매매의 기술을 좀 더 발전시켜도 됩니다. 저는 분할 매수하는 방법을 선호합니다. 예산을 한꺼번에 투입하는 것이 아니라 세 번이든 다섯 번이든 투자금을 나누어 시장에 진입합니다. 매수를 분할하는 가장 큰 이유는 온갖 방법을 사용하더라도 최초 매수한 가격이 최저점일 가능성은 매우 낮기 때문입니다. 따라서 추가로 매수할 때는 이전보다 가격이 더 낮을 때에만 자금을 투입합니다. 추세를 따라가려면 더 높은 가격이라도 사야 하는 것이 아니냐고 반문할 수도 있습니다. 하지만 중장기 투자는 기본적으로 추세매매나 모멘텀투자보다는 가치 투자의 성격이 강하기 때문에 더 쌀 때 사는 것이 옳다고 생각합니다. 게다가 초보자의 경우 가격이 오르는 시점에 추격매수를 하면 그 시점이 본격적인 상승세의 시작이라기보다는 꼭지일 가능성이 더 높습니다. 주간 단위로 여유 있게 시세를 확인하다 보면 대부분은 처음보다 낮은 가격에 살 기회가 찾아옵니다.

더 낮은 가격을 기다리다가 금세 가격이 크게 올라 버려서 처음 생각한 투자금을 다 투입하지 못할 수도 있습니다. 그런 경우가 발생해도 초보자는 추가로 매수해서는 안 됩니다. 그저 자신의 자산을 선택하는 안목과 최초의 매수타이밍을 칭찬하며 상대적으로 적은 수익에 만족하면 됩니다. 투자규모가 커지는 것을 걱정해야지 작아지는 것은 크게 고민할 필요가 없습니다. 남은 투자금은 여유가 되면 다음 투자를 연습할 자금으로 활용하면 됩니다. 그렇게 몇 번 하다 보면 자신의 안목이 대단하기보다는 지난번 운이 좋았다는 사실을 깨달을 수도 있습니다.

이 방식의 또다른 장점은 자연스레 투자 시점이 분산된다는 점입니다. 분산은 자산군이나 종목에만 하는 것이 아닙니다. 제대로 된 분산투자를 행하려면 투자 시점도 반드시 분산해야 합니다. 수년의 투자 기간을 생각하는 중장기 투자자라면 월급날 등 매월 정해진 날에만 한 번씩 시세 확인과 추가 투자여부를 검토해도 충분합니다.

매도 시점의 기술

처음에 목표한 수익률을 달성했다면 예상보다 빠른 시점이라도 투자를 종료해 수익을 확정하는 것이 좋습니다. 가격이 더 오를 수도 있겠지만 원칙을 어기고 더 욕심을 부리다가는 하락장까지 보유하게 될 가능성이 충분히 있습니다. 한 번의 기회를 잡았다면 다음 기회를 노리는 것이 현명합니다. 선택한 자산의 잠재력이 당초 예상보다 컸던 것이고, 좋은 자산을 고른 자신의 안목을 칭찬하고 넘어가면 됩니다.

목표했던 투자 기간이 다 되어 가는데 목표에 도달하지 못했다면 당연히 투자 종료를 검토해야 합니다. 처음 매수한 이유가 무엇이었는지 살펴보고 아직도 그 이유가 유효한지 살펴봅니다. 매수 이유가 타당하고 투자금도 부담이 없다면 투자 기간을 연장하는 것도 고려할 수 있습니다. 하지만 근본적인 변화가 생겼다면 당연히 투자를 종료해야 합니다. 알짜 배당기업으로 생각하고 투자했는데 배당금이 감소하거나 출시하려던 핵심 서비스가 불가능해지는 경우에는 당연히 투자를 종료해야 합니다.

매수와 매도 중 무엇이 더 중요할까요? 일반적으로는 매도가 더 중요합니다. 초보자의 경우 손실 나는 시점에 가서야 정리하게 되는 경우가 많기 때문이지요. 하지만 소규모 투자 원칙을 잘 지키시는 분은 매도 시점을 놓치더라도 좀 더 유연하게 대응할 수 있습니다. 손실 금액이 크지 않아 이성적인 판단을 할 수 있는 데다 투자금이 남아있는 상황이기 때문에 여건에 따라서는 이를 추가 투자 기회로 활용할 수도 있습니다. 계속 강조하지만 투자금 관리가 그 어느 매매 기술보다 가장 중요합니다.

투자 호흡을 여유 있게 해야 시장을 객관적으로 바라보고 투자 원칙을 지킬 수 있습니다. 투자자는 절대 조급해해서는 안 됩니다. 그래야 단발성 뉴스와 가격 등락에 지배당하는 것을 피할 수 있습니다. 시장 뉴스의 90%는 소음(noise)이라고 합니다. 소음은 자주 발생하지만 시장의 흐름을 바꾸지는 못합니다. 소음 때문에 오르거나 내린 가격은 다시 제자리로 돌아오기 마련입니다. 시장에 근본적인 변화를 일으키거나 흐름을 바꾸는 뉴스를 신호(signal)라고 합니다. 여러 뉴스 중에 소음을 걸러 내고 신호를 찾는 것은 훌륭한 투자자가 지녀야 할 중요한 기술입니다. 소음을 걸러 내기 위해서는 흔들리지 않고 원칙을 지키려는 마음가짐이 기본입니다.

시장의 등락에 감정 변화가 없을 수는 없지만 감정을 다스리지 못하면 실패하기 십상입니다. 감정을 다스리려면 시세 확인부터 매매까지 모든 과정에 깊고 느린 호흡을 해야 합니다. 그래야 투자와 본업을 병행할 수 있습니다. 알량한 투자 때문에 절대 본업이 흔들려서는 안 됩니다.

⋯ 시장은 물구나무를 서지 않습니다 - 예측보다는 대응

큰 충격이 닥치면 유동성이 줄고 공포와 탐욕이 엇갈리면서 시장이 곤두박질치기도 하고 급반등하기도 합니다. 이렇게 시장이 크게 출렁일 때 기존의 예측치는 아무런 의미가 없습니다. 그래서 이런 때는 예측보다 대응을 해야 한다고 합니다. 저는 시장이 고요하든 출렁이든 늘 예측보다는 대응이 앞서야 한다고 생각합니다. 예측은 틀릴 확률이 높고, 일정 기간 잘 맞는다 해도 머지않아 손해를 불러오는 일이 많기 때문입니다. 하지만 초보자들은 대응을 하려 해도 예측과 대응의 차이를 구분하지 못하는 경우가 많습니다.

① 예측과 대응 구분하기

예측은 말 그대로 미루어 짐작하는 것입니다. 앞날을 미리 예상하고 그에 따라 행동하는 것이지요. 대응은 어떤 일이 일어났을 때 그에 반응해 행동하는 것을 말합니다. 대응에는 예측이 개입되어 있지 않습니다. 어떤 사건이 발생하면 미리 정해 놓은 대로 행동하면 됩니다. 따라서 대응에는 사전 계획이 필요합니다.

예측과 대응을 구별하는 연습을 해 보겠습니다. 다음 예시를 보고 예측인지 대응인지 구분해 보십시오.

1. PBR이 3이던 주식이 1.5까지 하락했군. 매수해도 되겠어.
2. 주택 가격이 너무 올랐네. 뉴욕 맨해튼보다 평당 가격이 비싸졌다 니 매도하자.
3. 매수 예정 가격이 만 원이었는데 금세 오천 원까지 떨어졌네. 30주 매수해야지.
4. A주식이 계속 오르면서 신고가 경신 중이군. 최고점 대비 10% 하 락하면 매도하자.

구분이 되나요? 1번과 2번은 예측이고, 3번과 4번은 대응입니 다. 1번은 더 이상 하락할 여지가 별로 없다는 예측에 기반한 생각입 니다. 2번 역시 주택 가격이 더 이상 오르기 어렵다는 예측에 따른 행동이지요. 반면 3번은 매수 목표가보다 가격이 낮아진 것을 확인 하고 계획대로 매수한 것입니다. 가격이 더 떨어질 수도 있겠지만 계 획에 따라 대응 중인 것으로 볼 수 있습니다. 4번은 어디까지 오를지

딱히 예측하지 않고 있고, 최고점 대비 10% 하락하면 매도하겠다는 대응입니다.

저점이라 생각해서 사고 고점이라 생각해서 판다면 그것은 예측입니다. 투자에서 예측을 완전히 배제하기는 매우 어렵습니다. (예시 3번도 매수 예정 가격에 예측이 포함되어 있습니다.) 그렇지만 예측을 배제하는 방법을 배워야 좀 더 안전하게 투자를 지속할 수 있습니다. 초능력이 있는 사람은 철근이 떨어질 것을 미리 알고 공사장 주변 사람들을 대피시킬 수 있습니다. 그러나 보통 사람들은 그저 철근이 떨어지는 것을 보고 피하거나 안전모를 쓰는 것 외에 별다른 방도가 없지요. 초능력이 없다면 주위를 잘 살피고 조심하는 것이 순리입니다.

② 무릎에서 사서 어깨에서 팔기

무릎에서 사서 어깨에서 팔라는 말, 들어 봤을 것입니다. 발바닥에서 사고 정수리에서 팔면 제일 좋겠지만 발바닥과 정수리를 잡아 내는 것은 불가능합니다. 그래서 무릎에서 사고 어깨에서 팔면 다행인 것이지요. 하지만 진짜 문제는 무릎과 어깨도 어디인지 알기가 정말 어렵다는 것입니다. 매수할 때는 발이라고 생각해서 덜컥 매수했는데 하락세가 더 이어지며 땅 밑으로 들어가 버리기도 하고, 수익이 꽤 나서 머리라고 생각하고 팔았는데 이후에 상한가를 치기도 합니다. 이런 문제는 모두 무릎과 어깨를 예측하기 때문에 발생합니다.

예측하지 않고 어떻게 무릎과 어깨를 알 수 있을까요? 아래 그림을 살펴보겠습니다.

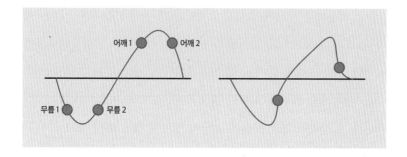

어깨1　어깨2

무릎1　무릎2

　　　왼쪽 그림과 같이 한 주기에서 무릎과 어깨는 두 번씩 나옵니다. 첫 번째 무릎과 어깨는 흘려보내고, 두 번째 무릎과 어깨를 잡는 것이 핵심입니다. 두 번째 무릎과 어깨는 발과 정수리를 확인한 후이므로 무릎과 어깨를 첫 번째보다 더 명확하게 알 수 있습니다. 다만 첫 번째 무릎에서는 두려움에 매수세가 잘 붙지 않지만 두 번째 무릎에서는 너도나도 사려 하기 때문에 가격이 급등할 수 있습니다. 마찬가지로 두 번째 어깨에서는 모두 팔려 하기 때문에 가격이 갑자기 크게 하락할 수도 있지요. 이런 일이 발생하면 가격은 위의 오른쪽 그림과 같이 움직입니다. 이렇게 무릎과 어깨에서 가격이 급변동하면 골반에서 사서 갈비뼈에서 팔게 되고 수익이 크게 줄어들게 됩니다. 따라서 이런 경우가 발생하면 다음 기회를 노리거나 수익 목표를 줄여 짧게 대응하는 것이 좋습니다.

두 번째 무릎과 어깨에서 기회를 몇 번 놓치다 보면 첫 번째 어깨와 무릎을 잡으려는 시도를 하게 됩니다. 분할매수나 분할매도로 일부 접근하는 것은 괜찮지만 절대로 덤벼들어서는 안 됩니다. 항상 지나고 나서야 알게 되지만 욕심이 화를 부릅니다. 발을 확인한 후에 무릎을 잡고 머리를 확인한 후에 어깨에서 파는 것이 가장 정석입니다. 이것이 바로 추세추종 전략의 기본입니다.

이 방법은 주식 시장뿐만 아니라 부동산 시장에도 적용됩니다. 부동산에서도 주간, 월간 데이터를 어렵지 않게 찾아볼 수 있습니다. 다만 부동산 시장은 원하는 물건을 바로 사거나 팔 수 없기 때문에 미리 준비해야 합니다. 살 때는 원하는 지역의 물건을 평소에 보러 다니다가 기회가 오면 잡아야 합니다. 매도할 때는 수익이 났다면 직전 거래가보다 낮은 가격에도 팔 수 있는 결단력이 있어야 하지요.

꼭 알아야 할 것은 두 번째 무릎과 어깨를 잡는 방법도 늘 성공하는 것은 아니라는 점입니다. 매매기법을 다루는 책들은 저자가 설명하는 방법에 딱 들어맞는 사례나 그래프를 찾아 제시하고 그 방법의 우수성을 자랑합니다. 그렇지만 시장은 매매기법에 따라 움직이지 않습니다.

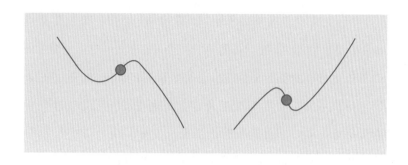

　위 그림처럼 상승세로 바뀐 듯하다가 하락세가 나타나기도 하고, 하락세처럼 보이다가 다시 상승세가 나타나는 경우도 다반사입니다. 완벽한 매매기법이란 시장에 존재하지 않습니다. 그럼 어떻게 해야 시장의 변덕을 극복할 수 있을까요?

③ 우량자산, 분할매수, 긴 호흡 그리고 현금흐름

　매매기법만으로는 투자의 성공을 보장할 수 없습니다. 사실 투자의 성공을 보장할 수 있는 방법은 존재하지 않습니다. 매매기법에 달인이 되면 성공할 수 있으리라는 생각은 근본부터가 틀린 것입니다.

　매매기법보다는 투자의 원칙을 지켜야 시장에서 살아남을 수 있습니다. 매매기법은 어렵고 투자 원칙은 쉽습니다. 자동차 경주는 어렵지만 안전벨트를 매는 것은 누구나 할 수 있습니다. 그런데도 많은 이들이 매매기법에만 집중하며 허우적대고 있습니다. 매매기법이 완전하지 않기 때문에 우량자산에 소액, 분할 투자를 해야 하는 것입니다.

　시장이 요동칠 때는 평소보다 더욱 긴 호흡이 필요합니다. 예전 같으면 몇 달, 혹은 몇 년을 기다려야 볼 수 있었던 변동폭을 단 하루 만에도 볼 수 있습니다. 시장의 키가 얼마인지 어느 누구도 알 수 없습니다. 섣불리 무릎과 어깨를 잡으려다가는 낭패를 봅니다. 이럴 때일수록 마음에 여유를 가지고 긴 호흡으로 투자해야 합니다. 시장이 급변동할 때에는 월간 단위로 시장 흐름을 파악해도 충분합니다. 월간 단위로 사전 계획을 마련해 보십시오. 월말 기준으로 종가가 상승하기 시작하면 진입한다거나 월간 기준 양봉을 두세 번 이상 확인한 후 진입할 수도 있습니다. 진입 기준을 설정하는 것은 투자자의 몫입니다. 그리고 언제나 분할 투자를 잊어서는 안 됩니다.

　투자하다 보면 무릎인 것 같아 샀는데 어깨였거나 어깨라고 생각해서 팔았는데 무릎인 경우를 자주 겪게 됩니다. 이런 일은 시장이 물구나무를 서 있기 때문이 아니라 우리가 예측을 하기 때문에 발생합니다. 시장은 키가 줄었다가도 늘고 뛰기도 하고 현란하게 춤을 추기도 합니다. 그런데도 많은 투자자들이 시장이 가만히 서 있다고 생각하며 발바닥과 정수리를 찾으려고 혈안입니다. 고수라는 사람들은 자신이 시장의 안무를 모두 알고 있기 때문에 무릎과 어깨를 정확히 짚어 낼 수 있다고 말합니다. 그러다 실패하면 다른 곡의 안무였다든지 자신이 가르친 대로 하지 않았기 때문에 다친 것이라고 합니다.

　시장은 변화무쌍하고 예측 불가하지만 대응할 방법은 있습니다. 얌전하게 꾸준히 자라는 모범생 친구를 골라 투자하는 것입니다. 그 친구의 이름은 바로 우량자산입니다. 바닥에 가만히 손을 대고 있다가 춤을 추는 모범생의 다리가 가까이 왔다 싶을 때 살짝 손을 내밀면 됩니다. 손가락을 다칠 수는 있겠지만 이 방법을 사용하면 무릎을 꽤 자주 만져 볼 수 있습니다. 발이 가까이 왔다고 꽉 움켜쥐면 그 친구의 발에 차여 나가떨어지기 십상입니다. 우량자산을 골라 무릎이다 싶을 때 조금씩 사 모은다면 상대적으로 안전하게 투자를 이어 갈 수 있습니다.

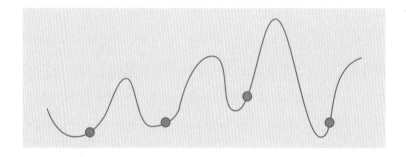

　2020년 3월 기준으로 코스피는 11년 전 가격으로 되돌아갔습니다. 매매차익만을 생각한다면 지난 11년 동안의 투자가 물거품이 된 것입니다. 하지만 소액으로 투자했거나 현금을 충분히 보유한 투자자에게는 아주 좋은 기회였습니다. 운전을 할 때 안전벨트가 귀

투자의 기본기

찮다고 느껴질 때가 있습니다. 하지만 사고를 한 번이라도 겪고 나면 안전벨트의 소중함을 진정으로 깨닫게 됩니다. 코로나19로 발생한 큰 충격의 기억이 남아 있는 지금이 바로 안전벨트의 소중함을 다시금 되새겨 볼 기회입니다.

첫머리 질문에 대한
답을 적어 볼까요?

이 책의 첫머리에 나왔던 질문들 기억하시나요? 우리가 반드시 생각해 보고 고민해 봐야 할 문제들에 대해 답을 해 볼 때가 되었습니다. 그 질문들을 처음 대하고 막막했던 심정이 책을 읽고 난 지금에는 이전보다 개운해졌기를 바랍니다.

100억 부자, 가능할까요?

일단 100억 부자가 될 가능성이 높지 않다는 사실에는 변함이 없습니다. 그러나 100억 부자를 어떻게 정의하느냐에 따라 불가능한 것은 아니라는 점에 동의할 수 있다면 좋겠습니다. 통장에 100억 원이 들어 있는 사람은 정말 극소수입니다. 하지만 자산 100억 원을 지닌 부자는 어떤가요? 서울 요지의 30평대 아파트가 20억 원이 넘는 세상에 자산 100억 원 부자는 아주 보기 힘든 일은 아닙니다.

물론 보통 사람이 자수성가로 100억 원의 자산을 일구는 것은 분명 쉽지 않습니다. 그렇지만 검소한 생활과 저축을 기반으로 현금흐름이 발생하는 자산에 투자하는 것을 젊은 시절부터 반복한다면, 복리효과를 누리며 자산을 증대시킬 수 있습니다. 시간이 흐를수록 소득이 증가하는 데다 자산에서 나오는 현금흐름이 더해지면 저금리 시대에도 복리효과를 뚜렷하게 체감할 수 있습니다. 5%의 수익을 더 내는 것보다는 5%를 더 저축하는 것이 훨씬 쉽고 안정적입니다. 고금리는 투자 수익으로 얻는 것이 아니라, 저축을 늘려 만들어 내는 것입니다.

안정적인 저축과 검소한 생활습관, 현금흐름 자산에 대한 꾸준한 투자가 반복되면 여유 있는 노후는 물론, 몇 십억의 자산을 일구는 것은 충분히 가능합니다. 몇십억 원의 자산이 있는 사람은 100억 자산도 가능하다는 것을 쉽게 알 수 있습니다. 마찬가지로 1억 원모은 사람은 3억 원이, 3억 원 모은 사람은 10억 원이 가능하다는 것을 깨닫게 됩니다. 1억 원의 높은 성벽을 넘어설 수 있다면, 그다음목표는 담벼락 수준이 됩니다. 몇 번만 목표를 달성하고 나면, 1억 원을 더 모으는 것쯤은 문턱을 넘는 것 정도밖에는 되지 않습니다. 다만, 1억 원을 모아야 10억 원도 만든다는 뜻이지, 100억 원을 만드는것이 쉽다는 뜻은 아닙니다. 1억 원도 없으면서 100억 원을 벌 방법을 궁리하는 것이야말로, 가장 피해야 할 일입니다.

달성 가능한 목표는 정했나요?

도대체 얼마가 있어야 원하는 삶을 살 수 있을까요? 은퇴자금을 계산하는 것은 매우 복잡하고 어렵습니다. 사람마다 은퇴 시점이 다르고 필요한 생활비 수준도 제각각이니까요. 가장 중요한 문제는 수명이 얼마나 될지 사전에 알 수가 없다는 것입니다. 따라서 아무리 정교한 방법을 쓰더라도 정확한 노후자금을 계산하는 것은 매우 어려운 일입니다.

그래서 저는 한 달 생활비를 유지할 수 있는 정도의 자산을 보유해야 한다고 생각합니다. 한 달에 필요한 돈이 200만 원이라면, 1년에 2400만 원을 만들어 줄 수 있는 자산을 보유하는 것을 목표로 삼으면 됩니다. 이런 방법으로 목표를 달성하면 기존에 모아 놓은 돈을 허물어 쓰지 않아도 되기 때문에 통장 잔고를 걱정할 필요가 없습니다.

만약 필요한 돈만큼 도저히 가능할 것 같지 않다면 다른 방법들을 찾아 보완하면 됩니다. 생활비가 적게 드는 곳으로 삶의 터전을 옮기거나 소일거리를 찾는 방법도 있습니다. 필요한 생활비를 줄이거나 부족한 소득을 보충할 방법을 함께 준비한다면 충분히 행복한 미래를 준비할 수 있습니다. 잊지 말아야 할 점은 은퇴가 코앞에 닥쳤을 때 갑자기 고민해서는 안 된다는 것입니다. 자신의 현재 상황과 목표 달성 가능성을 냉정하게 살펴보고 미리 준비한다면 미래에 대응할 방법을 찾아낼 수 있을 것입니다.

목표 달성을 위한 방법은 정했나요?

경제적 목표를 달성하는 세 단계 방안을 추천합니다. 내 집 마련까지의 1단계, 대출 상환과 투자 공부의 2단계, 그리고 은퇴 후 삶을 설계하는 3단계입니다.

1단계: 내 집 마련과 올바른 습관 갖기

1단계가 가장 중요한 단계입니다. 1단계만 성공적으로 통과해도 은퇴 준비와 행복한 삶의 기반은 충분히 다질 수 있습니다. 이 기간은 짧아도 10년 이상이 필요합니다. 젊을수록 10년이 길게 느껴지기 때문에 중도에 포기하기 쉽습니다. 손실을 보면 낙담해서 포기할수 있습니다. 그렇기 때문에 이 시기에는 더더욱 보수적으로 자산을 운용해야 합니다. 저는 어릴수록 위험자산 비중을 높게 가져가야 한다는 의견에 동의하지 않습니다. 초보자가 위험자산 비율이 높은 포트폴리오를 관리하는 것은 매우 어렵습니다. 이 기간 중 우리가 꼭 얻어야 할 것은 검소한 생활과 저축하는 습관, 목돈을 마련하는 방법을 터득하는 것입니다.

이 시기에는 결혼, 출산, 내 집 마련 등 큰일을 치러야 하기 때문에 계획대로 목돈을 만들어야 합니다. 수익에 집착하면 인생의 중요한 일을 그르칠 수 있습니다. 저축이 가장 기본이고 투자는 잃어도 상관없을 만큼 소액으로 해야 합니다. 금융자산 중 주식형 비중이 20%를 넘어서는 안 됩니다. 목돈이 모였다면 내 집 마련 이전이라도 부동산 투자를 해볼 수 있습니다. 이 경우에도 종잣돈의 25% 이상 투입해서는 안 되며, 투자금이 2억 원 이상 필요한 투자는 하지 않는 것이 좋습니다. 이렇게 저축과 소액 투자로 목돈을 만들어 가며, 관

심 있는 지역을 탐색하다 보면 보통 10~15년 정도면 내 집 마련에 성
공할 수 있습니다.

2단계: 대출 상환과 투자 공부

집이 생겼다는 사실에 뿌듯하겠지만 대출 이자 부담이 여전
하기 때문에 실생활은 크게 달라질 것이 없습니다. 삶의 질을 개선하
려면 다시 시작해야 합니다. 대출 상환을 위해 절약과 저축은 당연히
계속해야 합니다. 이전과 달라진 것은 목돈을 만드는 방법을 터득했
고 10년이 넘는 투자 경험이 쌓였다는 것입니다.

거주 문제가 해결됐으니 위험자산에 대한 투자비율을 이전보
다 높일 수 있습니다. 금융자산 중 주식형 등 위험자산 비중을 30%
정도까지는 올릴 수 있습니다. 가장 피해야 할 것은 위험자산을 크
게 늘렸다가 대출 상환 계획에 차질이 발생하는 일입니다.

지금까지 목돈을 만드는 데 주력했다면 이제부터는 꾸준히
대출을 상환하는 가운데 현금흐름을 만드는 자산에 관심을 기울일
때입니다. 금융자산에 관심이 많다면 포트폴리오를 완성한다는 마
음으로 좋은 자산을 조금씩 사 모으는 방식으로 투자합니다. 부동
산 쪽으로 방향을 결정했다면 무리한 투자를 피하고 한 층씩 사모아
자기만의 건물을 만든다는 마음으로 안정적인 투자를 해야 합니다.
집이 있다고 해서 싸게 사서 비싸게 파는 데 골몰해서는 안 됩니다.

트레이더보다는 투자자나 자산가가 되겠다는 마음으로 임해야 합니다. 본업의 소득이 증가하는 가운데 자산에서 현금흐름이 더 발생한다면, 대출 만기보다 이른 시점에 온전한 내 집을 마련할 수 있을 것입니다.

3단계: 온전한 내 집과 미래설계

대출을 완제하는 시점이 되면 당신의 재테크 경력은 20년 가까이 됩니다. 계획대로라면 자산에서 나오는 현금흐름이 소득에 일정 부분 보탬이 되고 있을 것입니다. 여유 있는 노후를 위해 투자활동을 지속할 것인지 아니면, 은퇴 후의 일거리나 취미에 관심을 기울일 것인지 결정할 때입니다. 물론 둘 다 병행할 수도 있지요. 중년 이후의 인생을 어떻게 끌고 갈지를 결정해야 합니다. 20년간 배우고 노력했으니 수확할 때가 되었습니다. 앞으로 나태해지지만 않는다면 당신은 충분히 즐길 자격이 있습니다.

계획을 세울 기본기는 갖추었나요?

처음부터 제대로 된 계획을 세우는 것은 어렵습니다. 초보 때는 말도 안 되는 계획을 짜기 쉽습니다. 계획은 저축과 투자 경험이 쌓이면서 점차 수정됩니다. 과도하게 이상적인 계획이었다면 목표를 낮출 필요도 있고 계획보다 진도가 빠르다면 목표를 높일 수도 있습니다. 기본기가 탄탄해질수록 계획도 현실에 가까워지고 충실해질 것입니다.

정상에 오를 계획을 세우려면 최소한 자신이 등산로 초입에 있는지 산 중턱에 있는지 정도는 알아야 합니다. 내가 모은 돈이 어느 수준인지 내 포트폴리오는 어떤 상황인지 냉철하게 파악하는 것부터 시작해야 합니다. 자산 구성에 쏠림이 있거나 위험에 취약하다면 안전자산 비중을 높여야 하며, 유동성이 부족하거나 부채가 과도하다면 자산을 일부 매각하거나 현금 비중을 높여야 합니다. 이런 상황들을 제대로 점검하려면 적어도 1년에 한 번은 자산과 부채를 모두 집계하고 포트폴리오를 다양한 시각에서 검토해야 합니다. 이 과정이 바로 '연말 결산'입니다.

큰 실패를 하지 않고 노력하는 자세를 잃지 않는다면 언젠가 성공과 만날 가능성이 높습니다. 그러나 성공에만 집착해 과도한 욕심을 부리면 화를 입기 쉽습니다. 사업가나 유명 연예인처럼 큰돈을 동원할 수 있는 사람들은 쓰러져도 일어서는 경우를 자주 볼 수 있습니다. 경력이나 유명세가 있다면 투자금을 모을 수도 있고 인맥을 통해 새로운 사업에 참여할 수도 있기 때문입니다. 하지만 우리 대부분은 한 번 쓰러지면 이전의 위치로 돌아가기가 쉽지 않습니다. 화를 입고 나서야 잘못을 깨닫는다는 사실을 잊어서는 안 됩니다. 그런 관점에서 현금이나 채권형 상품과 같은 안전자산은 여러분의 옷과 다름없습니다. 안전자산을 등한시하는 것은 '벌거벗은 임금님'이 되는 길입니다.

많은 사람들이 금융자산이라고 하면 주식을 떠올리기 쉽습니다. 금융자산은 주식만을 의미하는 것이 아닙니다. 금융자산에는 주식 외에도 예금, 채권, 펀드, ETF 등 다양한 투자 대상이 존재합니다. 그리고 이들을 조합한 것이 금융자산 포트폴리오입니다. 투자금을 모두 주식형에만 투자하고 있다면 하루빨리 현금과 채권형 상품의 비중을 충분히 높여야 합니다. 부동산 투자도 대출 상환 부담이 과하면 안 되며 공실이 나도 최소 1년은 버틸 수 있는 여력을 확보하고 투자에 나서야 합니다. 가장 피해야 할 것은 무리한 갭투자입니다. 위험관리야말로 정말 기본 중의 기본입니다.

젊어서는 매매차익을 노려 공격적으로 투자하고 은퇴 시기가 다가오면 그때 현금흐름이 나오는 안정적인 자산을 매입하면 된다고 생각하시는 분들이 많습니다. 하지만 대표적인 실패 사례 중 하나가 직장생활 동안 열심히 모은 돈과 퇴직금을 안정적이라는 곳에 덜컥 투자했다가 사기를 당하거나 낭패를 겪는 것입니다. 투자의 세계는 넓고 깊고 심오합니다. 현금흐름이 나오는 안정적인 자산의 세계도 복잡하기는 마찬가지입니다. 어느 분야든 얕보고 덤비면 큰코다치기 쉽습니다. 노후에 안정적인 현금흐름을 확보하고 싶다면 지금부터 그런 자산에 대해 관심을 갖고 공부와 경험을 쌓아야 합니다.

절약과 저축에서 성과가 있었다면 금융자산과 부동산 중에서 주특기를 정해야 합니다. 공부만으로는 어느 길을 선택할지 판단이 쉽지 않습니다. 투자하고 부딪혀 보면서 자신에게 잘 맞는 자산을 골라야 합니다. 실제로 경험을 쌓다 보면 자신이 시장 앞에 나약한 존재라는 것을 깨달을 수 있습니다. 자신의 나약함이 덜 드러나고 적성에 더 잘 맞는 길을 택하면 됩니다. 저는 시장을 보는 눈이나 매매 기술에 대단한 재주가 없기 때문에 호흡이 긴 부동산을 선호하는 편입니다. 장기적으로 보면 매매이익보다는 현금흐름과 자산 규모가 훨씬 중요합니다. 시장 흐름에 따라 매일매일 울고 웃는 트레이더보다는 마음 편한 자산가가 되는 것을 다시 한번 추천합니다.

올바른 생활방식과 투자철학이 있다면, 일가를 이룰 수 있다

일을 잘하는 사람들은 평소에도 일에 대한 생각을 많이 합니다. 시인은 길을 가다가도 문득 시상이 떠오르고 요리사는 레시피가 머릿속을 떠다닙니다. 공부 잘하는 학생은 밥을 먹다가도 어려웠던 문제를 머릿속에서 풀고 있기도 합니다. 반면, 일 못하는 사람들은 근무 시간에 퇴근 시간만 기다리고, 공부 못하는 학생은 수업 중에도 쉬는 시간에 무얼 하고 놀지만 궁리합니다. 부자가 되는 사람은 시간이 날 때마다 돈을 모으거나 벌 궁리를 하고, 부자가 되지 못하는 사람은 있지도 않은 돈을 어디에 쓰면 좋을지 상상하며 시간을 보냅니다. 부자가 되고 싶다면 당연히 쓸 궁리보다는 버는 방법을 고민하는 것이 옳습니다.

한 번 담배에 맛을 들이면 빠져나오기가 힘듭니다. 담배는 건강에만 해를 주는 것이 아닙니다. 덥거나 추운 날에도 하루에 몇 번씩 밖으로 나가야 하고 가족과 함께 즐거운 시간을 보내는 주말에도 언제, 어디서 담배를 피워야 할지 고민해야 합니다. 담배 한 대 피우는 데 드는 시간이야 얼마 걸리지 않지만 옷을 챙겨 입는 시간, 엘리베이터를 타는 시간, 이로 인해 끊긴 업무나 공부의 흐름 등을 생각하면 담배를 피움으로써 많은 것들을 잃고 있습니다. 담배를 멀리하는 가장 좋은 방법은 끊을 수 있는 의지력을 키우는 것이 아닙니다. 처음부터 가까이하지 않는 것입니다. 담배가 주는 즐거움도 분명히 있겠지만 그것을 모른다 해서 인생이 슬프거나 우울하지 않습니다. 담배에 의존하지 않으면 더 많은 자유를 누릴 수 있습니다.

　　마찬가지로 돈을 펑펑 쓰지 못한다고 해서 인생이 우울하거나 슬프지 않습니다. 담배도 처음에는 스트레스 해소에 도움을 주고, 기쁨을 줄 수도 있습니다. 하지만 시간이 지나면 즐거움을 누리기 위해서가 아니라 백해무익이라는 것을 알면서도 끊지 못해 어쩔 수 없이 피우게 됩니다. 과시적 소비도 마찬가지입니다. 처음 명품을 구매했을 때는 만족감과 기쁨에 행복할 수 있습니다. 하지만 중독이 되면 사지 말아야 한다는 것을 알면서도 사게 됩니다. 명품을 사기 위해 일하고 고생하는 인생이 행복해 보이나요? 마음 편히 사치품을 살 수 있게 되기 전에는 사치품을 가까이할 필요가 없습니다. 과시적 소비 외에도 돈 쓸 곳은 많습니다. 습관은 생활을 지배합니다. 건강을 위해서는 몸에 좋은 것을 챙겨 먹는 것보다 나쁜 것을 멀리하는 것이 중요합니다. 재산 형성 과정에서도 나쁜 습관을 멀리하는 것이 무엇보다 우선입니다. 나쁜 것에는 처음부터 발을 들이지 마십시오. 그러면 빠져나오려 굳이 애쓸 필요도 없습니다.

사람들마다 삶의 방식이 모두 제각각이듯 투자 방식도 천차만별입니다. 성과를 좀 냈다고 해서 자신만의 방법이 최고일 수는 없습니다. 저 역시 제 생각을 풀어놓은 것에 불과하다는 점에서 다른 저자들과 크게 다를 바 없습니다. 자신만의 방법이 있다면 책 한 권 정도는 얼마든지 낼 수 있습니다. 시중에 재테크 관련 도서가 넘치는 와중에 굳이 이 책을 쓰는 것은 그래도 제 투자철학이 다른 이들과 구별되는 점이 있다고 생각하기 때문입니다. 위험에 대비하지 않고, 현금흐름을 경시하는 초보자들을 저는 너무도 많이 봤습니다.

많은 기획자들이 잊지 말아야 할 사실이 하나 있습니다. 일부 기획자들은 남들과 다른 혹은 획기적인 계획만 잘 수립하면 자신의 할 일을 다한 것이라고 생각하는 경향이 있습니다. 그리고 자신의 계획이 실행단계에서 실패하면, 필요한 것을 다 알려 주었는데 현업에서 실행을 제대로 하지 못해 실패한 것이라 단정 짓습니다. 그러나 진짜 훌륭한 기획은 현실을 차갑게 반영해야 합니다. 기획은 훌륭했지만 실행과 적용에 실패한 것이라고 단순히 생각하면 안 됩니다. 적용에 실패한 계획은 기획부터 잘못되었을 가능성이 매우 높습니다. 현실을 반영하지 못하는 기획은 아름다운 쓰레기일 뿐입니다. 기획대로만 된다면 이 세상에 삼류 회사는 없을 것입니다. 일류 컨설팅 회사에 의뢰해 최고의 기획안을 받아 그대로 실행만 하면 어느 회사나 일류 회사로 발돋움할 수 있을 것이기 때문입니다.

투자 경험이 없어도 다양한 지식을 습득하면 그럴듯해 보이는 투자서적 한 권쯤은 쓸 수 있습니다. 그러나 그런 지식은 매력적일 수는 있어도 현실과 동떨어져 있어 공허합니다. 스스로 공부해서 이론을 터득하고 계획을 세우고 실제로 투자하면서 자신만의 철학이 완성되어 가는 것입니다. 이 과정을 충실히 반복하면 전문가가 될 수 있습니다. 내 재산 증식 방법의 특징을 남에게 분명히 설명할 수 없다면, 아직 내 방법이 미완성이라고 봐도 무방합니다. 공부와 계획, 실행과 수정이 반복되면 언젠가 성과가 나타날 것이고 자신만의 방법을 만들 수 있습니다. 머릿속에서만 나온 것이 아니라 시행착오를 통해 결과물을 얻었다면 그것이 바로 진짜이고 당신만의 비법이 될 것입니다.

참고 문헌

1. 나심 니콜라스 탈레브 저, 이건 역, 《행운에 속지 마라》, 중앙북스, 2016

2. 네이트 실버 저, 이경식 역, 《신호와 소음》, 더퀘스트, 2014

3. 문명로 저, 《메트릭스튜디오》, 김영사, 2014

4. 박경철 저, 《시골의사의 주식투자란 무엇인가1》, 리더스북, 2008

5. 아기곰 저, 《아기곰의 재테크 불변의 법칙》, 아라크네, 2017

6. 엠제이 드마코 저, 신소영 역, 《부의 추월차선》, 토트, 2013

7. 존 리 저, 《왜 주식인가?》, 이콘, 2012

8. 토마 피케티 저, 장경덕 외 역, 《21세기 자본》, 글항아리, 2014

9. 피트 황 저, 《똑똑한 배당주 투자》, 스마트북스, 2016

초판 1쇄 발행 2021년 12월 16일

지은이 정운옥
펴낸이 이광재

책임편집 장민영, 명수빈
디자인 이창주　　　　　　**마케팅** 정가현　　　　　　**영업** 노시영, 허남

펴낸곳 카멜북스　**출판등록** 제311-2012-000068호
주소 서울특별시 마포구 양화로12길 26 지월드빌딩 3층
전화 02-3144-7113　**팩스** 02-6442-8610　**이메일** camelbook@naver.com
홈페이지 www.camelbooks.co.kr　**페이스북** www.facebook.com/camelbooks
인스타그램 www.instagram.com/camelbook

ISBN　978-89-98599-90-4 (03320)